U0607310

高等学校酒店管理专业本科系列教材

酒店品牌建设与管理

JIUDIAN PINPAI JIANSHE YU GUANLI　（第3版）

◎编著　陈雪钧　马　勇　李　莉

重庆大学出版社

内容提要

《酒店品牌建设与管理》是根据旅游管理专业、酒店管理专业本科生酒店品牌课程教学需要而编写的课程教材。

本书是理论知识与实践知识相结合的教材,以酒店品牌管理的理论知识点和案例讲解两条主线展开,全书内容包括 11 章:酒店品牌概述、酒店品牌建设的背景与历程、酒店品牌系统构成、酒店品牌资产经营、酒店品牌传播管理、酒店品牌竞争力培育、酒店品牌扩张管理、酒店品牌保护管理、酒店品牌危机管理、酒店品牌国际化管理、国内外著名酒店品牌案例。

本书知识性与应用性强,内容系统全面,框架结构新颖,可作为酒店管理专业、旅游管理专业本科生、大专生的课程教材,也可作为酒店管理者的培训用书。

图书在版编目(CIP)数据

酒店品牌建设与管理 / 陈雪钧, 马勇, 李莉编著
. -- 3 版. -- 重庆 : 重庆大学出版社, 2023.8(2024.7 重印)
高等学校酒店管理专业本科系列教材
ISBN 978-7-5689-4101-3

Ⅰ. ①酒… Ⅱ. ①陈… ②马… ③李… Ⅲ. ①饭店—
企业管理—高等学校—教材 Ⅳ. ①F719.2

中国国家版本馆 CIP 数据核字(2023)第 137990 号

酒店品牌建设与管理

(第 3 版)

陈雪钧 马勇 李莉 编著
责任编辑:陈亚莉 尚东亮 版式设计:尚东亮
责任校对:谢 芳 责任印制:张 策

*

重庆大学出版社出版发行
出版人:陈晓阳
社址:重庆市沙坪坝区大学城西路 21 号
邮编:401331
电话:(023) 88617190 88617185(中小学)
传真:(023) 88617186 88617166
网址:http://www.cqup.com.cn
邮箱:fxk@ cqup.com.cn(营销中心)
全国新华书店经销
重庆升光电力印务有限公司印刷

*

开本:787mm×1092mm 1/16 印张:15.25 字数:393 千
2015 年 7 月第 1 版 2023 年 8 月第 3 版 2024 年 7 月第 14 次印刷
印数:38 001—41 000
ISBN 978-7-5689-4101-3 定价:48.00 元

本书如有印刷、装订等质量问题,本社负责调换
版权所有,请勿擅自翻印和用本书
制作各类出版物及配套用书,违者必究

编 委 会

主 任

马 勇

委 员（以姓氏笔画为序）

朱承强	何彪	张胜男	张超
李丽霞	李志刚	李雯	陈雪钧
陈雪琼	范向丽	胡宇橙	钟志平
饶勇	唐飞	黄安民	黄崎
焦彦	靳国章	薛建红	

项目策划（以姓氏笔画为序）

马宁　尚东亮

总 序

　　旅游业已经发展成为全球市场经济中产业规模最大、发展势头最强的产业,其强劲的产业带动力受到全球众多国家的高度重视,促使众多区域将旅游业作为发展当地经济的支柱产业和先导产业。酒店业作为旅游业的三大支柱产业之一,在良好的旅游转型升级发展背景下,需要我们抓住旅游新常态机遇应对激烈的市场挑战。酒店业在国际竞争国内化、国内竞争国际化的强竞争环境中,已从酒店间的竞争发展到酒店产业链与产业链之间、一个地区和另一个地区之间的线面竞争,酒店业发展总体呈现出酒店数量增长快、酒店主题多元化发展、酒店国际化程度高和融入科技元素实现智慧酒店的四大特征。为了更好地满足大众化酒店消费时代下的个性化需求,酒店集团开始转变酒店层次布局,更加注重差异化产品和独特品位酒店产品打造,转型升级酒店产品以应对市场化竞争。因此,酒店业发展应充分结合市场需求,实现新时代下酒店业的完美转型升级。

　　面对酒店业良好的发展态势,酒店人才的需求与培育已成为酒店业界和高校教育界亟待解决的问题,酒店人才培养成为高等院校的核心重点。从酒店管理本科人才培养情况来看,2007 年全国本科院校首次开设酒店管理专业,相对于旅游管理专业的开办而言起步较晚,但在这 10 多年的发展中,特别是 2012 年教育部首次将酒店管理本科专业列入《普通高等学校本科专业目录(2012 年)》以来,酒店管理本科教育得到快速发展,2022 年全国共有 260 所本科院校开设了酒店管理专业,人才培养规模紧跟行业发展速度。正是在我国酒店业逐步实现稳步转型发展和对酒店应用型人才需求的背景下,整合酒店教育资源,积极反映近几年来酒店管理本科教育教学与改革的新变化、新发展和新成果,为我国酒店业发展提供供需匹配的酒店人才支持,促进我国酒店管理教育进入稳定发展阶段。如此,规划出版一套具有前瞻性和新颖性的"高等学校酒店管理专业本科系列规划教材"已成为全国高等院校酒店教育的迫切需要和历史必然。

　　本套教材由教育部高等学校旅游管理类专业教学指导委员会副主任、国家"万人计划"教学名师、湖北大学旅游发展研究院院长马勇教授组织策划,担任编委会主任,自 2012 年启动选题调研与组织编写,历时多年,汇聚了一批全国知名酒店院校,定位于酒店产业发展人才需求层次较高的本科教育,根据教育部《旅游管理类本科专业(酒店管理专业)教学质量国家标准》,在对我国酒店教育人才培养方向、培养目标和教育特色等方面的把握以及对酒店发达国家酒店教育学习借鉴的基础上精心编撰而成的,具有较强的前瞻性、系统性和完整性。

　　本套教材主要体现在以下四大特色:

　　第一,体系完整科学。本套教材围绕"融前沿、成体系、出精品"的核心理念展开,将酒店行业的新动态、新业态及管理职能、关系管理等都融于教材之中,将理论与实践相结合,实现多角度、多模块组合,形成完整的教材体系,出版精品之作。

　　第二,内容新颖前沿。本套教材尽可能地将当前国内外酒店产业发展的前沿理论和热点、焦点问题吸收进来以适应酒店业的现实发展需要,并突出酒店教育的中国特色。

第三,引用交叉融合。本套教材在保持本学科基本内容的基础上,注重处理好与相邻及交叉学科的关系,有重点、有关联地恰当引用其他相关学科的理论知识,以更广阔的视野来构建本学科的知识体系。

第四,作者队伍水平高。本套教材的作者很多都是中国酒店教育的知名专家,学历层次高、涉及领域广,包括诸多具有博士学位的经济学、管理学和工程学等多方面的专家和学者,并且还有酒店行业高水平的业界精英人士。我们力求通过邀请优秀知名的专业作者来保证所出教材拥有较高的水平。

在酒店教育新背景、新形势和新需求下,编写一套有特色、高质量的酒店管理专业教材是一项复杂的系统工程,需要专家学者、业界、出版社等的广泛支持与集思广益。本套教材在组织策划和编写出版过程中,得到了酒店业内专家、学者以及业界精英的广泛支持与积极参与,在此一并表示衷心的感谢!希望这套教材能够满足酒店本科教育新形势下的新要求,能够为中国酒店教育及教材建设的开拓创新贡献力量。

编委会

2023 年 2 月 23 日

第3版前言

进入体验经济时代，品牌在满足酒店顾客的情感、文化、价值需求上发挥着越来越重要的作用。在全球经济一体化背景下，国际酒店业竞争日益激烈，逐渐由价格竞争、产品竞争转向品牌竞争。品牌成为酒店市场竞争的重要手段，酒店业进入品牌竞争时代。世界著名酒店已经形成众多知名品牌，并通过品牌载体实现其市场网络的全球扩张。进入21世纪，随着中国市场的兴起，国际著名酒店加快了对中国市场的扩张步伐。国际酒店品牌的大举进入对国内本土酒店形成强大的竞争压力。经过40余年的发展，我国酒店业在数量上和质量上均取得显著成绩。在数量上，截至2022年底，全国共有星级饭店7337家、客房数111.41万间；在质量上，2021年全球酒店集团225强榜单中，来自中国的酒店集团占据了34个席位。然而，我国虽是酒店大国但还不是酒店品牌强国。与国际知名酒店相比，我国酒店在品牌规模、品牌竞争力、品牌影响力、品牌价值等方面仍存在着较大差距。因此，我国本土酒店需要树立品牌竞争观念，加强酒店品牌建设与管理，以应对国际酒店品牌的竞争。

针对国内有关酒店品牌教材较少的现状，笔者根据自身长期理论研究的成果，同时吸收酒店业界的实践经验，撰写这本《酒店品牌建设与管理》。本书可作为酒店管理专业、旅游管理专业本科生和大专生的课程教材，也可作为酒店高级管理者的培训参考资料。在结构上，全书共有11章：酒店品牌概述、酒店品牌建设的背景与历程、酒店品牌系统构成、酒店品牌资产经营、酒店品牌传播管理、酒店品牌竞争力培育、酒店品牌扩张管理、酒店品牌保护管理、酒店品牌危机管理、酒店品牌国际化管理、国内外著名酒店品牌案例。

本书由重庆交通大学成渝旅游产业发展研究院院长陈雪钧教授、湖北大学旅游发展研究院院长马勇教授、重庆第二师范学院李莉教授共同撰写而成；其中，陈雪钧编写了1—5章，马勇编写了第8、9章和第11章的第二、五节，李莉编写了第6、7、10章和第11章的第六至第十节，江西师范大学李丽霞老师编写了第11章的第一、三、四节。本书再版修订时有机融入党的二十大精神和习近平新时代中国特色社会主义思想，着力培养学生爱岗敬业精神，并对国内外酒店最新的数据、案例进行了更新，同时对国内外酒店发展的新业态、新趋势进行了补充。本书的撰写借鉴了国内外学界、业界同人的研究成果，在此向他们表达深深的谢意！

在本书即将付梓之际，我们非常感谢参与书稿评审的各位专家、教授，他们为本书提出诸多宝贵的修改意见；感谢重庆大学出版社的领导和编辑为本书的出版所做的大量协调、编辑、校对工作。

由于认识水平等局限，书中不免存在一些不足之处，敬请广大读者批评指正。

编　者

2023年5月于重庆

目　录

第1章　酒店品牌概述

【内容导读】

党的二十大报告提出"贯彻新发展理念,着力推进高质量发展,推动构建新发展格局"。酒店业由价格竞争、产品竞争进入品牌竞争阶段。品牌竞争是市场竞争的高级形式之一,它代表国际酒店业发展的趋势。品牌成为酒店在激烈的市场竞争中克敌制胜的重要法宝。品牌战略已成为酒店高质量发展的必然选择。本章主要介绍酒店品牌的内涵、酒店品牌的特征、酒店品牌的类型、酒店品牌的作用。

【学习目标】

①掌握酒店品牌的概念与内涵;

②了解酒店品牌的特征、主要类型;

③理解酒店品牌的作用。

1.1　酒店品牌的内涵

品牌一词来源于英文单词"brand"或"trademark",原本指中世纪烙在马、牛、羊身上的烙印,用以区分不同的饲养者。20世纪50年代,美国著名的广告专家大卫·奥格威第一次提出品牌概念,认为"品牌是一种错综复杂的象征,它是品牌的属性、名称、包装、价格、历史、名誉、广告风格的无形组合。品牌同时也因消费者对其使用的印象及自身的经验而有所界定"。品牌概念提出来以后受到了营销界的普遍重视,品牌逐渐成为营销界研究的热点之一。

早期的品牌定义主要强调品牌的识别功能,将它看作企业区别于其他产品的标志。例如,美国市场营销协会(AMA)将品牌定义为:用以识别一个或一群产品或劳务的名称、术语、象征、记号或设计及其组合,以和其他竞争者的产品或劳务相区别。美国营销学家菲利普·科特勒认为,品牌是一个名字、称谓、符号或设计,或是上述的总和,其目的是使自己的产品或服务有别于其他竞争者。而随着品牌营销实践的不断发展,品牌的内涵和外延也在不断扩大,出现了更多不同视角的品牌定义。Lynn B. Upshaw认为,"品牌是消费者眼中的产品和服务的全部,是人们看到的各种因素集合起来所形成的产品的表现,包括销售策略、人性化产品个性和两者的结合等,或是全部有形或无形要素的自然参与,比如品牌名称、标识、图案等要素"。我国学者王海涛等在《品牌竞争时代》一书中将品牌定义为，广义上的品牌包括三个层次的内涵：首先，品牌是一种商标，这是从法律意义上说的；品牌是一种牌子，是金字招牌，这是从经济或市场意义上说的；再次，品牌是一种口碑、一种品位、一种格调，这是从文化或心理意义上说的。美国学者 Alexander L. Biel 认为，品牌资产是一种超越生产、产品及所有有形资产以外的价值。韩志峰在《品牌是一种资源》中的定义为，品牌是企业内在属性在外部环境中创造出来的一种资源，它不仅是企业内在属性在外部环境中体现出来的有价值的形象标志，它更是一种资源。

综合不同品牌定义，同时结合酒店特性，本书将酒店品牌定义为：酒店产品、服务的标识与内涵价值的综合体；它由品牌名称、品牌认知、品牌联想、品牌标志、品牌色彩、品牌包装和商标等众多要素组成，它是在消费者心目中建立起来的酒店文化、经营理念、产品品质、服务特色等综合形象。

正确理解酒店品牌的内涵应从以下四个方面展开：

①酒店品牌是一个标识识别系统，包括品牌名称、品牌标志、品牌语言等识别要素，以方便顾客识别酒店的产品与服务。例如"希尔顿""雅高""凯悦""香格里拉"等都是酒店品牌名称，世界知名酒店都有自己独特的品牌标识。万豪酒店的品牌口号是"Good food and good service at a fair price"（以公道的价格提供高品质的食物和服务）；喜来登酒店的品牌口号是"如果您不满意，我们同样不满意"；希尔顿酒店的品牌口号是"今天你对顾客微笑了吗"；里兹·卡尔顿酒店的品牌口号是"质量第一与百分之百满足"。同时，世界著名酒店都拥有鲜明、独特的品牌识别系统，以便于消费者识别。

②酒店品牌是消费者对酒店的企业文化、经营理念、产品品质、服务特色等形成的认知、评价、印象、联想等多方面内容的综合。因此，酒店品牌塑造是一个系统性的工程。

③酒店品牌是企业重要的无形资产之一。从酒店角度来看，品牌价值是超越了企业实体与产品以外的价值，品牌的知名度、美誉度、认同度、忠诚度等能给酒店带来直接和间接的经济收益。从消费者角度来看，品牌不仅减少消费者选择酒店产品前的消费决策成本，而且为顾客提供了情感、文化消费价值。

④酒店品牌包含企业品牌和产品品牌。企业品牌指将酒店名称作为品牌名称，其优点在于表现了酒店的企业文化、经营理念、经营哲学等。企业品牌的优势在于能够集中酒店的财力、物力塑造单一品牌，有利于准确传达酒店统一的公司哲学与经营理念；其缺点在于不利于与多种类型酒店产品兼容，从而造成产品形象模糊。国外酒店主要运用这种品牌开拓目标集聚型市场，例如加拿大的四季酒店将目标市场定位为全球高档酒店消费群体，因此运用企业品牌清晰体现其豪华酒店的产品定位，从而在全球豪华酒店市场获得了很高的市场占有率。产品品牌指酒店对其经营的每一种酒店产品都冠以各自独立的品牌，每一种品牌都针对特定细分市场的差异需求而"量身制作"，从而达到明晰产品等级和功能差异；其缺点在于缺乏统一的企业形象，品牌过多容易造成营销资源的分散，不利于品牌形成。在这方面全球酒店的佼佼者——圣达特酒店集团就是成功的典范，它针对豪华、中档、经济型等不同档次的细分市场有针对性地推出豪生、骑士客栈、天天客栈等独立产品品牌，准确的产品形象定位使其在各个细分市场均保持着很高的市场占有率。

1.2　酒店品牌的特征

酒店品牌的特征主要包括：专有性、识别性、无形性和价值性。

1.2.1　专有性

酒店品牌具有专有性，为酒店品牌所有者所独有，享有品牌专用权，它受法律保护，具有明显的排他性。而其他酒店要想使用这一品牌必须缴纳品牌特许权使用费。品牌的专有性保护了酒店产品、服务和经营管理的特色。目前，世界很多酒店都是利用转让品牌特许经营权而发展成为世界著名酒店集团。例如，假日集团、万豪集团、喜来登集团、希尔顿集团等都是酒店特许经营的成功范例。

1.2.2　识别性

识别性是酒店品牌最基本、最重要的特征。酒店品牌包含着其所提供的服务产品的功能、质量、特色、文化等丰富信息，在消费者心目中代表着服务形象和企业形象。品牌在消费者心目中是服务质量的标志，它代表着服务的品质、特色。酒店的品牌必须突出酒店的产品与服务的特色，将竞争对手的产品与服务区别开来，从而便于消费者识别和购买。因此，具有鲜明的识别性是酒店品牌的重要特征。

1.2.3　无形性

品牌是酒店最重要的无形资产之一，但这种价值却是看不见、摸不着的，品牌不具有有形的实体、不占有空间，它不像有形资产直接体现在资产负债表上；但它却是酒店资产的重要组成部分，酒店能够凭借品牌获取利润，有时酒店的品牌资产甚至超过了有形资产的价值。品牌可以通过一些有形的载体来体现，例如，直接载体是品牌名称、品牌标识等，而间接载体是酒店的市场占有率、企业形象、市场知名度、口碑等。

1.2.4　价值性

酒店品牌是企业重要的无形资产之一，它具有价值，它可以作为商品被买卖，主要体现为商标价值、市场价值和商誉价值三个方面。例如，据有关资料显示，假日酒店品牌价值仅次于可口可乐和万宝路，达上百亿美元。商标价值是酒店重要的财富之一，评价商标的价值应该从商标的欣赏价值、商标的知名度、商标的专利权价值等方面考虑。其中，商标的专利权价值取决于商标权具有的收益能力、投资能力和获得赔偿的能力。酒店品牌的市场价值表现为酒店品牌在市场上的知名度、品牌认知度、品牌联想度、品牌忠诚度和品牌市场份额。酒店品牌的商誉价值可以从品牌寿命、品牌产品质量和品牌形象三个方面进行考察。酒店品牌资产会随时间而逐渐积累，一个品牌的寿命越长则代表了酒店悠久的经营历史和长久的市场生命力，从而赢得市场赞誉和信赖。

1.3 酒店品牌的类型

根据不同的划分标准,酒店品牌可以划分为不同类型。比较常见的酒店品牌划分标准有:按品牌档次划分、按品牌市场地位划分、按品牌辐射区域划分、按品牌来源划分、按品牌原创性划分、按品牌生命周期划分等。

1.3.1 按品牌档次划分

按品牌档次划分,酒店品牌可以分为豪华型酒店品牌、中档型酒店品牌和经济型酒店品牌。

受收入水平、消费偏好、文化背景等因素的影响,不同消费群体购买酒店产品的质量、数量、价格等方面存在着明显的差异。针对不同消费水平的顾客需求,酒店市场逐渐形成不同档次的产品品牌,主要可以分为豪华型酒店品牌、中档型酒店品牌和经济型酒店品牌。豪华型酒店品牌的目标市场是高端商务旅游者、休闲度假旅游者、文化旅游者等,这部分消费群体要求酒店产品与服务能够提供全方位精致化服务。这就决定了豪华型酒店品牌的设施设备和服务水平都必须达到一流水平。因为豪华型酒店品牌不仅是酒店产品系列的重要组成部分,而且它也代表了一个酒店的最高服务水平,是酒店向市场展示企业形象和服务水平的重要载体。因此,世界各大酒店都十分重视打造豪华型酒店品牌。例如,雅高的索菲特品牌主要服务于国际高端商务和休闲度假旅游者,它拥有豪华先进的设施设备、高雅而艺术的内部装饰设计、热情周到的服务、精美的餐饮产品等,形成了索菲特品牌精益求精的产品风格,获得了良好的市场声誉。世界著名酒店的豪华型酒店品牌如表1.1所示。

表1.1 世界著名酒店的豪华型酒店品牌

品牌名称	所属酒店	品牌叙述
Clarion Hotel	精品国际	顶级一流的提供全方位服务的酒店
华尔道夫 康莱德 LXR Hotels & Resorts	希尔顿	为商务和休闲游客提供一流服务和豪华设施 满足高级商务和休闲旅游者需要的酒店 提供旅游者意想不到的产品与服务
香格里拉	香格里拉	殷勤好客香格里拉情
JW 万豪 里兹·卡尔顿 豪华精选酒店	万豪	世界最佳住宿、餐饮和服务的标志 最优雅豪华的万豪品牌
柏悦 君悦 凯悦	凯悦	提供豪华的设施和一流的服务 为追求个性服务和享受情调的游客精心设计
莱佛士 费尔蒙 索菲特传奇 索菲特	雅高	雅高的豪华酒店品牌

资料来源:奚晏平.世界著名酒店集团比较研究[M].北京:中国旅游出版社,2004:129.

中档型酒店品牌主要服务于消费水平处于中等档次的顾客群体,这部分消费群体既注重酒店产品的高质量、全面性,同时也十分看重价格。因此,中档型酒店品牌应在中等价位水平上提供最高性价比的酒店产品与服务。因为中等消费水平的消费群体占酒店市场的很大比例,中档型酒店品牌成为世界著名酒店竞争的重点。对于我国酒店而言,在国外酒店品牌垄断国内高端市场的形势下,国内酒店品牌应抢占中档酒店市场,防止国外酒店品牌继续向中档酒店市场渗透。世界著名酒店的中档酒店品牌如表 1.2 所示。

表 1.2 世界著名酒店的中档酒店品牌

品牌名称	所属酒店	品牌叙述
MainStay Suites Quality Inn Sleep Inn Comfort Inn	精品国际	适宜长久居住的中档酒店品牌 提供全面服务的中档酒店及套房 有限设施服务的中档酒店 适中服务的酒店
花园酒店 欢朋酒店	希尔顿	为旅游者提供舒适、设备完善的住宿条件
华美达	温德姆	满足旅游者特定需求
万怡酒店 福朋喜来登酒店 万枫酒店 万豪 AC 酒店 雅乐轩	万豪	价位适中的酒店品牌 长期居住的品牌酒店
诺富特 美居 MamaShelter Adagio	雅高	方便商务与休闲旅游者的现代酒店 感受连锁酒店的舒适和服务
Holiday Inn	洲际	干净、简单、整洁,使客人享受合理价格

资料来源:奚晏平.世界著名酒店集团比较研究[M].北京:中国旅游出版社,2004:132.

经济型酒店品牌主要服务于中小企业商务人士、休闲及自助游旅游者,为其提供价格较低、清洁、安全舒适、便捷的住宿服务。它的主要特征有:①提供有限服务,经济型酒店品牌压缩或取消餐饮、会议、娱乐等服务项目,而把住宿服务作为经营的重点。②目标市场以低档消费水平顾客为主、市场规模大、需求稳定。③一般采取自主经营或特许经营方式。经济型酒店虽然收费较低、利润空间小,但其市场基数大,如果能够以薄利多销形式实现规模经济,其盈利潜力很大;而且发展经济型酒店品牌有助于提高酒店的知名度,从而促进其他品牌的市场扩张。国外的经济型酒店发展比较发达,许多著名酒店都大力拓展经济型酒店品牌。我国著名的经济型酒店品牌有"锦江之星""汉庭酒店""如家酒店"等。世界著名酒店的经济型酒店品牌如表 1.3 所示。

表 1.3　世界著名酒店的经济型酒店品牌

品牌名称	所属酒店	品牌叙述
Econo Lodge Rodway Inn	精品国际	以大众可以接受的价格提供整洁而经济的服务 面向国内旅游市场提供中等价位服务
Days Inn Super 8 Motels	温德姆	世界最大经济型酒店联号 承诺给予顾客所需要的舒适
宜必思 阿德吉奥阿克瑟斯 JO&JOE hotelF1 海洋温泉酒店 宜必思尚品	雅高	全天候的服务和经济的价格 在欧洲提供基本服务的经济型酒店 提供简便而舒适的服务 美国经济型连锁汽车旅馆 在美国和加拿大的北美经济型连锁汽车旅馆 经济型延长逗留酒店

资料来源:奚晏平.世界著名酒店集团比较研究[M].北京:中国旅游出版社,2004:133.

1.3.2　按品牌市场地位划分

按酒店市场上不同酒店品牌的市场地位不同划分,可以将酒店品牌划分为领导品牌、强势品牌和弱势品牌。

领导品牌是在酒店市场中有很高的知名度、美誉度和稳定的顾客忠诚度,市场占有率远远高于其他竞争对手的酒店品牌。领导品牌最受消费者青睐,同时也容易受到其他竞争对手的挑战。因此,领导品牌要想始终保持竞争优势,必须不断创新产品与服务,拓展新的市场领域。强势品牌是指具有良好市场声誉、较高市场占有率、良好发展潜力的酒店品牌。强势品牌在维持其市场地位方面应从以下几点入手:不断丰富、延伸品牌的差异化个性特征;创造更多符合消费者需要的产品品质和属性;拓展强大的分销网络;开展形式多样的广告促销。弱势品牌指在市场竞争中居于劣势的酒店品牌。弱势酒店品牌应积极向强势品牌转型。首先,酒店应深入分析品牌存在的问题、不足,例如宣传不足造成知名度低,产品与服务质量差导致美誉度低,与顾客沟通不畅造成忠诚度低等。然后,采取针对性的改进措施以提高酒店品牌的市场竞争力和市场地位。

1.3.3　按品牌辐射区域划分

按酒店品牌经营的市场区域,可以将品牌划分为地区品牌、国内品牌和国际品牌。

地区品牌是指酒店经营的市场区域在一个较小的地域范围的品牌,其市场网络辐射范围不大。目前,我国大多数本土酒店品牌均属于地区品牌。据中国酒店集团化发展论坛统计数据显示,地区酒店品牌占集团酒店总数的 82.15%,例如开元集团主要在浙江省发展,华天国际酒店管理公司主要在湖南发展。国内品牌是指酒店经营的市场区域遍布全国,市场网络辐射范围大。例如,"锦江国际""首旅如家""华住"等都是我国知名的国内酒店品牌。国际品牌是指在国际市场上知名度较高,市场网络辐射全球的品牌,例如万豪、希尔顿、洲际、温德姆等都是享誉世界的国际酒店品牌。图 1.1 为国内知名的酒店——北京丽晶酒店大楼的全景,图 1.2

为福州最佳西方财富酒店。

图 1.1　北京丽晶酒店大楼全景

图 1.2　福州最佳西方财富酒店

1.3.4　按品牌来源划分

按品牌的来源划分,可以将酒店品牌分为自有品牌、外来品牌和嫁接品牌。

自有品牌是酒店依靠自身资源经过长期的自主经营而创建的品牌,例如,我国本土酒店的"锦江国际""建国""开元国际""泰达""凯莱国际""粤海国际""金陵酒店""世贸酒店""东方嘉柏""华天""中旅酒店"等都是自有品牌。外来品牌是指酒店通过特许经营、兼并、收购或其他形式而取得的品牌。例如世界著名酒店雅高集团先后收购了美居(1975 年)、索菲特(1980年)、诺富特(1983 年)、美国连锁汽车旅馆 6(1990 年)等一系列酒店品牌,从而逐渐发展成为世界最大酒店集团之一。嫁接品牌主要指酒店通过合资、合作方式形成带有双方酒店品牌的新品牌。例如,2005 年 4 月,首旅集团与世界著名酒店连锁集团——莱佛士国际酒店与度假村集团达成协议,国际知名品牌莱佛士与百年老店北京酒店"嫁接"成立北京酒店莱佛士。

1.3.5 按品牌原创性划分

按品牌的原创性与延伸性划分,品牌可以划分为分类品牌和母子品牌。

分类品牌指酒店对其经营的各种酒店产品按照某一标准进行分类,对每一类别的产品冠以各自独立的品牌。例如,圣达特酒店集团的豪生品牌(Howard Johnson)就由豪生快捷客栈(Howard Johnson Express Inns)、豪生广场酒店(Howard Johnson Plaza-Hotels)、豪生酒店(Howard Johnson Hotels)、豪生客栈(Howard Johnson Inns)四个同类型的不同品牌组成。母子品牌指酒店对其经营的酒店产品冠以两个品牌,即"母品牌+子品牌"。凯悦酒店集团是使用这种品牌组合方式的典型代表,酒店母品牌"凯悦"向顾客展现集团产品高质量的整体形象,Grand Hotels、Park Hotels、Regency Hotels 子品牌则从酒店档次、服务特色等方面向顾客提供不同的个性服务与价值体验,丰富并提升了母品牌的形象。

1.3.6 按品牌生命周期划分

按品牌生命周期划分,酒店品牌可以分为新品牌、上升品牌、领导品牌和衰退品牌。

新品牌指处于市场导入期的酒店品牌,酒店品牌刚进入市场,市场知名度较低,市场网络尚未形成。上升品牌指处于市场发展期的酒店品牌,即酒店品牌进入市场已有一段时间,市场知名度、美誉度处于逐渐上升状态,已占据了一定的市场份额。领导品牌指处于市场成熟期的酒店品牌,该品牌已经取得市场竞争优势,具有较高的市场知名度和美誉度,市场份额处于最高峰状态。衰退品牌指处于市场衰退期的酒店品牌,该品牌市场份额开始萎缩,市场知名度、美誉度急剧下降(图1.3)。

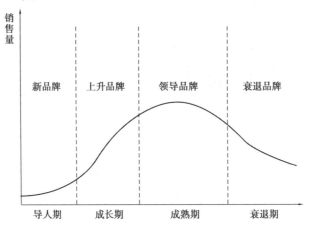

图 1.3　酒店品牌成长生命周期

1.4　酒店品牌的作用

品牌是支撑酒店获得持续比较竞争优势的重要力量。品牌对酒店发展的重要作用体现在以下四个方面:

1.4.1　品牌是促进酒店资本增值的重要途径

品牌是促进酒店资本增值的重要途径。一方面，品牌本身就是酒店无形资本的重要组成部分，酒店品牌自身价值增值可以实现酒店资本增值；另一方面，品牌等无形资产能够驱动更多的有形资本，从而带动酒店整体资本"滚雪球"式增长。

首先，品牌是酒店无形资本的重要组成部分，品牌资本的增值过程就是品牌资本的价值形成过程。国际资产评估界人士的统计表明，企业的无形资产可以是企业有形资产的4～5倍。品牌资本的构成要素包括品牌知名度、品牌认知度、品牌联想度、品牌忠诚度和其他专有资产（如专利、商标、渠道关系）等。品牌资本的竞争功能和垄断功能带来强大的资本增值能力，表现为：①酒店品牌资本提高顾客重复购买。品牌资本有助于消费者认识酒店的品牌内涵与产品价值，从认识品牌到认同品牌直至品牌忠诚。当消费者对酒店品牌产生较高的顾客忠诚时，其在以后相当长的时间内就会不断地重复购买该酒店产品，并向与其关联的社会大众传播该酒店的产品、品牌。因此，品牌资本有助于配合酒店的营销计划提高消费者重复购买酒店产品，增加酒店产品的市场份额，提高盈利水平。②酒店品牌资本促进酒店产品溢价销售。良好的酒店产品品牌形象使消费者愿意支付较高的价格，其中高于产品内在价值的价格就是溢价。只要品牌产品的溢价在消费者心理承受范围之内，消费者都愿意购买品牌产品，因为消费者在购买酒店产品与服务的同时也在体验品牌所带来的企业精神和文化。品牌资本可使酒店的产品和服务占据很高的市场份额，从而使其获取丰厚的利润。因此，品牌资本增值是酒店资本增值的重要途径，要注意正确认识和评价品牌资本，防止出现只见有形资产不见无形资产的错误观念。

其次，品牌能够驱动有形资本增长。酒店品牌不是物质生产要素，但是它能够驱使社会资源向强势酒店品牌聚拢，从而使酒店用一定的品牌资本驱动更多的有形资产运转，形成有形资产和无形资产之间的良性互动。酒店产品具有不可储存性、不可异地消费和不可试用等特点，和酒店消费是一种心理感受的特性，决定了酒店品牌形象的重要作用。酒店的有形资产只有通过品牌等无形资产的运营才能发挥倍增效应。酒店以品牌为载体，利用品牌强大的竞争功能和垄断功能在市场上通过特许经营、购并、融资等方式实现社会资源向强势酒店品牌聚集。世界酒店之间的兼并、联合导致超级酒店集团的诞生。例如，喜达屋集团就是通过兼并喜来登和威斯汀（Westin）迅速成长起来。具体实施方式有：①酒店品牌资本的所有者以获得资本增值为目标，依据品牌出资者的所有权经营品牌资本权益；②酒店经营者依据其拥有的法人财产权经营企业的品牌资本权益，从而实现品牌资本权益的保障与增值。酒店为了实现品牌资本的不断增值和价值最大化，需要对品牌资本进行系统、科学的经营管理。因此，以品牌经营促进酒店资本增值，这已经成为酒店业主和投资者的重要经营战略之一。

1.4.2　品牌是推动酒店市场扩张的重要工具

在知识经济时代，符号经济决定实体经济。正如美国品牌价值协会主席拉里·莱特所说："拥有市场比拥有工厂更为重要，而拥有市场的唯一途径，正是拥有具备竞争力的品牌。"品牌是推动酒店市场扩张的重要工具。酒店通过品牌经营形成连锁集团，才能够实现市场的低成本扩张和经营的规模经济效应。从经济学的角度来看，酒店的一切生产经营活动都是在努力实现企业资源的最优配置以获得最大的效益产出。酒店经过一定时期的发展积累了一定的经营资源,例如资金、技术、人才、品牌等。当品牌资源积累至一定程度,超过酒店内部合理配置与利用的限度时就会出现品牌资源闲置的问题。资源优化配置的内在动力就会驱使酒店在企业外部寻找合理配置过剩品牌资源的空间。酒店会运用品牌等无形资产的转让和特许经营来扩张市场。国际著名酒店正是由于成功地实施了品牌扩张战略,在短时期内迅速拓展全球市场网络,综合竞争实力日益增强。

品牌扩张可以充分体现酒店品牌的形象价值,从而实现收益的最大化。酒店以品牌为工具,通过横向一体化扩张、纵向一体化扩张、多元化扩张等方式促进品牌资源的优化配置。在横向一体化扩张方面,酒店可以借用成功产品品牌在消费者心目中的良好形象、声誉、口碑等,将原有品牌名称用于新开发产品系列。消费者和公众出于对成功品牌的信任与偏好,会把品牌忠诚延伸到新产品,把品牌对市场的影响力和支配力持久延续,从而增加新产品取得市场成功的机会。例如,雅高集团面向豪华、中档、经济型等不同的酒店细分市场,在 Accor 品牌下延伸出索菲特(豪华型品牌)、诺富特(商务型品牌)、美居(中档品牌)和宜必思(经济型品牌)等多个品牌,实现酒店产品多元化。在纵向一体化扩张方面,酒店以品牌为纽带,将酒店上下游企业(如旅行社、航空公司、旅游景区、旅游车船公司、娱乐业、餐饮业等)整合在酒店中,通过对酒店内部资源的优化配置合理调节各环节之间的利益关系,降低生产成本,提高生产效率,从而提高企业盈利水平。在多元化扩张方面,酒店利用成功酒店品牌在消费者心目中的良好声誉拓展与酒店业务无关的行业市场,例如,会展服务业、房地产业、娱乐业、金融业、商业、高科技、文化教育等。消费者基于对知名酒店品牌的信任,在购买其他类型商品时也往往显示出同样的品牌偏好和品牌信任。从酒店角度来看,酒店利用品牌延伸拓展多元化业务领域,可以利用成功酒店品牌的知名度、美誉度迅速打开市场,缩短新产品的投入期,增加销售量,从而增加了新产品取得市场成功的机会,提高了品牌整体的盈利水平。因此,运用品牌扩张酒店市场已成为现代酒店的普遍选择。

1.4.3　品牌是展示酒店形象的有效手段

酒店的企业形象是社会公众对酒店的整体印象和评价,它是酒店文化、经营理念、管理哲学、产品特色等多种因素的综合反映。因此,酒店的企业形象具有综合性与无形性特征。这也给消费者认识、评价酒店的企业形象设置了障碍。而在市场经济高度发达的时代,酒店之间的市场竞争日益激烈,竞争不再局限于酒店产品的价格、质量,而且延伸到酒店的企业形象层面。世界著名酒店通过塑造良好的企业形象来塑造酒店核心竞争力。其中,品牌充当了酒店形象展示媒介的作用。酒店的企业形象必须借助有形的物质载体传递给目标市场,例如酒店的建筑物、环境、设施设备、员工、产品等。但这些载体仅对有机会接触酒店的顾客有效,而对没有机会接触酒店的顾客来说,品牌承担着形象宣传的重任。酒店可以在各种营销活动中运用品牌名称、品牌标识、品牌标语等传播酒店产品与企业形象信息。品牌传播效率越高,市场对酒店形象的知晓度就越高;而好的品牌有助于目标市场识别酒店产品。消费者通过品牌联想酒店提供的产品与服务的质量、特色、形象等,促进顾客对其优先购买。因此,在现代市场竞争中品牌已经成为酒店形象的象征。

1.4.4　品牌是提高酒店市场顾客忠诚的重要方式

酒店产品具有无形性特征,顾客在购买酒店产品时不能得到明确的品质和效果预期。因

第2章　酒店品牌建设的背景与历程

【内容导读】

外部宏观环境和微观环境的变化导致酒店业经营环境的变化,也带来酒店业竞争方式的转型,品牌竞争已成为国内外酒店业发展的趋势。本章阐释酒店品牌建设的背景、酒店品牌建设的模式、国内外酒店品牌发展历程等内容。

【学习目标】

①了解现代酒店品牌建设的背景;

②掌握酒店品牌建设的模式;

③熟悉国际和我国酒店品牌发展历程。

2.1　酒店品牌建设的背景

进入21世纪,酒店业外部宏观环境发生了重大变化,世界经济全球化趋势导致世界酒店市场竞争日益激烈;消费者消费观念的改变使得传统的酒店产品不能满足顾客日益增长的消费需求。因此,外部宏观环境的变化预示着酒店业竞争方式开始转型。

2.1.1　酒店市场全球化竞争

20世纪80年代以来,随着新技术革命的发展,国际分工进一步深化,各国之间经济联系日益紧密,经济全球化成为世界经济发展的重要趋势,这直接刺激各国酒店向全球范围扩张,扩张方式从兼并、接管单一酒店向酒店集团之间的兼并、收购与联盟转型。特别是在20世纪90年代以来,世界范围内的产业重组又掀起酒店业新一轮的兼并和收购浪潮,催生一大批跨国界的超级酒店。世界著名酒店全球化扩张的重要方式之一就是品牌扩张,即通过品牌延伸、品牌资本运作、品牌市场扩张等多种形式扩张市场网络。酒店通过品牌特许经营获得有形资产和无形资产的双重增加,凭借品牌管理输出获得长期的经济收益,而加盟酒店数量的增加有助于提高酒店品牌的影响力和市场占有率,从而使品牌资产价值提升。例如喜达屋是一个豪华和高档的提供全方位服务的酒店品牌,其品牌组合由豪华型品牌威斯汀、喜来登、至尊精选、圣·瑞吉斯和中档型品牌富朋组成。雅高有超过5 200多家酒店,遍布世界140多个国家,涵盖了从经济型到豪华型的各种档次品牌,其中奢华档品牌占 31.8%,高档型品牌占 34%,中档型品牌占 15.9%,经济档品牌占 18.3%。

从 1982 年改革开放初期中国香港半岛酒店管理集团开始管理北京建国酒店,标志着国际酒店集团品牌开始进入中国市场。经过四十余年的发展,国外知名酒店品牌纷纷进入中国酒店市场。目前,世界酒店(集团)300 强的前 10 名都已经全部进入中国市场。国外酒店集团凭借着知名的酒店品牌、庞大的市场网络、先进的经营管理模式、高品质的产品与服务等优势迅速垄断国内高端酒店市场。随着国内大众旅游市场的兴起,国内经济型酒店市场逐渐成熟,国外酒店品牌开始抢占中国酒店的中低档市场。他们所采用的经营战略就是针对酒店档次,分别利用委托管理和特许经营模式进行品牌输出,获取高额利润。近年来,包括洲际、雅高、香格里拉等在内的国际酒店品牌纷纷加速在中国市场布局。在其扩张计划中,主攻方向是中国的二、三线甚至是四线城市。目前,香格里拉集团已经在包头、长春、常州、迪庆、满洲里、唐山、秦皇岛、莆田、前滩等城市成功布点,未来,香格里拉酒店将在更多二、三线城市布局。美国经济型酒店品牌格林豪泰(Green Tree)以"长三角"中小城市为重点,其在营和筹建中的酒店近 6,000 家,遍及中国近 360 座城市;"速 8""宜必思"等经济型酒店品牌也加大其在二、三线城市的扩张速度。面对国外酒店在各个市场的强大竞争压力,我国酒店业的当务之急是塑造品牌,以品牌为纽带,进行资本运作,走集团化、连锁化的品牌发展道路。当前我国酒店品牌建设还比较缓慢。培育一批具有国际竞争力的本土酒店品牌成为提升我国酒店业整体竞争力的重要途径。因此,酒店市场全球化竞争的大环境驱使我国酒店业走品牌发展之路,这是促进我国酒店业可持续发展的关键。

2.1.2 产业的竞争形式升级

纵观国际酒店业的发展历程,经历了三个层次的竞争阶段:初级层次是价格竞争阶段,第二个层次是质量竞争阶段,第三个层次是品牌竞争阶段。品牌竞争是高级层次竞争形式,也是国际酒店业的发展趋势。在美国,不同经济形态的咖啡产品的价格会有很大差别。作为农业经济自然产品的咖啡豆的售价是一杯 5~25 美分;作为工业经济加工品的速溶咖啡的价格是一杯 30~40 美分;作为服务经济形式街头咖啡店里咖啡的价格是一杯 0.5~1 美元;而在某品牌酒店或餐馆里,一杯咖啡的售价为 2~5 美元。一杯咖啡,披上品牌的外衣后就身价数倍,由此可见品牌的巨大经济价值。在价格竞争阶段,单一需求的同质大市场使得各个酒店的产品与服务也是同质性的,酒店业竞争在价格层面展开,各个酒店都在提高生产经营效率、降低生产成本上下功夫。在质量竞争阶段,随着酒店市场供给的过剩形成买方市场;同时由于顾客消费经验日益丰富、自我保护意识的增强和个性化消费需求的提高,这对酒店的产品与服务提出更高要求。酒店纷纷通过创新产品和服务来满足市场需求。而酒店产品功能同质性的特点决定酒店产品创新具有很大的难度,而且酒店产品与服务不像其他物质产品或技术可以申请专利保护,容易被其他竞争者仿制。这就决定了即使在质量竞争阶段酒店业仍然摆脱不了产品同质化竞争的恶性循环怪圈。在这种背景下,品牌竞争的引入为酒店业发展指明了发展的方向。进入品牌竞争时代,酒店之间竞争的焦点将是创造和传递顾客价值。酒店通过分析顾客的关键价值要素,挖掘顾客新的功能需求或情感需求,来确定酒店产品需要增加、减少、创新、剔除的因素;通过创新酒店产品价值来吸引新顾客,创造新的市场,而不是在已有市场中进行"此消彼长"的恶性竞争;酒店不再局限于企业自身资源,而是通过战略联盟、业务外包等方式多方位、高效率地利用社会资源,以最大限度地提高酒店产品附加值,满足顾客价值需求。酒店可以将一些非核心业务外包给其他公司,例如香港的很多酒店就将安全保卫服务外包给保安服务公司;北京的一家四星级酒店将员工餐厅外包给专业餐饮公司,取得很好的效果。强势酒店品牌的市场占有率越来越高,酒店市场集中度进一步提高,品牌竞争越来越激烈,这预示着品牌竞争时代的来临。世界著名酒店都已经形成独特的品牌形象,希尔顿是"豪华、物有所值"的品牌形象,假日酒店是"温馨、卫生、健康、清洁、经济"的品牌形象,香格里拉酒店是"享受世外桃源般神仙生活"的品牌形象。总之,品牌竞争时代的来临要求酒店改变传统的竞争战略,树立品牌价值创新的竞争战略。

2.1.3 酒店市场消费观成熟

随着旅游者消费经历的增多和消费观念的变化,顾客更加注重酒店产品消费中的情感体验,情感消费需求比重增加。消费者需求由满足实用性、功能性消费向个性化、精神性消费转变,单纯的功能性酒店产品已经不能满足旅游市场需求。一方面,消费者弱化了酒店产品的物理属性需求;另一方面,消费者更加注重对酒店产品的情感需求,包括品位需求、地位需求、荣耀需求等感受性心理需求,自我价值的体现与认同后的心理满足。顾客关注的是通过购买和享受酒店产品与服务,获得特别的体验和令人回味的经历,满足心理精神需求;消费者追求体现个性情趣和文化特质。而成功的酒店品牌所蕴含的酒店形象、文化、商誉、知名度、美誉度等能够给消费者以情感和精神寄托,满足其情感消费需求。因此,在品牌竞争时代,消费者选择酒店产品的标准不再是"好与不好",而是"喜欢与不喜欢"。酒店顾客的感性消费需求受酒店品牌的影响越来越大。因此,随着酒店市场消费观念进入情感消费时代,酒店品牌也成为市场消费的重要内容之一。图2.1为澳门永利酒店中餐厅。

图2.1　澳门永利酒店中餐厅

总之,在酒店市场全球化竞争、酒店产业竞争形式升级和酒店市场消费观成熟等宏观背景下,品牌竞争成为酒店产业发展的必然趋势。

2.2　酒店品牌建设的模式

酒店在创建品牌之初都面临着如何选择品牌建设模式的问题。由于不同酒店的战略目标、经营理念、企业文化、规模实力等都存在着差异,这就决定了酒店的品牌建设模式具有差异性。酒店品牌建设的模式主要有三种:原创模式、贴牌模式和并购模式。

2.2.1　原创模式

原创品牌模式是指酒店依靠企业资源的优化配置和酒店长期的自主经营以创建获得市场认可的、具有自主知识产权的品牌。原创品牌模式的优点有:酒店拥有自主独立的品牌,品牌打响后能迅速提升品牌资本价值,获得巨大的衍生附加价值;自主经营性强,能自主选择经营管理模式和确定酒店产品与服务特色;能根据市场变化灵活调整品牌战略,而不需要向加盟商申请。

原创品牌模式的不足之处在于:创建品牌是一个系统性的工程,需要投入大量的人力、物力和财力资源来培育品牌,而且从一个没有名气的酒店品牌打造成为具有较大市场影响力的知名品牌需要一个漫长的市场积累过程,所花的时间较长。因此,选择原创品牌模式的酒店必须具备丰富的经营资源,例如,资金实力雄厚,产品与服务的质量优秀,具有较高素质的经营管理团队,酒店具有一定的市场影响力等①。

经过近40年的发展,我国本土酒店品牌逐渐成熟,已经形成了一批具有一定国际影响力和发展潜力的原创酒店品牌,例如,"锦江国际""首旅如家""建国""开元国际""泰达""凯莱"等。这些原创民族酒店品牌为提高我国酒店业的整体素质,抵御国际酒店的竞争发挥着重要作用。

当前我国酒店在探索原创品牌道路的过程中出现了一些问题,具体表现为:①引进外来品牌与原创品牌的矛盾。在当前国际著名酒店品牌加大进入我国酒店市场的形势下,国际酒店品牌凭借其强势的国际市场知名度、卓越的市场声誉、庞大的市场网络、先进的经营管理模式等优势对国内酒店品牌形成巨大的冲击,许多国内酒店纷纷加盟国际酒店品牌,坚持原创品牌的酒店面临着强大的竞争压力。②长远战略与短期利益的矛盾。从短期来看,原创品牌需要投入大量的人力、物力和财力,而且还存在着一定的市场风险。酒店在原创品牌过程中可能面临着投资失败的风险。为了分散品牌经营风险,很多酒店采取联营品牌的经营方式来共同建设品牌,具体合作的方式则多种多样,包括成立营销联合体,共享市场营销和预订系统;同银行合作开展信用卡销售;同航空公司进行协议合作等。例如,1995年美国希尔顿酒店与美国捷运公司合作发行一种无费用、品牌联合的信用卡;香格里拉酒店与航空公司合作推出飞行积分计划。联营品牌模式具有以下优点:①成员对象范围广泛,进入门槛低,如非控股、非管理合同、非特许经营;②从属于一家有名的协调机构,独立酒店在市场上就有了统一的品牌形象,可以共享联营的品牌优势;③成本低收益大,单体酒店以较低的成本代价可以获得品牌、CRS(中央预订系统)服务、联合营销、集中采购等多种服务。因此,联营品牌模式具有很大的发展空间。

① 侯国林,李金生,卞显红.论我国经济型饭店品牌建设的模式与方法[J].商业经济与管理,2005(4):40-44.

2.2.2 贴牌模式

贴牌模式是指酒店通过不同方式借用别人品牌开展经营活动,来扩大酒店知名度和市场影响力,它主要包括特许模式和嫁接模式。

1)特许模式

特许模式是指拥有品牌特许经营权人向受特许经营权人提供品牌特许经营权,和在组织、经营和管理方面提供支持,并从受特许经营权人获得相应回报的一种经营形式。特许经营转让方要向受让方提供品牌、经营管理理念与方式、服务程序与标准,并在组织、预订、营销等方面给予支持,保证受让方酒店保持与转让方酒店相一致的产品与服务水平。特许经营者向品牌特许权拥有者缴纳特许费用和其他费用。

品牌特许经营模式是一种利益共享、优势互补的经营模式。加盟者只需要支付品牌特许使用费就可以使用酒店的品牌,得到知名品牌酒店提供的管理、人才、预订、营销等多方面的支持。而特许酒店可以用品牌快速扩张市场网络和提升品牌价值,以较少投资、较短时间迅速渗透市场,实现企业快速扩大市场规模,形成规模效应。另一方面,加盟酒店数量的增加和质量的提高,有助于酒店的品牌影响力和市场占有率的提高,品牌资产和价值的提升。因此,特许经营是一种有效的低成本市场扩张和品牌输出方式。当然特许经营模式也存在着可能导致特许权拥有者和酒店业主冲突的风险,引发例如管理权限、利益分成、质量保证等方面的矛盾。

采用特许经营模式要求拥有特许经营权的酒店必须具备较高知名度的品牌、市场声誉和完善的管理支持和市场网络支持。世界上许多著名酒店集团都是采取特许经营模式迅速发展起来,例如,温德姆、精品国际、假日集团、万豪集团、希尔顿集团等都利用特许经营模式扩张其世界范围内的市场网络。

2)嫁接模式

嫁接模式是将酒店所属的其他行业的知名品牌"移植"到酒店身上,借助于知名品牌的知名度与市场影响力来扶持酒店,形成同一品牌下的多种产品线。例如,旅游行业的旅行社、航空公司、旅游景区、旅游车船公司、航空公司、娱乐企业、餐饮企业等实施纵向一体化战略,在拓展酒店业务领域时将原来品牌用于酒店,甚至一些房地产企业、娱乐企业、金融企业等都将自己的品牌转而用于酒店。品牌嫁接模式的优点是:①有利于资源的优势互补,借助于成功品牌的资源优势,例如,知名度、美誉度、市场网络、顾客忠诚等,极大地提高了酒店成功的机会,减少市场风险。②借助于知名品牌的市场影响力,缩短市场对酒店品牌的接受时间,提高酒店的市场知名度。③借用成熟品牌的CIS,节省酒店的品牌设计、策划和营销成本,降低酒店进入新市场的费用。④有利于强化品牌群体效应,增强品牌的无形资产。

当然品牌"嫁接"要恰当,"嫁接"过程中应注意以下事项:①选择具有较高市场认可度的品牌进行嫁接。嫁接品牌必须具有很高的知名度和美誉度,酒店才能够借助原有品牌的声誉迅速打开市场。②品牌的基本元素需要适用于酒店,如品牌名称、标志、品牌价值、品牌个性、品牌功能定位等必须要与酒店产品相符合,不能有明显的冲突。③回避高度定位的品牌,如果某品牌已经成为特定产品的代名词,消费者已经对其产生了固定的联想,品牌联想很难转移到酒店就不适合进行品牌嫁接。④品牌嫁接适用于在一个大类产品范围内、在一个产品链(线)上纵向进行,这样容易被消费者所接受。⑤嫁接品牌应维护原有品牌形象,品牌嫁接不能以品牌的翻版和克隆的形式进入酒店,必须根据酒店业务特点作相应的调整,而且不能损害原有品牌形象。

2.2.3 并购模式

并购模式是指酒店将另一酒店品牌所有权收购,从而完全拥有该品牌。并购模式的优点有:①可以缩短市场对酒店品牌的认知和品牌接受时间,在短时间内迅速提升品牌市场占有率,获得高利润。②可以获得原有酒店品牌所蕴含的各种资源,例如,营销渠道、销售网络、人力资源、忠诚顾客等,节省酒店开拓新市场的时间和资本投入。③对竞争者品牌的并购,可以减少竞争对手的数量,缓解竞争压力。20世纪50年代以来,并购模式被世界众多酒店频繁运用。以2012年为例,酒店业就出现了一些大手笔并购案例。2012年9月,温德姆酒店集团的母公司温德姆环球公司(Wyndham Worldwide)宣布,以1.02亿美元现金收购了Shell Vacations LLC及该公司旗下的19座度假村;万豪国际以2.1亿美元收购Gaylord酒店品牌。2012年我国的如家酒店以940万美元(约合人民币5 980万元)收购安徽优乐时尚酒店和安徽美邦酒店;汉庭酒店集团控股收编携程旗下的中档连锁酒店品牌星程及其100余家成员酒店。再到2016年,万豪集团(Marriott)收购喜达屋,成为世界最大酒店公司。同年,首旅酒店集团以110.5亿元完成了对如家酒店私有化购买交易,首旅酒店集团与如家酒店集团正式合并,成立"首旅如家"。

然而,并购模式对酒店的资金实力、资本运作能力等要求十分高,比较适合实力雄厚的大型酒店集团。

2.3 国内外酒店品牌发展历程

纵观国内外酒店发展历程,酒店的品牌发展历程往往是伴随着酒店集团化发展而进行的,酒店品牌通常形成于实施连锁经营的酒店集团内。回顾国内外酒店品牌发展与扩张的历程沿革进程,不仅有利于借鉴其成功经验与失败教训,而且有利于从中发现影响其发展的因素,从而为促进酒店品牌发展提供有益的对策。

2.3.1 国外现代酒店品牌发展历程

从20世纪40年代末至今,国外现代酒店品牌经历了诞生、发展、国际化扩张等多个发展阶段,实现了从无到有,从小到大,从单一到多元,从区域到国际的成长过程。按照酒店扩张的区域范围划分,国外现代酒店品牌的发展历程可以分为以下三个重要历史发展阶段①。

1) 区域发展阶段(20世纪40—50年代)

第二次世界大战结束后,欧美等国家进入经济复苏与高速发展阶段,商务活动日益频繁,人民收入水平大幅提高及5天工作制的实施、高速公路、私人汽车及短途商用飞机的普及直接刺激了本国商务与大众旅游市场迅猛发展。旅游市场需求的扩大直接刺激酒店供给的增加。

---

① 谷慧敏.世界著名饭店集团管理精要[M].沈阳:辽宁科学技术出版社,2001:66-69.

传统单体酒店的缓慢发展方式已经不能有效满足市场需求和酒店供给的发展需要。正是在这一背景下,欧美国家一大批在区域或本国具有雄厚实力的现代酒店纷纷涌现,因此也出现了最早的一批酒店品牌。最具实力和代表性的有:1949 年康拉德·希尔顿成立"希尔顿国际集团",希尔顿品牌开始步入区域性跨国扩张道路,并在 20 世纪 50 年代末发展成为美国最大的以委托管理形式为主的酒店集团;1946 年泛美航空公司成立了第一家由航空公司所有的酒店集团——洲际酒店集团,并开始向美洲扩张;凯蒙斯·威尔逊于 1950 年通过特许假日酒店品牌使用权并建立全国性预订网络系统的方式,充分利用酒店联号概念,在 20 世纪 50 年代末发展成为美国最大的特许经营酒店集团。在区域发展阶段,各国酒店扩张方向是由其本国或本地区游客的流向来决定的。由于受交通工具的制约,当时欧美各国的商务与休闲游客的活动范围局限于本国或周边邻国。因此,市场需求决定了当时欧美国家酒店扩张大多处于国内或周边区域。表 2.1 为欧美部分最早酒店品牌概况。

表 2.1　欧美部分最早酒店品牌概况

集团(公司)名称	成立时间/年	总部所在国家	扩张模式	创始人
最佳西方	1946	美国	战略联盟	GUEREIN
希尔顿国际集团	1949	英国	委托管理	康拉德·希尔顿
假日酒店集团	1950	美国	特许经营	凯蒙斯·威尔逊
凯悦酒店	1957	美国	多元化经营	普里茨科家族
万豪集团	1957	美国	连锁经营	约翰·威拉德·马里奥特

2)洲际发展阶段(20 世纪 60—70 年代)

20 世纪 60 年代世界民航业取得突破性发展,伴随着波音 707 和波音 747 等高速度、大容量、远距离、低价位的喷气式飞机大批量投入使用,航空旅行成本大幅度下降,这使得飞机逐渐成为大众休闲旅游、商务旅游的首选;同时带薪年假制度在欧美国家的逐渐普及使得普通大众的闲暇时间增多,旅游者不再满足于本国或区域小范围内旅行,洲际旅游、跨国旅游逐渐成为潮流。为了有效占领新兴的出境游客市场,欧美国家的许多酒店纷纷联姻航空公司,在本国旅游者出境流向的主要外国旅游目的地或中心门户城市接管或开设酒店。典型的例子有美国的希尔顿国际与环球航空公司(TWA)的联姻(1967 年),美国的西方国际(WI)与联合航空公司(UA)的联姻(1970 年),法国的子午线(Meridien)与法航(AF)的联姻(1972 年)等案例。与此同时,一些实力雄厚的跨国公司在经济利益的驱动下也纷纷投资进入酒店业。例如,以经营餐饮连锁店而著称的万豪国际集团在 1957 年投资第一家酒店后,在短短 30 年的时间里迅速发展成为世界最大规模的酒店集团之一。在 20 世纪 70 年代末,一大批跨国、跨洲、跨地区经营的国际酒店品牌迅速成长起来。

3)全球发展阶段(20 世纪 80 年代至今)

20 世纪 80 年代世界政治、经济形势发生了一系列历史性的重大变化。在政治上,以苏联为代表的许多社会主义国家开始实行政治经济体制改革,对西方资本的管制逐渐放松,从而也为欧美国家的酒店品牌进入社会主义国家提供了政策条件。在经济上,欧美是世界经济最发达的工业化国家。20 世纪 80 年代以来随着新技术革命的发展,国际分工进一步深化,各国之间经济联系日益紧密。经济全球化成为世界经济发展的趋势;世界经济发展格局出现重大变化,亚太地区成为世界经济最具活力的地区之一。经济全球化刺激世界酒店业的全球范围扩张。1999 年酒店集团所在国家数量超过 50 个的多达 8 个,当时最大的巴斯集团的酒店遍及世界 95 个国家和地区。与此同时,世界国际旅游发展的格局也出现明显的变化。在世界旅游者分布上,欧洲地区旅游者数量增长缓慢,美洲地区增长停滞甚至出现负数,而亚太地区则后来居上,旅游者数量增长迅猛。1950 年亚太地区旅游者数量占世界比例不足 0.9%,1980 年占 7.8%,1990 年占 12.6%,到了 2002 年则占 18.3%,首次超过美洲,排名世界第二位①。表 2.2 列示了 1998 年和 1999 年国际化程度最高的 10 家酒店集团跨国经营情况。

表 2.2　1998 年和 1999 年国际化程度最高的 10 家酒店集团跨国经营情况

1998 年		1999 年	
酒店集团名称	进入国家数目	酒店集团名称	进入国家数目
最佳西方国际	77	巴斯	95
巴斯	75	最佳西方国际	76
雅高	72	雅高	72
喜达屋	68	喜达屋	70
万豪	53	卡尔逊	54
福特	52	希尔顿国际	53
希尔顿国际	50	万豪	53
卡尔逊	48	福特	50
精品国际	40	乔伊斯	36
地中海俱乐部	40	地中海俱乐部	35

资料来源:美国 Hotels,1999 年 7 月。

　　基于以上政治经济形势的变化,欧美酒店在完成洲际扩张阶段之后,又开始了新一轮的全球扩张阶段。扩张方式从兼并、接管单一酒店向酒店集团之间的兼并、收购与联盟转型。特别是在 20 世纪 90 年代以来,世界范围内的产业重组又掀起酒店行业新一轮的兼并和收购浪潮,催生了一大批跨国界的超级酒店集团。典型的兼并案例有圣达特的前身 HFS(Hospitality Franchise System,酒店特许连锁系统股份有限公司)先后收购了华美达集团(Ramada)、霍华得·约翰逊(Howard Johnson)、天天客栈(Days Inns)、超级汽车酒店 8、Red Carpet/Master Host Inns、Passport and Scottish Inns、Travelodge、Knights Inn 及 Park Inn 等一系列酒店公司,并于 1997 年 10 月和 CUC(美国国际旅游服务公司)合并成为圣达特公司(Cendant Corporation),成为世界上最大的酒店集团;香港新世界集团(New World)对华美达集团(Ramada)的收购兼并(1989 年);英国巴斯有限公司(Bass)对假日集团(1989 年)和洲际集团(1998 年)的收购兼并;法国雅高(Accor)集团对 6 号汽车旅馆公司(Mobile 6)的收购兼并(1990 年)②。温德姆环球公司

　①　中国旅游酒店协会.中国酒店集团化发展蓝皮书[M].北京:中国旅游出版社,2003:63-66.

　②　陈志雄.路径选择:突破"马歇尔两难"[J].世界商业评论,2003(12).

（Wyndham Worldwide）宣布，以1.02亿美元现金收购了Shell Vacations LLC及该公司旗下的19座度假村（2012年）；万豪集团（Marriott）收购喜达屋，成为世界最大酒店公司（2016年）。表2.3为1987—1999年世界酒店大规模兼并收购的情况。

表2.3　1987—1999年世界酒店大规模兼并收购案例

年份	兼并收购案例	金额/亿美元
1987	Ladbroke 购买希尔顿	10.7
1988	Seibu/Saison Group 购买洲际酒店	21.5
1989	巴斯（Bass PLC）购买假日	22.3
1990	Accor 购买 Motel6	13
1993	新世纪购买 Stouffer H&R	15
1993	Aoki Corp. 与巴斯合作购买威斯汀（Westin Hotels and Resorts）	17
1994	ITT Corp. 收购 Caesars World Inc.	17
1996	Doubletree 购买红狮（Red lion Hotels Inc.）	12
1996	Granada Group PLC 购并 Forte PLC	57
1997	Doubletree 和普罗姆斯（Proums）合并	47
1997	Patriot American Hospitality Inc. 购并 Interstate Hotel Co.	21
1997	Patriot American Hospitality Inc. 购并 Wyndham Hotel Corp.	11
1997	普罗姆斯（Promus Hotel Corp.）和 Doubletree 合并	47
1998	喜达屋收购威斯汀（Westin Hotels and Resorts）	16
1998	喜达屋收购 ITT Corp.	102
1999	Ladbroke Group PLC 购买 Stakis PLC	18.9
1999	Park Place Entertainment 收购 Caesars	30
1999	雅高收购红屋顶（Red roof Inns Inc.）	11

资料来源：谷慧敏.世界著名饭店集团管理精要［M］.沈阳：辽宁科学技术出版社,2001:20.

世界各著名酒店在其企业成长与市场拓展的进程中逐渐培育形成了各具特色的品牌，从品牌档次定位、品牌组合、品牌形象均形成各自不同的特点。喜达屋是一个豪华和高档的提供全方位服务的酒店品牌，其品牌组合由豪华型品牌威斯汀、喜来登、至尊精选、圣·瑞吉斯和中档型品牌富朋组成。雅高有5 200多家酒店，遍布世界140多个国家，涵盖从经济型到豪华型各种档次品牌；豪华型品牌有索菲特；中档型品牌有诺富特、套房酒店、美居；经济型品牌有宜必思、伊塔普、红屋顶客栈、公寓6、汽车旅馆6等。万豪有"丽兹·卡尔顿"豪华品牌和"居住客栈""城市空间套房""春之山"等经济品牌。

进入21世纪，随着世界经济一体化进程的加快，世界范围内酒店业的全球化扩张也进入新的发展阶段。世界著名酒店集团纷纷跳出自己国家的市场，加快了各自在全球各洲市场的扩张速度。美国《HOTELS》杂志公布的"2021年全球酒店集团225强排行榜"HOTELS 225显示，2021年，万豪国际集团以在美国和其他130多个国家及地区拥有或管理7 795家连锁酒店的优势位居世界酒店集团排行榜首位,其旗下酒店主要分布在美洲、亚洲、欧洲大陆国家。2021 年,希尔顿在全球拥有或管理酒店数有 67 775 家,其 60% 以上的酒店筹建项目和近 80% 的在建酒店都位于美国之外。2021 年,洲际酒店集团旗下酒店有 6 032 家,分布在全球 100 多个国家和地区;美国、欧洲、非洲和中东地区是洲际酒店集团最大的市场,亚太地区近年来市场份额逐渐扩大。2021 年,温德姆酒店集团在全球六大洲 100 多个国家和地区拥有 8 950 家特许经营的酒店,其旗下酒店主要分布在美国(占 60.6% 的市场)、大中华地区(占 19% 的市场)。2021 年,雅高国际酒店集团的全球市场分布主要集中于欧洲地区,其次是北美和亚太地区。因此,除了传统的美洲、欧洲市场以外,世界著名酒店集团在亚洲和太平洋地区、中东、非洲等地区的市场份额正逐渐增大,尤其是亚太地区的市场份额增长速度尤其突出。

4)国际酒店品牌在我国的发展现状

1982 年改革开放初期香港半岛酒店管理集团开始管理北京建国酒店,标志着国际酒店品牌开始进入中国大陆市场。由于 20 世纪 80 年代我国政治、经济环境还没有对外资酒店开放,国际酒店品牌进入我国市场的步伐缓慢,相继有喜来登、希尔顿、雅高、香格里拉、半岛、新世纪、日航、华美达、美丽华、太平洋、马里拉等酒店品牌进入我国酒店市场。20 世纪 90 年代,中国经济迅猛发展,国内外旅游市场急剧扩大,这直接推动国际酒店品牌加快进入中国市场的步伐。凯宾斯基、升达特、喜达屋、万豪、雷迪森、海逸等国际酒店品牌相继进入中国市场;而先期进入的万豪、香格里拉、雅高等知名酒店品牌抓住时机加快市场扩张,其年度经营规模的增长速度均超过 10%。这一时期国内酒店市场出现竞争国际化的趋势,世界著名酒店品牌逐渐垄断我国高端酒店市场。随着中国经济持续高速发展、人民收入水平不断提高、大众旅游热潮的兴起,诸多利好因素进一步刺激先期进入的国际酒店品牌加大在中国市场的扩张步伐。国际酒店在占领一线城市高端市场的基础上,逐渐向二、三线城市渗透;国外经济型酒店品牌开始在中国市场全线扩张,与国内的酒店争夺中、低端市场,例如,天天客栈、速 8 和宜必思等国际知名经济型酒店品牌不断扩大其市场网络,给国内酒店造成强大的竞争压力。

我国酒店市场新的变化形势极大地刺激了国际酒店品牌进入中国市场的热情,更多的国际酒店品牌以更多样的形式、更快的速度在我国扩张,加快了我国酒店品牌化进程。这一时期国际酒店品牌在我国发展呈现出现新的趋势:

(1)加快市场网络扩张

进入新世纪,国外酒店品牌都不约而同地加快在中国市场的扩张步伐。2002 年 3 月北京凯富酒店开业,精品国际品牌在中国落户,标志着世界跨国酒店品牌十巨头都全部登陆中国市场。目前,世界酒店品牌 300 强中已经有超过 10% 进入中国市场且逐步加大其扩张市场网络的速度,中国市场已经成长为洲际酒店和希尔顿集团的全球第二大市场。他们在巩固大都市和旅游热点城市的基础上,开始加快蚕食二、三线城市、旅游温点城市、西部省会城市。在我国经济比较发达的长江三角洲、珠江三角洲、"环渤海经济圈"的中小城市(如温州、昆山、东莞等)、中西部地区的省会城市(如郑州、武汉、哈尔滨、兰州、银川等)、交通枢纽城市和旅游市场发达的中小城市等二、三线城市的市场需求旺盛,成为国际酒店品牌进入的目标市场。美国经济型酒店品牌格林豪泰(Green Tree)便以"长三角"中小城市为重点,主攻二、三线城市进行扩张,截至 2021 年 6 月 30 日,格林在营和筹建中的酒店近 6 000 家,遍及中国近 360 座城市;万豪国际在 2020 年至 2022 年期间,在华每年新开业酒店数量在 40 家左右,并继续扩大旗下精选服务品牌在中国市场的业务版图。

（2）多种品牌共同发展

国际酒店品牌在进入中国市场之初定位于占领高端市场,因此,引入的都是高端酒店品牌。随着我国酒店市场日益成熟,消费者消费观念日渐升级,酒店市场逐渐细分化,国际酒店品牌开始丰富其品牌类型,针对不同的细分市场逐渐引入高、中、低档品牌,通过特许经营、委托管理等方式向高、中、低档酒店市场进行全方位渗透和延伸。国际酒店品牌在中国市场实施多品牌组合策略渐成趋势。例如,洲际集团已陆续推出皇冠假日、洲际、Holiday Inn 等品牌;万豪国际集团由主推万豪品牌转为全品牌发展战略,既有高档的丽嘉—卡尔顿、万豪、万丽,又有中高档的万怡、新世纪、华美达。雅高集团在中国市场拓展索菲特、诺富特等品牌后又将三星级美居品牌引入中国。同时,国际酒店集团也加紧引入经济型酒店品牌以拓展低端酒店市场。2004 年 4 月美国圣达特集团的速 8 品牌在北京开了第一家经济型酒店,截至 2021 年速 8 酒店品牌在中国的规模近 2000 家,在中国布点 300 多个城市。雅高集团的宜必思(IBIS)在中国第一家店于 2004 年在天津开业,首月入住率就达 90% 以上。随后,成都、青岛、无锡、中山、西安、沈阳、武汉、常熟、杭州等城市也相继出现了宜必思的身影。目前,宜必思在中国每年新开门店超过 12 家。国际酒店品牌在垄断高端酒店市场的基础上逐渐向中、低端酒店市场渗透,这对我国本土酒店造成强大的竞争压力。

（3）形成成熟经营方式

在中国的市场经济体制逐步建立,市场经营环境逐步改善的背景下,国外酒店集团在中国的经营管理方式日渐成熟和多样化,从而有效地实现其品牌扩张战略。目前,国外酒店集团在我国酒店市场运用较为普遍的经营方式有:①委托管理,即酒店集团通过合同约定的方式取得企业的经营管理权,根据酒店集团的经营管理规范和标准经营管理酒店,并获取管理酬金。采用委托管理方式酒店业主可以利用酒店集团的人才、管理、品牌优势来提高经营业绩和市场影响力;而酒店集团可以获得管理酬金和提高集团品牌影响力。因此,委托管理方式是国际酒店集团普遍采用的经营方式之一。委托管理又分带资管理和不带资管理。带资管理指酒店集团对托管酒店既投入资本又输出管理。最典型的案例是香格里拉集团在国内 34 家酒店都是带资管理方式。带资管理方式将酒店集团和酒店业主的利益捆绑在一起,有助于提高彼此的信任感。不带资管理则完全不投入资金,只输出管理和品牌。国际酒店集团在进入我国市场的初期大多都采取全权委托管理方式或参资、控股等有资本纽带的委托管理方式。②特许经营,即国际酒店管理集团将品牌的使用权出售给酒店业主,由酒店业主按照国际品牌的质量标准与规范营运要求自主经营管理酒店。特许经营是一种有效的、低成本的市场扩张和品牌输出方式。③直接投资,即自主投资建设酒店并自主经营的方式。随着中国加入 WTO 后允许外资酒店集团独资经营,国内经济的持续增长和旅游市场的持续升温,国外酒店集团开始在中国市场尝试直接投资。在直接投资方式中以兼并收购方式最为普遍,国外酒店集团通过出资购买目标酒店的资产以获得其产权的方式或由酒店集团控股,由酒店集团和并购酒店各自出资组建新的酒店。

（4）信息化发展日新月异

21 世纪的现代酒店基于顾客的多元化、个性化需求,通过信息化设备和技术,提供全方位人性化服务,满足客人多样化和个性化需求。依托信息化建设,酒店可以随时记录并更新客人的消费喜好,为客人生产定制化的产品;同时,信息时代的到来改变了酒店的营销方式,如何借助网络的信息化平台开展酒店网络营销、优化酒店管理流程,成为酒店竞争的新内容。因此,酒店信息化建设能为顾客提供更加优质的消费体验,成为客人评价酒店好坏的重要标准之一。酒店的信息化建设必须以资金、技术、人才为支撑,在这一方面,国际酒店品牌具有明显的优势。2014 年 1 月,喜达屋酒店集团计划为旗下的所有店面都开发出适用于 iPhone 的应用,其目的就是以 iPhone 来替代门卡;2014 年 9 月,苹果的智能手表 Apple Watch 发布之后,喜达屋集团很快就推出了一项针对性的政策:为 Apple Watch 设计了一款可以当作电子钥匙的应用,进一步减少传统门卡的使用;这些设备同时可以用来结账,从而实现一部 Apple Watch 或 iPhone 走遍酒店。喜达屋集团的这一举措不仅为入住客人提供了方便,更是带来了一次全新的消费体验。华住集团 2019 年推出"30 秒入住"服务,自研了中国酒店业唯一的智能化 RMS (Revenue Management System,收益管理系统)和首个客房数字化系统。2021 年,雅高宣布了其首家"全面数字化酒店",即伦敦格洛斯特路的宜必思尚品酒店,酒店的数字功能包括在线和手机端登记入住、酒店内付款、数字密钥解决方案、数字餐饮预订服务以及通过 Whatsapp 进行的宾客沟通等。

2.3.2　我国本土酒店品牌发展历程

1982 年中国香港半岛集团管理北京建国酒店,拉开了中国酒店品牌化管理的序幕。经过 30 多年的发展,中国酒店品牌迅速壮大、成绩喜人,实现了从无到有、从少到多、从弱到强的历史性跨越。

1)开放引进阶段(20 世纪 80 年代)

1978 年中共十一届三中全会通过"对外开放,对内搞活"的战略方针之后,国家不仅对外资进入中国市场降低了政治壁垒,而且在税收、工商管理等方面给予外资、外企一系列优惠政策。一大批国际知名的酒店品牌通过合资、合作等方式先后进入中国酒店市场。1982 年中国香港半岛集团正式管理北京建国酒店,标志着国际酒店品牌开始进入中国酒店市场;1984 年假日集团管理北京丽都假日酒店,并在五年内先后在拉萨、桂林、广州、西安、厦门、大连、成都、重庆等城市开办合资酒店。此后,一大批国际知名酒店集团(如凯悦、雅高、洲际、瑞士、文华、日航、喜来登、希尔顿、新世界、全日空、万豪、香格里拉、最佳西方、凯宾斯基等)通过投资管理、委托管理等多种形式进入中国酒店市场。国外知名酒店品牌的进入为我国酒店业带来现代化的管理模式、标准化的服务程序、先进的设施设备和大批优秀的管理人才,直接促进我国酒店业经营管理水平与服务质量提高。合资酒店或托管酒店良好的经营业绩在当时酒店业界起到了示范效应。同时,国家对促进国内酒店发展出台系列优惠政策法规。1980 年国务院出台《关于推动经济联合的暂行规定》;1984 年国务院转发国家旅游局《关于推广北京建国酒店经营管理方法有关事项的请示》;1986 年国务院再次发布《关于进一步推动横向经济联合若干问题的规定》;1987 年原国家体改委和原经贸委联合发布《关于组建和发展企业集团的几点意见》。系列优惠措施和政策极大地促进了国内本土酒店品牌化进程,一大批本土酒店纷纷通过加盟国际酒店集团或联合经营等方式发展成为我国最早的本土酒店品牌。1984 年到 1985 年,华亭、锦江、新亚、东湖四家以酒店、服务业为主业的企业集团相继成立;1987 年我国成立了三家酒店经济联合体:中国联谊酒店集团、中国华龙旅游酒店集团和友谊酒店集团。

2)吸收模仿阶段(20 世纪 90 年代)

20 世纪 90 年代我国的政治经济体制改革进一步深化,政府主管部门出台系列的政策法规,以逐步建立有中国特色的企业集团模式和管理体制。1991 年 12 月国务院转批原国家计委、国家体改委和国务院生产办《关于选择一批大型企业集团进行试点的请示》,明确发展企业集团的目的、原则和组建条件与政策措施;1992 年 8 月发布《关于试点企业集团实行国家计划单列的实施办法》(试行);国务院办公厅于 1988 年 4 月 6 日发布了《国务院办公厅转发国家旅游局关于建立酒店管理公司及有关政策问题请示的通知》,通知明确规定中国酒店集团(管理公司)原则上享受外国酒店集团享受的税收减免、进口指标优惠、经营自主权,信贷资金等优惠政策。在经济发展方面,20 世纪 90 年代是中国经济持续高速增长的时期,在这期间 GDP 年均增长 9.7%;人民生活水平大幅提高,居民年均收入增长 8.8%;多元化休假制度日渐成熟使居民闲暇时间增多,大众旅游热潮在中国兴起,旅游人次和旅游收入大幅增加(表 2.4)。

表 2.4 "九五"期间国内旅游人次和旅游收入情况

	人次/亿人次	增长率/%	收入/亿元	增长率/%
1996	6.40	1.6	1 638	19.1
1997	6.44	0.8	2 113	29.0
1998	6.94	7.8	2 391	13.2
1999	7.2	3.7	2 832	18.4
2000	7.44	3.5	3 176	16.6
合计	34.42	年均增长率 3.4	12 148	年均增长率 18.2

资料来源:中国旅游统计年鉴。

在入境旅游方面,我国与世界各国的商贸往来日益频繁,商务、公务、会议旅游者的数量大大增加;世界了解中国的渠道增多,吸引更多外国游客来华旅游。入境旅游发展迅速,入境旅游人次和旅游外汇收入均保持两位数增长(表 2.5)。

表 2.5 "九五"期间入境旅游人次和旅游外汇收入情况

	入境旅游者人次/万人次	增长率/%	旅游外汇收入/亿美元	增长率/%
1996	5 113	10.2	102	16.8
1997	5 759	12.6	121	18.4
1998	6 348	10.2	126	4.4
1999	7 280	14.7	141	11.9
2000	8 348	14.7	162	15.1
合计	32 848	年均增长率 13	652	年均增长率 12

资料来源:中国旅游统计年鉴。

在政府的优惠政策、良好的经济形势和国内大众旅游市场兴起等诸多因素共同作用下,国内酒店品牌发展进入黄金时期。一大批中国本土酒店集团品牌发展起来。截至 1999 年年底,本土酒店管理公司就已多达 49 家(包括十余家尚未在国家旅游局登记注册),共计管理 360 余家酒店。这些本土的酒店集团品牌(管理公司)大致可以分为以下三种类型:

①"单体酒店联合体"模式的酒店集团品牌,这种模式不改变所有权、管理权、品牌名称,集

团成员酒店共享客源市场、相互促销品牌、相互预订客房,是一种松散的集团形式。例如,中国酒店联谊集团(1987 年)、北京酒店集团(1989 年)和邮电系统的中国信苑酒店网(1997 年)。

②"委托管理"模式的酒店集团品牌,这种模式主要通过管理合同方式接管国内的单体酒店并组成管理权与所有权相互分离的酒店集团品牌。例如,丽都假日酒店管理公司(1987 年)、锦江酒店管理公司(1987 年)、白天鹅酒店管理公司(1988 年)、金陵(国际)酒店管理公司(1993 年)等。

③"投资管理"模式的酒店集团品牌,这种模式通过直接投资、收购兼并、参股控股等资本联结方式对下属酒店进行集团化管理。例如,中旅酒店管理公司(1991 年)、凯莱国际酒店有限公司(1992 年)、深圳三九集团和三九旅游服务有限公司(1992 年)、中远酒店物业管理有限公司(1997 年)和中国银行的东方酒店管理有限公司(1997 年)。

3)品牌竞争阶段(21 世纪)

进入 21 世纪,随着我国经济体制改革的深入和市场体系的逐步完善,我国酒店业发展由吸收模仿阶段逐渐过渡到自主创新、品牌经营阶段。目前,以万豪、希尔顿、洲际、凯悦等为代表的国际酒店管理公司的多个品牌已经进入中国。国际酒店品牌的进入极大地推动我国酒店品牌化进程。在国内酒店市场日趋饱和、市场竞争日趋激烈的环境下,国内酒店开始转向品牌竞争。

2.3.3 我国酒店品牌建设的现状与问题

1)我国酒店品牌建设的现状

(1)品牌发展成效明显

近年来,我国民族酒店品牌发展取得长足的进步。从世界酒店业权威杂志《HOTELS》公布的《世界酒店(集团)300 强排行榜》来看,我国民族酒店品牌无论在入选的品牌数量上,还是在品牌排名上,都有明显的上升趋势。2022 年 7 月,美国《HOTELS》公布了 2021 年度《全球酒店集团 225 强》。中国有 34 家酒店集团上榜;其中,锦江国际集团、华住酒店集团和北京首旅如家酒店集团分别列第二位、第七位和第九位,改写欧美国际酒店集团长期雄踞世界前十的局面(表 2.6)。

表 2.6 《世界酒店(集团)2021 年百强排行榜》中国大陆酒店名单

世界排名	酒店名称	2021 年客房总数/间
2	锦江国际集团	1 239 274
7	华住酒店集团中国	753 216
9	首旅如家酒店集团	475 124
11	格林酒店集团	337 153
12	尚美生活集团	288 293
14	东呈国际集团	254 774
16	德胧集团	144 468
28	住友酒店集团	60 000

续表

世界排名	酒店名称	2021 年客房总数/间
29	凤悦酒店及度假村	55 932
32	金陵连锁酒店中国	50 000
44	丽呈酒店	37 107
46	君廷酒店及度假村集团	35 462
48	明宇商旅	35 095
49	恭胜酒店集团	33 777
51	绿地酒店旅游集团	29 513
54	中旅酒店	28 158
55	雷迪森酒店集团	28 070
61	君澜酒店集团	24 635
62	万达酒店及度假村	24 403
72	安徽古井酒店发展股份有限公司	22 320
95	珀林酒店集团	16 817

资料来源:根据 www.hotelmag.com 相关资料整理。

(2)中档酒店品牌崛起

受国家厉行节约、严禁腐败等一系列政策的影响,和消费者的日益理性,近年来,国内高星级酒店的业绩有所下滑,相当一部分的高端客户正在流入其他档次的酒店市场。这为中档酒店的崛起提供了良好的机遇,因此也凸显了一批有实力的中档酒店品牌。锦江、首旅如家、华住等以经济型酒店起家的集团,纷纷推出中档品牌。华住酒店集团(原汉庭酒店集团)表示未来将大力整合星程品牌扩张中档酒店市场份额,锦江之星则将力拓新中档品牌"锦江都城",首旅如家酒店集团则推出中端商务连锁酒店品牌和颐酒店。同时,一些中档酒店品牌在近几年取得了良好的发展。如维也纳、城市便捷等中档酒店品牌陆续进入世界酒店(集团)百强排行榜,充分显示我国中档酒店品牌的崛起。

(3)品牌垄断格局初现

在中国酒店市场由供不应求转向供过于求的市场形势下,中国酒店业利润经历了由"暴利"跌至平均利润,甚至是亏损的"阵痛"。为了摆脱困境,酒店品牌连锁化、集团化发展渐成趋势。这进一步加剧了酒店产业集中化程度,导致我国酒店初现"高密度集中、高行业控制"的垄断特征。中国旅游饭店业协会和盈蝶资讯联合发布的《2019 中国酒店连锁发展与投资报告》显示,中国本土最具规模的 30 家酒店集团品牌①,客房数量达到 10 万间以上的品牌有 7 个,分别是锦江国际酒店集团、华住酒店集团、首旅如家酒店集团、格林酒店集团、尚美生活集团、都市酒店集团、东呈国际集团。这 7 个集团总客房数为 2 138 918 间,占 30 个集团客房总数的82.5%,在规模上形成了我国本土酒店集团的第一阵营。客房数量在 2 万 ~ 10 万间的集团有

---

① 注:该统计主要面向以输出管理为主的饭店集团和管理公司,经济型酒店未纳入统计。

10个,分别是住友酒店集团、上海恭胜酒店管理有限公司、开元酒店集团、亚朵生活、逸柏酒店集团、富力地产、万达集团、银座旅游集团、碧桂园酒店集团、中国中旅酒店集团,客房总数为290 519间,占30个集团客房总数的11.2%,组成了我国酒店集团的第二阵营。《2021年中国酒店业发展报告》显示,连锁酒店客房数增长了16.6万间,推动中国酒店业连锁化率比2019年提高了5个百分点,其中,中档连锁和高端连锁客房数分别增加了6.1万间和21.3万间。

(4)与国际品牌仍有差距

虽然国内酒店集团品牌发展取得了可喜的成绩,但是与国际酒店品牌相比,仍然存在着一定差距。从与国际酒店品牌的企业规模对比来看,根据2022年《HOTELS》公布的2021年全球饭店集团规模排名,排名第一位的万豪国际集团在2021年底拥有酒店7 795家,客房数1 446 600间;相比之下,我国排名第一,世界排名第二的锦江国际集团拥有酒店数11 959家,客房数1 239 274间,客房数量相差207 326间。由此可见,虽然我国饭店集团保持了规模上的持续快速扩张,但与国际发达水平相比还有较大差距。总体来说,我国本土酒店品牌在规模上实现了持续快速扩张,但酒店市场的产业集中度仍然较低,与酒店发达国家仍然有较大差距。

2)我国酒店品牌建设存在的问题

(1)品牌意识淡薄

我国酒店在品牌建设中面临的首要问题是品牌意识问题,缺乏品牌意识或者是不正确的品牌意识导致我国很多酒店的品牌建设工作难以持续、有序地开展。主要表现在以下几个方面:

①缺乏创名牌的意识。我国很多酒店的经营管理者在思想意识里根本就没有品牌意识,只注重酒店的经营管理、市场开拓,而并不注重对酒店品牌的系统建设和推广,从而为酒店的长远发展埋下了潜在的危机。

②品牌塑造表面化。我国很多酒店将品牌建设误解为酒店品牌宣传、品牌包装等片面内容,将系统化、长期性的品牌建设工程简化成广告宣传等表面工作,从而既耗费酒店的大量资源,又没有取得很好的效果①。酒店管理者看到品牌投资没有效果,也就不愿意再继续投资,从而走上一个恶性循环的怪圈。

③短视心理。很多酒店管理者过分注重短期利益,不了解品牌建设周期长、收益滞后等特点,在具体的经营活动中往往急于获取短期利益,从而不利于品牌的长期建设。国际知名酒店品牌的成长都是经历了漫长的成长周期,例如希尔顿、雅高、洲际、香格里拉、凯悦、四季等酒店集团都是经过几十年的国际化品牌经营与运作才打造成为世界知名酒店品牌。

④品牌资本运营意识不强。我国很多酒店的品牌都有很高的市场知名度,而管理者却没有认识到品牌在品牌竞争时代巨大的经济价值,不善于运用品牌资本运营手段盘活酒店的无形资产,获取最大的利润,从而使得品牌资源闲置严重。

⑤品牌保护意识不强。我国很多酒店的品牌保护意识不强,商标注册时登记不全或注册不及时,经常发生抢注事件,从而使酒店陷入诉讼纠纷,损失严重。

(2)规模效应不足

规模效应是指酒店在一定的技术状况和生产投入价格不变的情况下,通过扩大生产规模

---

① 李炳武.酒店品牌经营中的问题及对策[J].郑州航空工业管理学院学报,2005,24(5):135-137.

所能带来的平均成本的降低而获得更大的利润。酒店只有具备了相当的规模,才能有效地发挥品牌的市场网络优势、营销优势、质量管理优势、信息和技术优势等。因此,规模是酒店发挥品牌效应的重要基础条件之一。当前,我国酒店品牌化进程虽然取得了一定的成绩,但是无论在总体酒店集团化水平上还是在单个酒店品牌规模上与国际著名酒店品牌差距仍然很大。根据《HOTELS》公布的数据,截至2021年底,世界酒店(集团)225强中国内地及香港地区酒店品牌共有34家上榜,世界酒店(集团)100强中国内地及香港地区酒店品牌共有23家上榜,世界酒店(集团)10强中国酒店品牌共有3家上榜。酒店品牌发展规模相对较小直接限制我国酒店品牌竞争力的提高,难以形成规模经济优势,无法与国外著名酒店品牌相抗衡。

(3)战略规划不强

酒店品牌建设是一项战略工程,它具有长期性、持续性、系统性、全局性等战略特征,它需要酒店从战略的高度来统一规划,长期坚持执行①。当前我国酒店在制订与执行品牌战略规划方面存在着诸多问题,表现在:

①缺乏系统的品牌建设流程管理。国外酒店已经形成了成熟的、规范化的品牌建设流程,包括建立专门的品牌管理组织、品牌战略目标及投资预算的制订、品牌承诺、品牌识别系统建立、品牌架构、品牌整合传播与沟通、品牌资产评估、品牌维护管理等阶段,为其打造知名品牌打下良好的基础。而我国大部分酒店的品牌管理水平比较落后,品牌建设缺乏长远性、连续性、系统性,仍然将品牌建设定位为短期的管理策略层面,往往只注重品牌宣传、品牌形象设计等某一个或几个环节,割裂品牌建设的系统性、整体性,导致品牌建设的短期行为。

②缺少长期的品牌建设规划。酒店品牌建设应着眼于酒店的长远利益,最终目标是形成品牌资产,而这需要一个长期的过程。知名酒店品牌的形成需要经过长期的文化积累、市场积累、资源积累才能形成。纵观世界知名酒店品牌的形成过程,都是经历了数十年的时间积淀。酒店应有一个长时间跨度的品牌建设规划,分短期、中期、长期等不同的时间段来规划设计酒店的品牌发展历程。而我国酒店十分忽视品牌建设的长期规划,往往是"跟着感觉走",从而使品牌建设缺乏科学性、规划性,不利于酒店品牌的成长。

(4)品牌人才缺乏

酒店品牌建设的复杂性、系统性决定高素质、专业化、职业化的品牌管理人才是推进酒店品牌建设的关键因素之一。没有职业化的专业品牌管理人才,就不可能形成知名的酒店品牌。国外著名酒店因为有专业而高效的品牌人才队伍,从而极大地推进其品牌建设进程。当前我国酒店业品牌管理人才严重匮乏,从事品牌管理的人员缺乏系统的专业知识、技术和品牌管理实践经验;品牌管理职业阶层缺乏,没有成熟的培养品牌国际化管理人才的机制。品牌管理人才的缺乏直接制约了我国酒店品牌建设的进程。

(5)品牌结构单一

国际著名酒店十分重视品牌建设,通过实施品牌多元化战略以达到充分占领细分市场的目的。它们按不同酒店类型进行合理品牌区分,构筑多品牌体系,例如,洲际集团按功能不同将品牌划分为假日、皇冠假日、假日特快和洲际等品牌。万豪集团主要经营豪华型和商务型酒店,按照不同酒店档次对品牌进行区分。相比之下,国内大部分酒店的品牌较为单一,品牌定位不明确。除了少数几家大型酒店集团以外,大多数国内酒店都采取了单一品牌模式。而单

---

① 陈春琴,郑向敏.酒店品牌战略运作[J].中国第三产业,2004(11):32-34.

一品牌模式只适用于目标集聚型战略的酒店;当酒店同时开发多个目标市场时,单一品牌模式容易造成产品形象模糊,不便于顾客识别酒店的不同产品,不能有效占领细分市场。随着酒店业竞争越来越激烈,在市场需求多元化、细分化趋势下,单一品牌模式已经不能有效适应国内酒店市场竞争需要。

2.3.4　我国本土酒店品牌发展的趋势

我国酒店在短短 30 多年的时间里迅速发展壮大,由吸收模仿阶段开始步入自主创新阶段,品牌发展呈现出多种新趋势:

1) 自主品牌经营能力加强

在我国酒店业发展初期和后来的很长一段时期内,国内酒店业主和管理层都没有将品牌作为资本的意识,而只是看到了其成本投入的一面,从而在品牌经营上只是仅停留在宣传和炒作品牌知名度上。然而市场是最好的学堂,随着国际酒店品牌大规模进入中国市场,国内酒店在市场竞争中深深体会到品牌的重要性。品牌是酒店最重要的无形资本,有时一个成功的酒店品牌的价值甚至比几十座酒店固定资产的价值还要高;品牌在促进酒店扩大企业规模,拓展新市场,增强酒店盈利能力和竞争力等诸多方面发挥着越来越重要的作用。因此,国内酒店在理念上越来越重视品牌;在市场实践上开始以国内酒店自主经营为主要方式,运用多种市场化的品牌经营手段来实现酒店最大收益的目标。我国本土酒店在自主品牌经营能力方面逐渐加强,这对提升我国酒店业整体竞争力将是一个质的飞跃。

2) 多种品牌建设模式成熟

在开放引进阶段和吸收模仿阶段,我国酒店大多数采用委托管理和特许经营模式的"贴牌管理",利用国外酒店的品牌和管理来提高酒店的经营业绩。随着我国本土酒店经营管理水平的提高、经验的积累、实力的增强和市场网络的逐步扩大,越来越多的国内酒店开始自主建设品牌。实力雄厚的国内酒店采取原创品牌模式建设品牌,出现一批具有一定国际影响力和发展潜力的原创本土酒店品牌,例如,"锦江国际""建国""开元国际""金陵""泰达""凯莱国际""如家""华住""铂涛"等。同时,一些实力相对弱小、经营资源有限的中小型酒店采取联盟模式建设联营品牌,例如,星程酒店集团、中国名酒店 VIP 俱乐部等。

3) 多元品牌延伸方式形成

国内酒店经过长期的市场经验积累,已经形成了较为完善的多种品牌延伸方式。除了在酒店业务领域内开展横向一体化品牌延伸以扩张市场网络外,我国酒店也开始以品牌为纽带,将酒店上下游关联企业(如旅行社、旅游景区、旅游车船公司、餐饮业等)整合在一起,从而获得酒店产业价值链上下游环节的利润,提高了酒店的盈利能力。例如锦江酒店集团通过资本运作对在上海的酒店资产进行大调整,通过"洗牌"退出部分缺乏发展前途的酒店以盘活资产,通过新建或购买、控股、参股等方式收购、兼并酒店上下游企业。深航锦江国际酒店管理公司是锦江酒店集团进入南方市场的第一家酒店,也是其首次与航空公司合作共同拓展市场,形成航空、旅行社、酒店三位一体的联合体,以实现资源共享、客源互通。

同时,国内酒店也有向其他行业扩散的多元品牌延伸。例如开元旅业集团利用其良好的酒店品牌,实行品牌延伸策略进入房地产业,一举打响开元房产品牌。开元旅业集团的模式是"以酒店创品牌形象,以房产创经济效益,综合开发,互动发展",其品牌宣传口号为"五星级的酒店,五星级的家"。开元旅业集团已成功地开发杭州开元名都、杭州千岛湖开元度假村、上海松江新都等高档综合物业,大大加速企业发展。横向一体化、纵向一体化、多元化品牌延伸方式的灵活运用大大提高了我国酒店品牌的影响力,并最终提高酒店的盈利能力和竞争力。

4)本土品牌向全球化扩张

我国本土酒店集团在全面巩固国内市场的过程中,"国内市场国际化、国际竞争国内化"的竞争压力迫使国内本土酒店必须积极参与国际竞争,一些实力雄厚的大型本土酒店品牌逐步加大在国际市场上扩张的力度。本土酒店在拓展国际市场的过程中主要采取海外直接投资方式、合资或合作的方式、跨国并购方式等。实力雄厚的本土酒店可以选择在海外直接投资建设酒店、自主经营的形式实施跨国经营,可以与资金雄厚的金融机构或业务联系紧密的旅游集团合作共同开拓海外旅游市场;在东道国的选择上,应采取先进入不发达国家,然后进入中等发达国家,最后才进入发达国家的逐级递进模式。合资、合作方式有利于降低海外市场扩张的风险,充分发挥我国本土酒店的产品优势、管理优势、文化优势、资金优势,与当地酒店的营销网络优势、市场优势等互补,共同打造适应当地市场需求、生存能力较强的酒店。例如"首旅集团"在品牌国际化进程中采取的就是合作经营方式。目前已与法国雅高集团在欧洲合营多家酒店,以出境旅游的中国人为主要服务对象,收费相对较低。品牌并购模式加速本土酒店品牌进入海外市场的进程。我国酒店可以通过兼并、控股等方式收购拟进入国家酒店品牌的所有权,从而控制其市场网络、营销渠道、人力资源等,为其拓展当地市场打下坚实的基础。例如锦江集团于2009年底以9900万美元的价格将北美最大的独立酒店管理公司洲际集团50%的股权收入囊中,被誉为我国"酒店业海外并购第一案"。

2.4 案例——如家酒店集团品牌发展之路

从2002年6月创建到2006年10月上市,再到2011年跻身世界酒店十强,不足十年的时间,如家快捷酒店集团以惊人的发展速度开创传统酒店行业的一片蓝海,成为我国经济型酒店的领跑者,铸就我国本土酒店品牌的先锋。2002年6月,中国资产最大的酒店集团——首都旅游国际酒店集团联手中国最大的酒店分销商——携程旅行服务公司共同投资组建如家酒店集团。作为中国酒店业海外上市第一股,如家始终以顾客满意为基础,以成为"大众住宿业的卓越领导者"为愿景,向全世界展示着中华民族宾至如归的"家"文化服务理念和民族品牌形象。如家酒店集团旗下拥有如家酒店、和颐酒店、莫泰酒店、云上四季四大品牌;截至2021年底已在全国300座城市,拥有连锁酒店近6 000家,形成国内最大的连锁酒店网络体系。

2.4.1 如家酒店品牌的发展背景

经济型酒店是在欧美及日本等发达国家发展起来的一种成熟的酒店经营模式,其定位于普通消费大众,基本设施齐全,以B&B(住宿bed和早餐breakfast)为核心产品,为客人提供有限服务(limited-service)。在国内城市居民已进入大规模休闲度假旅游消费阶段和中小型商务客人日益增多的背景下,中国经济型酒店酝酿无限的商机。中国星级酒店有1.3万多家,其中三星级以上酒店8 000多家,但这些中高档酒店不能有效满足大众市场需求;而招待所、家庭旅馆又由于条件十分简陋,也无法满足这部分人群的需求。豪华的不经济,经济的不实用,这为经济型酒店创造巨大的市场商机。

携程网创始人之一季琦偶然发现并敏锐捕捉到这一商机。2001年,季琦留意到很多网友在携程网上抱怨预订宾馆价格偏贵,这触动季琦敏锐的商业嗅觉。经过一番携程网订房数据分析后,季琦发现这样的现状:目前,国内豪华酒店不够经济,而经济酒店卫生设施又不合格。这一发现让季琦瞄准国内酒店的"真空"地带,萌生在国内创建经济型酒店连锁品牌的想法。如家酒店品牌就是在这样的大背景下发展起来的。

2.4.2 如家酒店品牌的发展历程

如家酒店品牌的发展历程经过三个阶段,前期探索阶段、快速扩张阶段和筹备上市阶段,完成一个经济型酒店品牌从诞生到成长、成熟的成长历程。

1)第一阶段:前期探索阶段

2001年底到2002年6月,此阶段如家从概念到设计,最后完成如家第一家样板店——北京如家酒店。2001年8月,携程旅行网成立唐人酒店管理(香港)有限公司,计划在国内发展经济型连锁酒店项目,并就中国宾馆行业特点,拟定商业模型。8月起,公司以"唐人"(Tang's Inn)作为品牌名,重点发展三星级以下的酒店成为唐人品牌的连锁加盟店。到12月,公司正式将"如家"(Home Inn)定为品牌名,并申请商标注册(曾用名:"唐人""朋来")。2002年5月,华东地区第一家如家快捷酒店——上海世纪公园店改建工程开工。6月,携程旅行网与首都旅游集团,正式成立合资公司,定名为"如家酒店连锁","如家快捷酒店"为核心品牌。

由于刚开始缺乏经营酒店的相关经验,如家在这一阶段主要是直接借鉴国外经济型酒店的成熟模式,然后通过整合利用自己的优势资源,即首旅的资金和携程旗下的网络营销(携程旅行网和800预定系统)。在这一阶段,如家重点发展三星以下的酒店成为其品牌的连锁加盟店,并把特许经营作为商业模型的核心。

2)第二阶段:快速发展阶段

在前期发展经验总结的基础上,如家开始进入快速扩张的发展阶段。在2002年半年的时间内就开了4家连锁店,展示出良好的发展势头。2003年1月,如家第一家特许经营店签约,同时也成为国内酒店品牌第一个真正意义上的特许经营案例。同年,如家引入IDG、新加坡梧桐创投等境外的战略投资者,缓解因高速扩张带来的现金流压力。2004年,如家在八座城市开设26家酒店,当年净营收9 089.9万元,净利润达596.9万元。2005年底,如家开业酒店达78家,当年净营收达26 903.1万元,净利润2 093.3万元,发展速度呈加速增长态势,使得市场网络迅速拓展。

在这一发展阶段,如家首先以"直营店"作为发展重点,通过直营店来扩大规模和提升品牌。随着直营店数量的增多及品牌效应的扩大,如家开始综合采用特许经营、管理合同、加盟连锁等扩张方式,急剧扩张如家酒店数量。从如家扩张的地域布局来看,起步于北京、上海,然后以中国最大的两个城市作为跳板,进入周边大中城市,逐步形成围绕北京的"华北区",围绕上海的"华东区",围绕广州、深圳的"华南区"的市场格局。

3)第三阶段:筹备上市阶段

经过大规模的扩张阶段以后,资金缺乏成为制约如家继续快速发展的最大瓶颈。融资上市成为如家高层领导的发展战略,也是如家创始人的最终目标。2005年1月,孙坚出任如家

CEO,加速了如家上市的进程。2006年10月26日,如家快捷酒店股票在美国纳斯达克成功上市,当日报收22.5美元,较13.8美元的发行价格飙升63%,这使如家募集资金超过1亿美元,为如家今后的进一步发展奠定了坚实的资金基础。

4) 第四阶段:品牌扩张阶段

经过前期的发展积淀,如家酒店的品牌知名度日益增强。2007年4月如家获得年度"中国最佳经济型连锁酒店品牌",也是所有经济型酒店品牌中唯一一家获得"金枕头"奖的酒店品牌。与此同时,如家酒店集团也开始凭借"如家"品牌影响力和企业资本实力开始大规模的并购。2007年10月如家全面收购七斗星酒店,揭开中国酒店业大规模资本并购浪潮的第一幕。收购完成后,如家酒店的数量一跃超过330家。2011年5月,如家酒店集团以4.7亿美元收购莫泰168全部股权。2012年7月,以940万美元收购安徽优乐时尚酒店和安徽美邦酒店。2012年12月,如家酒店集团以5980万元人民币完成收购e家快捷酒店旗下13家酒店。2014年5月,如家酒店集团以2.3亿元收购云上四季连锁酒店100%股权,该集团旗下拥有开业运营的27家直营店及8家加盟店。2016年4月1日,如家酒店集团与首旅酒店(开曼)完成合并,如家酒店集团成为首旅酒店的控股子公司,合并后,首旅对品牌体系进行了调整,在低端酒店领域,升级如家,在中高端酒店领域,推出如家商旅、如家精选、和颐、璞隐、扉缦等新品牌。2020年,尽管受到疫情冲击,首旅如家"跑马圈地"势头依然不减,全年新开店909家,较2019年增加80家,在以"特许加盟店"为主的扩张方式下,截至2022年12月31日,首旅如家酒店数量达到5983家(含境外1家)。

2.4.3 如家酒店品牌的成功经验

如家酒店品牌在短短的时间内迅速发展成为国内第一经济型酒店品牌,得益于其成功的经营管理策略,主要体现在以下四个方面:

1) 速度制胜策略

在市场瞬息万变的竞争条件下,机会稍纵即逝,谁能抢占商机,是至关重要的环节。如家在短短的几年内就能迅速成长壮大,首先得益于它的速度制胜策略。由于我国经济型酒店市场刚刚兴起,从抢占市场份额的角度来看,需要加速发展;另外,从扩大行业知名度,转换发展方式的角度来看,也需要加快发展速度;从经济型酒店之间的互动和获得网络增值效应的角度来看,也需要加快发展速度。因此,如家在这方面一直保持着领先的态势。当国内酒店业还在星级酒店市场中进行生死角逐时,如家为自己打开了经济型酒店的蓝海市场;当众多酒店还在激烈争夺沿海地区市场时,如家率先启动西部市场的拓展战略。如家清醒地意识到,只有制订适度超前的发展计划,采取速度制胜的竞争策略,尽可能地加快发展速度,如家才有后来的成功。

2) 连锁扩张策略

连锁化扩张可以形成规模效应和范围经济,最大限度地发挥酒店的品牌优势。如家酒店集团以"连锁"作为核心战略,从发展初期就建设完善的连锁化支撑体系,如酒店预订网络、连锁化品牌、VI识别系统、独特的经营理念等。如家以超强的连锁复制力,综合采用"合资""直营""管理""特许"等多种经营方式,以极快的扩张速度,形成了四海建"家"的市场网络布局。如家酒店集团上市以后,更是凭借其强大的资金实力开始大规模的酒店并购,先后并购莫泰酒店、e家快捷酒店、云上四季酒店等,以超常规的发展速度进一步扩大市场占有率。

3）低成本运作策略

对于经济型酒店而言,努力降低生产成本是经济型酒店盈利的基本前提。如家摒弃传统酒店的购地置产模式,而是采用低成本运作方式,租赁营业用房,只是对原有房子按一定要求进行装修和改造,就可以为自己所用。这种运作模式大大降低酒店的经营成本,也方便更多酒店业主加盟如家。另外,如家在日常的经营管理中也十分重视降低成本。如两张床共用一盏床头灯;地上铺设的是地板而不是地毯;牙刷手柄处塑料掏空,既不影响使用又节约成本;肥皂内薄外厚造型,既能保证客人使用又不至于浪费;酒店员工人数十分精简,平均服务于每间客房的员工数为0.3人等。低成本运作为如家的低价格创造条件。

4）标准化管理策略

在快速扩张的同时,如家始终严格坚持连锁品质,即品牌标识统一、经营模式统一、客源销售网络统一、管理系统统一、培训及服务标准统一、企业文化统一等,使集团旗下不同品牌的连锁店能够参照统一的标准,确保如家酒店产品的一致性。如家酒店集团CEO孙坚表示,标准化必须建立一个有效的管理系统。如家酒店集团编写16本厚厚的如家"运营文件汇编",其内容囊括从服务、管理、硬件到客房等一切关于酒店运营的细节标准,从台风应急预案到台面胡椒瓶如何摆放等大小事情都有规定。这16本手册,如家的员工人人必看,力求做到有关规定烂熟于胸,而且还要每月考试。另外,如家规定,检查部门每半年对各地酒店做一次多达460多项的检查,每三个月会有第三方机构派"神秘顾客"对各个分店检查。如此严格的标准化管理,是造就如家成为本土知名经济型酒店品牌的重要因素。

【本章小结】

酒店市场全球化竞争、产业的竞争形式升级、酒店市场消费观成熟等外部宏观环境的变化预示着酒店业竞争方式开始转型。品牌竞争已经成为国内外酒店业发展的必然趋势。纵观国内外酒店品牌建设实践,酒店品牌建设的模式主要有三种:原创模式、贴牌模式和并购模式。回顾国内外酒品牌发展历程沿革进程,国外现代酒店品牌的发展历程经历了区域发展阶段、洲际发展阶段和全球发展阶段;我国本土酒店品牌发展历程经历了开放引进阶段、吸收模仿阶段和品牌竞争阶段。虽然我国本土酒店集团品牌发展取得可喜的成绩,但是与国际酒店品牌相比,仍然存在着一定差距。

【复习思考题】

1.酒店品牌建设有哪些模式?
2.国外现代酒店品牌的发展历程是怎么样的?
3.我国本土酒店品牌的发展历程是怎么样的?
4.我国酒店品牌建设存在哪些问题?
5.请列举国际和国内知名酒店品牌主要有哪些。请选取一个酒店品牌,梳理其主要发展历史。

第3章　酒店品牌系统构成

【内容导读】
　　酒店品牌是由若干要素构成的复杂系统，它不仅仅只是一个名称，还包含着品牌标识、品牌宣传语、品牌文化、品牌形象、品牌个性等构成要素。要想深入透视酒店品牌，则必须了解酒店品牌的构成要素、作用和各要素之间的关系。本章重点讨论和分析酒店品牌构成机理、有形酒店品牌元素系统、无形酒店品牌元素系统。

【学习目标】
①熟悉酒店品牌系统构成；
②熟悉有形酒店品牌元素系统的品牌符号和品牌载体；
③熟悉无形酒店品牌元素系统的品牌文化、品牌形象、品牌个性。

3.1　酒店品牌构成机理

　　酒店品牌是一个由多因素构成的复杂系统，包括两个子系统：有形品牌元素系统和无形品牌元素系统。有形品牌元素系统指体现酒店品牌表面化的、可视的因素构成的系统，包括品牌符号、品牌载体；无形品牌元素系统指体现酒店品牌深层次内涵的各种因素构成的系统，包括品牌文化、品牌个性和品牌形象。酒店有形品牌元素系统和无形品牌元素系统相辅相成，全面地展现品牌多层面因素构成（图3.1）。

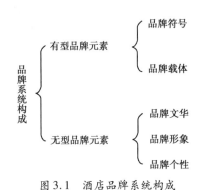

图 3.1　酒店品牌系统构成

3.2　有形酒店品牌元素系统

　　有形酒店品牌元素系统指体现酒店品牌表面化的、可视的因素构成的系统，包括品牌符号系统、品牌载体系统;品牌符号系统和品牌载体系统又包含若干元素。

3.2.1　品牌符号元素

在市场经济活动中,酒店品牌符号是品牌内涵的"替身",它以符号的形式来体现品牌深层次的内涵。酒店品牌在传播过程中也必须以品牌符号为载体,消费者只有在识别酒店品牌符号的基础上才能有机会深入接触酒店。因此,要想提高酒店品牌传播的效率,首先必须设计鲜明的酒店品牌符号。酒店品牌符号系统主要包括品牌名称、品牌标识。

1)品牌名称

酒店品牌名称是酒店品牌中可以用语言发音来表达的部分,如"希尔顿""雅高""凯悦""香格里拉"等都是世界知名酒店的品牌名称。好的品牌名称有助于目标市场识别酒店产品,消费者通过品牌名称联想到酒店,促进顾客对其优先选择购买。例如"香格里拉"品牌就容易使人联想到美国小说家詹姆斯·希尔顿(James Hilton)在小说《失去的地平线》里描述的"一块永恒和平宁静的世外桃源,拥有雪峰峡谷、金碧辉煌且充满神秘色彩的庙宇、被森林环绕着的宁静的湖泊、美丽的大草原及牛羊成群的地方"。而一旦顾客认可某一酒店品牌,在下次购买时顾客出于降低购买成本与风险考虑会选择同一酒店品牌,而多次的消费经历会形成习惯性购买,使其最终成为这一酒店品牌的忠实顾客。同时,品牌名称也承担着传播酒店产品与酒店形象的职能。酒店品牌名称传播信息的效率越高,那么市场对酒店品牌的知晓度就越高,购买该酒店产品的可能性也就越高。因此,品牌名称设计是否科学是酒店品牌甚至是酒店成败都是至关重要的因素。

酒店品牌名称的种类可以分为单一品牌名称和多品牌名称两大类。单一品牌名称指酒店对其生产经营的所有酒店产品均使用同一品牌名称,其优势在于能够集中酒店财力、物力塑造单一品牌,有利于准确传达酒店统一的公司哲学与经营理念;其缺点在于不利于与多种档次的酒店产品兼容,从而造成产品形象模糊。国外酒店在运用单一品牌经营模式时主要使用公司品牌,即直接使用酒店的公司名称作为品牌名称。这种品牌命名方式主要适用于实行目标集聚型战略的酒店。

多品牌名称指酒店对其经营的不同酒店产品使用不同的品牌名称。它主要有以下三种类型:

①独立产品品牌名,即酒店对其经营的每一种酒店产品都冠以各自独立的品牌,每一种品牌都针对特定细分市场"量身制作",从而实现明晰产品等级和功能的差异;其缺点在于缺乏统一的企业形象,品牌过多容易造成营销资源分散,不利于品牌形成。在这方面全球酒店业的佼佼者——温德姆酒店集团是成功的典范,它针对豪华、中档、经济型等不同档次的酒店细分市场分别推出豪生品牌、骑士客栈品牌、天天客栈品牌等独立产品品牌,准确的产品形象定位使其在不同细分市场均保持很高的市场占有率。

②分类品牌名,即酒店对其经营的各种酒店产品按照某一标准进行分类,对每一类别的产品冠以各自独立的品牌。这种组合方式的优点是既克服单一品牌组合经营模式所造成的品牌定位模糊的缺点,又克服独立品牌组合带来的营销成本过高、不易管理等缺点。

③母子品牌组合,即酒店对其经营的酒店产品冠以两个品牌,即"母品牌 + 子品牌",母品牌代表酒店整体形象,传递公司经营理念,为子品牌提供信誉保证;子品牌对母品牌起增加个性和活力、丰富内涵、提升价值支撑的作用。凯悦酒店集团是使用这种品牌命名的典型代表,

酒店母品牌"凯悦"向顾客展现集团产品高质量的整体形象,子品牌(例如 Grand Hotels, Park Hotels, Regency Hotels)则从酒店档次、服务特色等方面向顾客提供不同的个性服务与价值体验,丰富并提升母品牌的形象。

酒店在设计品牌名称时必须遵循一些基本的原则:

①简单易记,酒店品牌名称应容易发音且发音令人愉悦;品牌名应语形简洁,且较短的品牌名称更容易被市场所认知和传播。

②差异化,酒店品牌名称要体现酒店产品与服务和酒店形象的差异化特征,因此名称要标新立异,不仅要做到区别于竞争酒店的品牌名称,而且要突出酒店品牌的个性。

③语义抽象,酒店品牌名称的语义要抽象,从而启发人们丰富的想象力,实现品牌的寓意和联想功能;同时抽象的语义也有很大的扩张空间,便于不断拓展品牌的文化内涵。

表 3.1 为世界著名酒店的品牌名称。

表 3.1 世界著名酒店的品牌名称

酒店名称	旗下系列品牌名称
万豪国际集团	JW 万豪(JW. Marriott Hotels & Resorts) 艾迪逊(EDITION) 里兹·卡尔顿(Ritz-Carlton) 豪华精选酒店(The luxury Collection) 瑞吉(St. Regis) W 酒店(W Hotels); 万豪酒店(Marriott Hotels & Resorts) 喜来登(Sheraton) 万豪度假会(Marriott Vacation Club) 德尔塔酒店(Delta Hotels & Resorts) 威斯汀(Westin) 艾美酒店(Le MERIDIEN) 万怡酒店(Courtyard by Marriott Hotels) 福朋酒店(Four Points) 万豪居家(Residence Inn) 万豪行政公寓(Marriott Executive Aprartment) 源宿(Element) 丽思卡尔顿隐世精品酒店(Rita-Carlton Reserve) 万豪酒店(Marriott) 万丽酒店(Renaissance Hotels) 盖洛德酒店(Gaylord Hotels) 万怡酒店(Courtyard by Marriott) 斯普林希尔套房(SpringHill Suites) 普罗提亚酒店(Protea Hotels Marriott) 万枫酒店(Fairfield by Marriott) AC 酒店(AC Hotels) 雅乐轩酒店(A Loft) 莫西酒店(Moxy Hotels) 艾恩顿酒店(Towne Place Suites) 万豪度假居庭系列(Marriott Homes & Villas by Marriott International) 傲途格精选酒店(Autograph Collection Hotels) 设计酒店(Design Hotels) 臻品之选酒店(Tribute Portfolio)

酒店名称	旗下系列品牌名称
凯悦集团	凯悦(Hyatt Regancy) 君悦(Grand Hyatt) 柏悦(Park Hyatt) 阿丽拉(Alila) 安达仕(Andaz) 凯悦臻选(The Unbound Collection by Hyatt) 凯悦乐家(Hyatt Ziva) 凯悦奇乐(Hyatt Zilara) 凯悦尚萃(Hyatt Centric) 凯悦嘉寓(Hyatt House) 凯悦嘉轩(Hyatt Place) 凯悦嘉荟(Caption by Hyatt) 凯悦悠选(Destination by Hyatt) 凯悦尚选(Jdv by Hyatt) 逸扉酒店 Hyatt Residence Club Miraval Thompson Hotel Zo？try Wellness & Spa Resorts * Secrets Resorts & Spas * Breathless Resorts & Spas Dreams Resorts & Spas * Hyatt Vivid Hotels & Resorts Alua Hotels & Resorts * Sunscape Resorts & Spas
希尔顿集团	希尔顿酒店及度假村(Hilton Hotels & Resorts) 华尔道夫酒店及度假村(Waldorf Astoria Hotels & Resorts) 康莱德酒店及度假村(Conrad Hotels & Resorts) 希尔顿嘉诺宾酒店(Canopy by Hilton) 格芮希尔顿精选酒店(Curio-A Collection by Hilton) 希尔顿逸林酒店及度假村(DoubleTree by Hilton) 希尔顿安泊酒店(Embassy Suites by Hilton) 希尔顿花园酒店(Hilton Garden Inn) 希尔顿欢朋酒店(Hampton by Hilton) 希尔顿欣庭酒店(Homewood Suites by Hilton) 希尔顿惠庭酒店(Home2 Suites by Hilton) 希尔顿分时度假俱乐部(Hilton Grand Vacations) 特鲁希尔顿酒店(Tru by Hilton) 希尔顿荣誉客会(Hilton Honors) 希尔顿西尼亚酒店(Signia by Hilton) 希尔顿启缤精选(Tapestry Collection by Hilton)

续表

酒店名称	旗下系列品牌名称
雅高集团	莱佛士（Raffles） 费尔蒙（Fairmont） 索菲特传奇（Sofitel Legend） 索菲特（Sofitel） 美憬阁（MGallery） 铂尔曼（Pullman） 美爵（Grand Mercure） 瑞士酒（Swissotel） 诺富特（Novotel） 美居（Mercure） 宜必思（Ibis） 宜必思尚品（Ibis Style） 宜必思快捷（Ibis Budget） Orient Express Faena 悦榕庄（Banyan Tree） Delano Emblems Collection SLS So/ Rixos One fine stay Mantis Art Series 蒙德里安梦卓恩（Mondrian） 21C 博物馆（21C Museum） Pullman Morgans Originals Mondrian 瑞士酒店及度假村（Swissotel） 悦椿（Angsana） 25h Twenty five hours hotels HYDE 瑞享（Movenpick） Peppers The Sebel Thalassa Mantra Adagio MAMA Shelter 芮族（Tribe） Break Free O adagio Greet Hotel F1 Jo & Joe

酒店名称	旗下系列品牌名称
洲际集团	丽晶酒店及度假村(Regent Hotels & Resorts) 洲际酒店及度假村(Inter Continental Hotels & Resorts) 金普顿酒店及餐厅(Kimpton Hotels & Restaurants) 英迪格酒店(Indigo) 逸衡酒店(EVEN Hotel) 华邑酒店及度假村(HUALUXE) 皇冠假日酒店及度假(Crowne Plaza Hotels) 智选假日酒店(Holiday Inn Express) 六善酒店(Six Senses) 丽晶酒店(Regent) Vignette collection 皇冠假日酒店(VOCO) 假日酒店(Holiday Inn) Avid Hotels Atwell Suites Staybridge Suites 假日度假酒店(Holiday Inn Club Vacations) Candlewood Suites Iberostar Beachfront Resorts
香格里拉集团	香格里拉 盛贸酒店 嘉里大酒店 今旅酒店(Hotel Jen)
温德姆集团	温德姆至尊酒店（Wyndham Grand） 温德姆酒店及度假酒店(Wyndham Hotels and Resorts) 爵怡温德姆酒店(TRYP by Wyndham) 蔚景温德姆酒店(Wingate by Wyndham) 华美达酒店(Ramada) 戴斯酒店(Days Inn) 速8酒店(Super 8) 豪生酒店(Howard Johnson) The Registry Collection 道玺温德姆酒店(Dolce Hotels and resorts by Wyndam) Esplendor Boutique Hotels Dazzler by Wyndham 温德姆酒店(Wyndham) 维也纳之家(Vienna House by Wyndham) Tradmark Wyndham Alltra La Quinta Hawthorn Suites by Wyndham Americinn by wyndham Baymont by Wyndham 麦客达温德姆酒店(Microtel by Wyndham) Travelodge by Wyndham

资料来源:笔者整理。

2）品牌标识

酒店品牌标识是指品牌中可以识别但不能用语言发音表达的部分,诸如符号、图案或专门设计的颜色和字体。世界著名酒店都有独特的品牌标识(图3.2)。酒店品牌标识更容易被消费者所识别,能够让酒店的品牌更加生动,从而激发顾客对酒店的美好联想,形成良好的印象。同时,品牌标识也是酒店进行广告宣传的重要工具与载体。

▲BASS Hotels & Resorts	Holiday Inn HOTELS · RESORTS
巴斯集团	假日酒店
INTER·CONTINENTAL HOTELS AND RESORTS	Best Western
洲际集团	最佳西方酒店集团
Sheraton HOTELS & RESORTS	ACCOR
喜来登酒店	牙膏集团
Hilton	MANDARIN ORIENTAL THE HOTEL GROUP
希尔顿酒店	中国香港文华东方酒店集团
HYATT	Marriott HOTELS & RESORTS
凯悦酒店	万豪国际集团
香格里拉酒店集团 SHANGRI-LA HOTELS and RESORTS	FOUR SEASONS Hotels and Resorts
香格里拉酒店集团	四季酒店集团

图3.2 世界著名酒店品牌标识

酒店品牌标识可分为三种:图形标识、文字标识、组合标识,即文字与图形的组合体。文字标识是直接运用一些文字符号为标志的组成元素,所采用的字体符号可以是品牌名称,也可以是品牌名称的缩写或代号。这种方法的优点是识别力强,便于口碑传播,含义容易被消费者理解。图形标识是采用象征寓意的手法将图形或图案进行高度艺术化的概括提炼,形成具有象征性的形象。图形标识因为其高质量的视觉效果而受到普遍运用。而组合标识则是运用文字符号和图形或图案共同构成品牌标识。

酒店品牌标识设计应遵循以下基本的原则:

①个性原则,酒店品牌标识应体现酒店产品与服务的特征、品质,体现品牌价值和理念,成为酒店形象的象征;在设计上应别出心裁,使标识富有特色、个性显著,并与其他品牌标识区别开来。

②创新原则,酒店品牌标识应醒目直观、新颖独特、视觉冲击力强,便于消费者识别、理解

和记忆。

③美感原则,酒店品牌标识设计应符合平面设计的要求,在色彩、布局、搭配等方面要讲究整体的均衡性、对称性和协调性,使标识具有整体优美、强势的感觉。

④认知原则,酒店品牌标识应符合当地市场的文化背景、风俗习惯和审美价值观,应简洁鲜明、富有感染力。标志图案、色彩和名称应单纯、强烈、醒目,便于制作、流通、理解记忆。

⑤情感原则,酒店品牌标识应给人以美的享受,激发其丰富的联想,以情感人,打动消费者。

3.2.2 品牌载体元素

酒店品牌符号系统只是品牌的外表,它必须与利益承载物紧密结合才有生命力。酒店顾客必须在体验酒店产品与服务的过程中才能将品牌符号系统所渲染的品牌内涵具体化、延伸化。因此,酒店品牌必须要有一定的载体系统,主要包括酒店的产品与服务、酒店员工。酒店的产品与服务是酒店品牌最核心的载体。酒店顾客在消费酒店产品与服务的过程中获得财务利益、情感利益和社会利益多方面的满足,并对品牌进行综合评价与感知。因此,优质的酒店产品与服务是提升消费者对酒店品牌评价的重要途径。目前,中国酒店业经营现状有一个怪现象:中国酒店的豪华程度并不逊色于国外先进酒店水平,可无论从经济效益、市场占有率、口碑效应,还是从综合实力方面都远落后于国外先进酒店。其原因是多方面的,但其中很重要的一个原因就是中国酒店行业长期重视酒店硬件建设,忽视服务水平等软件投入,导致国内酒店的"软件太软"。根据木桶理论,一个木桶的盛水量并不取决于最长的木条,而是取决于最短的木条。因此,我国酒店服务薄弱导致酒店业整体经营水平无法上档次。

酒店员工也是消费者切身感受酒店品牌的重要载体。酒店产品生产与消费的同步性决定了酒店员工必须在与顾客接触的过程中向顾客提供服务。与消费者进行一线接触的员工(如餐饮服务人员、前厅服务人员、客房服务人员等)都是酒店产品与服务的直接提供者,他们在与顾客接触的过程中向顾客展示酒店的企业形象、企业文化、服务理念、员工精神风貌等。因此,重视酒店员工素质的培养是提升酒店品牌的重要途径之一。图3.3为桂林某酒店的演艺吧。

图3.3 桂林某酒店的演艺吧

3.3 无形酒店品牌元素系统

无形酒店品牌元素指体现酒店品牌深层次内涵的各种因素,主要包括品牌文化、品牌个性和品牌形象。品牌文化指品牌附加和象征的文化;品牌个性指品牌能反映人类的个性特征,并且能与其目标受众的希望、理想紧密联系;品牌形象指酒店品牌在公众心理上形成的关于该品牌的联想性集合体。品牌文化、品牌个性和品牌形象共同赋予酒店品牌持久的生命力。

3.3.1 品牌文化元素

文化是包括语言、审美情趣、价值观念、消费习俗、道德规范、生活方式和具有历史继承性的人类行为模式等综合体。文化与酒店品牌紧密联系,文化是酒店品牌的生命与灵魂,它支撑酒店品牌的丰富内涵;酒店品牌是物质和精神、实体和文化高度融合的产物,是企业文化的载体,它向外界展示其所代表的独特文化魅力。

酒店品牌文化(Brand Culture of Hotel)是指文化观念在酒店品牌中的沉积和品牌经营活动中的一切文化现象,和它们所代表的利益认知、情感属性、文化传统的总和。酒店品牌与文化密切相关,酒店品牌文化既体现在品牌的表面要素中,例如品牌名称、品牌标识、品牌口号等;又深藏在精神底蕴,酒店产品与服务的内在核心价值最终沉淀为一种文化。

酒店品牌文化是品牌价值的重要组成部分,品牌文化作为文化特质在酒店品牌中的沉淀,是一种利益认识、感情属性、文化传统和个性形象等价值观念的长期积累,它能够让顾客识别酒店独特的文化特性。因此,提升品牌文化内涵是塑造酒店品牌和构建品牌竞争力的重要途径。

1)品牌文化系统构成

(1)利益认知

利益认知是指消费者认识到酒店品牌的功能特征所带来的利益。品牌文化通过利益认知向消费者传递产品的价值信息。例如假日集团的"热情式"服务文化、喜来登的"关怀体贴式"服务文化、香格里拉的"亚洲式"亲情服务文化等都向消费者传递了酒店所能提供的独特利益。

(2)情感属性

顾客在对酒店品牌的认知过程中,会将品牌的利益认知转化为一定的情感利益。顾客在消费酒店产品与服务功能利益的同时也在消费其情感属性。根据马斯洛的需求层次理论,当人们满足基本需求之后,就会追求高层次的交际需求、自我实现的需求。而酒店品牌文化能够提供这样一个让顾客感受轻松、尊重、自我价值的氛围,这种情感归属感让顾客对酒店产品与服务产生强烈的认同感,提高顾客忠诚度。例如,地中海俱乐部聘请非专业教练教初学者打网球;美国一些度假酒店为老年人提供学习使用计算机的项目;泰国一些酒店可以教顾客泰式烹调技巧。这些酒店产品成功的奥秘就是为顾客营造一种自我实现、轻松舒适的环境。

(3)文化传统

文化传统可以成为品牌的强大力量源泉,品牌因其代表的文化而更具持久的市场生命力。欧洲酒店文化氛围浓厚,它是建立在欧洲深厚的文化积淀基础上,例如,里兹·卡尔顿酒店的文化特色是贵族气派;美国酒店制度色彩很重,井然有序,但是文化气息欠缺;东南亚集中欧洲酒店和美国酒店的长处,东南亚文化氛围加上美国的规范化管理,造就了世界上最好的酒店。在全球酒店排名中,前十名有六个是在东南亚。因此,中国酒店业应将中国悠久的历史文化传统与酒店产品有机结合起来,在酒店建筑式样、店内装饰、餐厅特色与背景、服务礼仪、文化产品等方面体现中国历史文化内涵。图3.4为北京王府半岛酒店,具有中国特色。

图3.4　北京王府半岛酒店

2)培育酒店品牌文化

酒店品牌文化的培育是一个系统性工程,涉及酒店各个部门、多个经营管理环节,主要包括以下措施:

(1)明晰的品牌文化定位

酒店应在综合考虑酒店的经营战略目标、国家文化、目标市场特征等多种因素的基础上,科学选择酒店的品牌主题文化定位,例如休闲主题文化、艺术特色文化、历史文化等。确定了品牌文化定位以后,酒店产品与服务和品牌都应围绕着品牌主题文化而展开。品牌文化既要保持一定的稳定性,同时又要根据市场需求的变化而不断地延伸。酒店应以原有品牌文化为主线,根据市场需求变化不断进行调整,选择与原有文化主题相关的素材来充实酒店品牌文化内涵。例如,以古典音乐为主题的酒店就可以引入当代其他音乐,以创新酒店产品,满足不同派别、风格的音乐爱好者的需求。图3.5为上海艾美酒店一角。

(2)酒店硬件设施应体现品牌文化内涵

酒店应深刻认识品牌文化内涵是根本,物质是表现载体的原则,围绕品牌文化来营造酒店的经营环境。在酒店的建筑物造型、环境装修、背景音乐、设备设施和用品物品的造型与色彩图案、餐饮产品、活动项目和服务操作等方面都贯穿品牌文化元素。在建筑形式、设施设备方面,可以利用其独特的造型、声音刺激顾客的视觉、听觉,达到激发顾客文化共鸣的效果。例如,按照"小桥流水人家"的意境设计湖泊、小船、渔翁等元素;仿古牌坊、四合院、古式家具等都能勾起顾客对中国古代历史文化的无限遐想。在餐饮产品方面,可以用地方独有的原料或烹制方法制作具有浓厚地域特色的餐饮产品,从而给顾客以全新的饮食体验。图3.6为御温泉景区酒店的景观。

图 3.5　上海艾美酒店一角

图 3.6　御温泉景区酒店一景

（3）酒店软件应融入品牌文化内涵

在酒店软件方面,酒店员工的言行、企业文化、经营理念等都应体现酒店品牌文化。酒店员工的服饰、语言、服务程序、服务理念等融入品牌文化内涵,突出服务的文化品位,以特色化服务给顾客最大的体验价值。例如,非洲一个以黑人土著文化为品牌文化主题的酒店不仅员工的服饰、店内的装饰都是土著特色的,而且要求顾客也换上土著服饰,自己亲手布置帐篷、做饭等。同时,酒店应重视将品牌文化融入企业的文化、经营理念和经营战略中去,以品牌文化形成酒店独特的经营管理特色。图 3.7 为国内某酒店餐厅的电梯间。

3.3.2　品牌个性元素

酒店品牌个性(Brand Personality)是指对酒店品牌所体现出来的独特价值赋予人格化的性

格特征,以及酒店将这种独特价值在向顾客传递的过程中所采用的独特表现方式与风格所作的人格化的描述。酒店品牌个性具有人格化、独特性、稳定性和发展性等特征。酒店品牌个性的塑造就是在科学市场调研的基础上准确提炼目标市场的特征,将酒店品牌的价值与顾客的利益诉求紧密结合,持续不断地向目标市场强化这种概念的传播,以获得目标市场的认同。

图3.7　国内某酒店餐厅的电梯间

1)品牌个性的意义

酒店品牌个性是品牌的价值核心之一,品牌个性所蕴含的人性化价值、文化价值、差异化价值和情感价值成为提升品牌价值的重要来源。酒店品牌价值个性的意义表现在以下三点:

(1)品牌个性体现品牌价值的差异性

在酒店市场竞争日益激烈的时代,酒店要想在市场上脱颖而出唯有依靠差异性。酒店产品与服务具有很大的同质性特征,而品牌个性通过差异化的品牌人格特征在消费者意识里建立起最为牢固的差异化特征。独特、鲜明的品牌个性会让酒店品牌在激烈的市场竞争中脱颖而出,被消费者所认同。而且,酒店品牌个性越突出对消费者的影响就越大,消费者的记忆和印象就越深刻、越长久。

(2)品牌个性激发顾客产生购买动机

品牌个性根据消费者的个性特征和喜好而建立,有助于实现消费者与酒店品牌在心理定位上的共鸣,从而激发消费者对酒店深层次的价值需求。品牌个性超越酒店产品与服务的物理性能,通过传递品牌的人性化特征让酒店品牌更加生动、具体,使消费者在心理共鸣中将自己与一个品牌联系起来,让人们想接近它,想得到它。品牌个性切合消费者内心最深层次的感受,以人性化的表达触发消费者的潜在动机,从而选择那些独具个性的品牌。

(3)品牌个性使品牌具有情感感染力

酒店品牌个性具有强烈的情感感染力,它通过建立一种精神象征来代表消费者的想法与追求,消费者在体验酒店产品与服务的同时也在感受品牌个性所提供的情感体验,推动品牌与消费者之间的情感联系,从而最终增强消费者对品牌的认同感与顾客忠诚;而且这种品牌情感感染力随时间的推移而逐渐加强,有利于维护酒店与顾客之间长久的联系,提高顾客回头率。

2）品牌个性的来源

酒店品牌个性的形成主要来源于以下四个主要因素：

（1）酒店产品特性

酒店产品是品牌有形载体因素之一，消费者在体验酒店产品个性特色的同时会将产品特色归纳为品牌个性。例如，万豪集团的威斯汀品牌通过为商务客人和带小孩旅游客人提供宁静和高效的个性化服务而塑造宁静与高效的品牌个性。威斯汀被《商务旅游新闻》评为酒店业中最佳豪华酒店，在 J·D Power&Association 的服务行业顾客满意度调查中获得"最高顾客满意度"荣誉。希尔顿酒店的"快"，注重对顾客要求的快速反应；喜来登酒店的"值"，注重对顾客价值的满足；假日酒店的"暖"，突出产品的"热情、舒适、廉价和方便"；里兹·卡尔顿酒店的"质量第一与百分之百满足"。这些都是由酒店独特的产品塑造品牌个性。

（2）顾客特征

酒店的消费群体可能具有相同的特征，例如职业、消费水平、产品偏好等。这种顾客群体的共有特征会附着在酒店品牌上，从而形成酒店品牌个性。例如，温德姆集团的天天客栈，其顾客群体为大众旅行者和中小商务者，他们只需要价格低廉的客房产品；而柏悦酒店是专门服务追求个性化服务和欧洲典雅风格的高端散客。

（3）品牌代言人

酒店可以通过名人代言酒店品牌，将名人的品质和公众对名人的信赖度来塑造品牌个性。1984 年刚开业不久的涉外酒店——北京长城酒店为了打开海外知名度，为此酒店精心策划一次成功的名人营销活动，巧妙借助"美国总统里根访华"这一重大事件，策划把美国总统访华的"答谢宴"从人民大会堂的宴会厅搬到长城酒店，充分利用里根的名人效应向全世界营销长城酒店品牌。

（4）品牌创始人

企业家个人独具魅力的品质可以传递到品牌上，从而形成联想的品牌个性。希尔顿集团的董事长——唐纳德·希尔顿以自己热忱、执着、勤奋的个人作风与品格塑造一个伟大的酒店品牌，也成就希尔顿酒店"你今天微笑了吗？"的服务品牌个性。

3.3.3 品牌形象元素

品牌形象直接关系到市场对酒店的认同度，从而也最终关系到酒店的市场占有率与竞争力。世界著名酒店都有独特、鲜明的品牌形象，例如，希尔顿酒店是"豪华、物有所值"的品牌形象；假日酒店是"温馨、卫生、健康、清洁、经济"的品牌形象；香格里拉酒店是"享受世外桃源般神仙生活"的品牌形象。

1）酒店品牌形象内涵与特征

（1）品牌形象内涵

20 世纪 50 年代，大卫·奥格威提出品牌形象的概念及对品牌形象的认知和实践，他指出：品牌形象是"要给每个广告一种与之相称的风格，创造出其正常的个性特色"。这一概念的提出引起众多学者和商业界人士的普遍关注，为以后品牌形象理论的发展和完善奠定基础。随着新的观念与理论的引入，品牌形象的概念、内涵不断扩展、深化。20 世纪 70 年代，莱威引入心理学的观点，认为："品牌形象是存在于人们心智中的图像和概念的集群，是关于品牌知识和对品牌主要态度的总和。"20世纪80年代,罗诺兹和刚特曼从品牌策略的角度提出:"品牌形象是在竞争中的一种产品或服务差异化的含义的联想的集合。"20世纪90年代,帕克等人提出:"品牌形象产生于营销者对品牌管理的理念中,品牌形象是一种品牌管理的方法。"总之,随着新理论、新观念不断引入,品牌形象的概念也在不断地丰富与扩展,尚未形成统一的权威定义。

本书中将前人关于品牌形象的概念与酒店特性相结合,提出酒店品牌形象的定义:酒店品牌形象是顾客和社会公众对酒店传递的品牌信息进行筛选、加工之后在其心理上形成的关于该品牌的联想性集合体。这一概念的内涵体现在以下两个方面:

①酒店品牌形象的形成包括两个过程,一方面,酒店传递品牌信息的过程,酒店可以选择向消费者传递品牌形象信息的内容、渠道、方式等;另一方面,消费者和社会公众和受主体的主观感受、感知方式、感知背景等影响,对品牌信息的筛选、加工会出现个体差异,从而最终形成的品牌形象认知和评价也可能不同。

②酒店品牌形象是消费者和公众对酒店品牌的综合评价,它包括对酒店品牌印象、联想、认知等多方面内容的总和。

(2)品牌形象特征

酒店品牌形象的特征主要包括系统性、传播性、差异性、动态性四个方面。

①系统性。酒店品牌形象的构成是由品牌外表与内涵综合构成的复杂系统,包括酒店品牌名称、标识、商标、品牌文化、品牌定位、品牌联想、品牌个性等多种因素。因此,酒店塑造品牌形象是一个系统性工程,而不仅仅是设计酒店品牌名称、标识、商标等可视化品牌因素,还包括对品牌形象内涵的塑造。

②传播性。酒店的品牌形象必须得到消费者和公众认同,因此品牌形象必须经传播环节。酒店在科学组织所要传播的品牌形象信息的基础上,根据酒店营销目标针对性地选择信息受众和最有效的信息传播渠道、方式、时间等。同时,不同的消费者和公众对品牌信息的筛选、加工不同,会形成不同的品牌形象认知。酒店要在消费者回馈信息中评估市场认同的酒店品牌形象与酒店预期的品牌形象是否一致,如果不一致则应采取相应的纠正措施。因此,传播也是酒店塑造品牌形象的主要手段之一。

③差异性。由于酒店产品在功能上具有很大程度上的相似性,因此塑造独特的品牌形象成为酒店获得差异竞争优势的重要方式之一。易识别的酒店品牌名称与标识、深邃的品牌精神、独特的品牌个性等都能够在消费者心里塑造差异性的酒店形象。

④发展性。酒店品牌形象具有相对稳定性的特点,在一段时期内其品牌形象要保持统一、稳定,从而有利于市场接受;但是品牌形象也必须随着酒店内外部环境的变化而不断地更新、丰富。在外部环境方面,市场环境在变化,消费者和公众的需求变化驱使酒店更新其品牌形象;而在内部环境方面,酒店经营领域的扩展、战略目标的改变、企业文化的改变都可能要求更新品牌形象。因此,酒店品牌形象的塑造是一个长期的过程,它既要保持相对稳定性又要不断发展。

2)酒店品牌形象的意义

(1)良好的品牌形象有利于提升酒店竞争力

在品牌竞争时代,品牌成为酒店塑造核心竞争力的核心资源。随着酒店市场竞争国际化趋势和酒店业竞争日益激烈,世界知名酒店都通过实施系统的品牌经营管理战略以塑造酒店品牌竞争力。而塑造良好的品牌形象是品牌经营管理战略的重要组成部分。良好的品牌形象是酒店实施品牌扩张、品牌资本运营、品牌营销等一系列管理战略的基础。因此,塑造良好的品牌形象有助于酒店顺利实施各种品牌经营管理战略,并最终提升酒店的核心竞争力。

（2）良好的品牌形象有助于树立良好的酒店形象

现代市场经济的高度发展导致酒店之间的竞争不仅局限于产品之间的竞争,而更多地表现为酒店形象之间的竞争。品牌形象是酒店形象的重要组成部分。良好的品牌形象增强酒店的内部凝聚力,有助于得到政府部门和社会组织、团体的认同和支持,有助于扩大酒店的知名度和美誉度。因此,良好的品牌形象有助于促进酒店树立良好的企业形象。

（3）良好的品牌形象有利于满足顾客的消费需求

随着消费者购买力的提高、购买经历的增多和消费观念的升级,消费者开始有了品牌消费需求。一方面,品牌形象指导着消费者的购买选择,消费者在购买酒店产品时往往选择品牌形象好或者有特色的酒店产品;另一方面,品牌形象满足消费者的情感需求与精神向往,让消费者获得品位需求、地位需求、荣耀需求等感受性心理需求和自我价值体现的心理满足。因此,酒店良好的品牌形象有利于满足顾客的消费需求。

3）酒店品牌形象的塑造

（1）品牌形象塑造的原则

①国际化与民族性结合原则。在当今世界酒店竞争日益呈现国际化、全球化特征的背景下,世界著名酒店在追求品牌国际化的目标下坚持自身民族化的品牌文化。欧洲酒店文化氛围浓厚,它是建立在欧洲深厚的文化积淀基础上,例如,里兹·卡尔顿酒店的文化特色就是贵族气派。因此,成功酒店品牌的文化内涵必须坚持体现国家、民族最根本的文化内涵。我国酒店可以用中华民族几千年的文化作为品牌文化的支撑,塑造被世界所接受和欣赏的品牌形象。例如,国内如家酒店品牌以中华民族优良传统的"家"文化为特色,成功塑造"大众住宿业的卓越领导者"形象。

②特色性原则。酒店品牌形象的特色性、差异化特征是酒店在激烈的市场竞争中迅速抓住消费者"眼球"的重要手段。酒店品牌的特色更容易引起消费者的注意与认同。酒店在塑造品牌形象的过程中应运用形象思维、艺术手法和创意来塑造和维护酒店品牌形象的特色性。例如,里兹·卡尔顿酒店的服务特色是"质量第一",它注重顾客对服务质量的满意;香格里拉酒店的服务特色是"殷勤好客",它以亚洲式的殷勤好客让顾客体验"尊重备至、真诚质朴、乐于助人、彬彬有礼、温良谦恭"。图3.8为御温泉景区酒店装饰,具有鲜明特点。

③协调性原则。一方面,品牌形象是酒店形象的重要组成部分,品牌形象必须与酒店形象和战略目标协调一致;另一方面,酒店要保持不同产品品牌的协调一致性。许多酒店都拥有众多系列产品品牌,如雅高酒店集团有索菲特、美居、诺富特、IBIS、FORMULE1等酒店品牌;洲际集团有丽晶酒店及度假村、洲际酒店及度假村、金普顿酒店及餐厅、英迪格酒店、逸衡酒店、华邑酒店及度假村、皇冠假日酒店及度假村、Voco Hotels等系列产品品牌。酒店拥有的产品品牌数量越多,就越容易产生酒店品牌形象模糊、混乱的矛盾。因此,酒店要加强对各产品品牌的统一协调管理,相辅相成构造酒店鲜明的品牌形象。

④标准化原则。酒店品牌形象的符号系统例如品牌名称、标识、标准色等必须统一,以利于品牌形象传播和便于消费者识别。品牌形象标准化必须做到:a.统一性,即酒店品牌形象的名称、标识等在不同国家和地区要统一,尤其是音译或意译的名称,以方便消费者识别。b.系

列化,酒店对旗下的品牌系列设计的尺寸、大小、组合参数等要协调统一。c.简化,酒店在设计品牌标识时要体现简洁流畅的美感原则,便于品牌形象传播。

图3.8 御温泉景区酒店的装饰小景

(2)品牌形象塑造的策略

酒店塑造品牌形象的出发点在于满足消费者的利益诉求点。因此,酒店应从消费者需求出发,研究顾客期望的酒店品牌形象,从而塑造基于顾客导向的酒店品牌形象。酒店塑造品牌形象主要可以采用以下策略:

①主题突出策略。在国内酒店市场竞争激烈的背景下,酒店品牌要想在激烈的市场竞争中脱颖而出,必须有鲜明的突出主题。酒店在塑造品牌形象时应围绕着某一个或多个主题设计,使酒店主题产品成为吸引旅游者的刺激物,以满足其个性化的体验旅游需求。酒店的主题形象类型呈多样化态势,主要有自然风光型、历史文化型、城市特色型、名人文化型、艺术特色型等主题。酒店在确定某一主题形象后,在酒店的外观建筑、内部布局、设施设备、产品选择等方面均贯穿同一主题。表3.2列示了不同类型酒店的形象定位。

表3.2 不同类型主题酒店的形象定位

主题类型	酒店主要特色	代表酒店
文化主题酒店	特色历史文化氛围	成都鹤翔山庄
艺术主题酒店	以音乐、电影、美术、文艺作品等各种艺术元素为素材	广州"我的部落"酒店
科技主题酒店	以高科技手段为支撑	香港柏丽酒店
城市特色酒店	以特色城市为蓝本,用局部模拟、微缩仿造的方式再现城市的风采	深圳威尼斯酒店

②统一规划策略。酒店品牌形象塑造是一项系统工程,它是酒店战略管理的重要组成部分,需要在总体理念和共同目标指导下统一规划、分步骤地有序开展:首先,进行品牌规划。在

分析酒店外部经营环境、内部经营环境和目标市场需求的基础上明确酒店的品牌定位和品牌未来发展方向,这是品牌形象塑造的基础。其次,建立品牌。酒店对品牌符号系统加以实体化、视觉化表现,包括品牌名称、品牌标识、品牌标语等。再次,品牌推广。酒店借助各种宣传载体传播品牌形象以提高品牌形象的知名度和美誉度。最后,品牌管理,酒店通过系统科学的管理提高品牌的价值和影响力,以促进其可持续发展,主要包括品牌的有效延伸决策、品牌资产的科学规划及管理、品牌的改善和创新、品牌的长期传播规划及管理、新品牌的规划及管理。总之,对酒店的品牌形象进行统一规划管理是塑造良好品牌形象的重要保障。

③情感渗透策略。品牌形象是沟通酒店与消费者感情的桥梁。消费者在享受酒店提供的功能利益的同时也产生了情感交流的需求。著名市场营销专家菲利浦·科特勒提出:人的消费行为变化分为量的消费、质的消费和感性消费三个阶段。感性消费时代消费者所追求的是得到情感上的一种满足。运用情感渗透策略能够将酒店产品与人的心理需求、文化品位与精神追求相联系,向消费者传递一种生活方式,由此引起消费者在情感、精神、心理上的体验;将酒店传达的品牌信息与消费者认同的形象、情感结合起来,建立与消费者的情感联系,以某种情感纽带唤起消费者的认同与支持。如果酒店品牌形象能够在消费者的心中建立"家外之家"的亲情、"体贴入微"的温情、"殷勤好客"的友情等,这种情感归属感会让顾客对酒店产生强烈的认同感,从而乐于与酒店建立长期的业务关系,最终成为酒店的忠诚顾客。香格里拉酒店以"殷勤好客香格里拉情"为酒店经营思想,为世界各地的旅游者提供完备的设施和物有所值的特色服务。

④文化导入策略。良好酒店品牌形象的影响力来自于内在的支撑力,而品牌文化则是内在支撑力的原动力。品牌文化是酒店品牌的灵魂,它传递给消费者的不仅是酒店产品的功能与质量,而且也在传播着某种精神与风格。品牌文化能够极大地提高酒店产品的附加值。酒店的品牌形象需要深厚的文化积淀支撑。因此,提升酒店品牌文化内涵是塑造品牌形象的重要途径之一。我国酒店应以中华民族几千年的文化沉淀作为品牌文化的背景,结合酒店文化选择品牌文化的主题定位;并以品牌文化为主线,在酒店的硬件设施和软件方面都体现品牌文化元素,例如酒店的建筑物造型、环境装修、背景音乐、员工的服饰、语言等都体现品牌文化内涵。图3.9为桂林乐满地酒店大堂休息区。

图3.9 桂林乐满地酒店大堂休息区

⑤形象传播策略。酒店塑造的品牌形象必须得到消费者和公众认同,只有将酒店品牌的核心价值形象传递给目标市场,品牌形象才能真正建立起来,因此形象传播策略是塑造酒店品牌形象的重要方式之一。品牌宣传是塑造并传播品牌形象的重要方式,利用电视、广播、报纸、杂志、户外广告等传统广告营销媒介和以互联网为核心的高科技营销手段,高密度、全方位、多层次的"宣传轰炸"来塑造酒店的品牌形象。塑造酒店品牌不仅需要做广告,而且还要保持一定的连续宣传强度。以广告宣传进行品牌形象传播的关键在于将广告创意与品牌形象内涵联系起来,广告传递的信息要强调酒店品牌的核心利益与价值。品牌宣传不同于一般的广告宣传。一般的广告宣传目的只在促销,品牌宣传不仅要确立良好的酒店品牌形象,而且要促使酒店品牌形象、商标图案、企业标识、吉祥物、形象大使都能起到品牌传播作用。品牌策划是塑造酒店品牌形象的重要环节,酒店通过捕捉当前目标市场关注的社会热点,组织策划一系列的公益活动,借助新闻界的报道以宣传酒店公益形象,赢得社会公众的认同,最终提高酒店品牌的知名度、美誉度,树立良好品牌形象。例如,1998 年中国遭遇百年不遇的洪水,全国各地心系灾情、灾民,北京香格里拉酒店抓住这一热点事件,在两周的时间里组织策划以"人帮人"为主题的系列义演、义卖活动,以援助受灾严重的华东数省。这一成功的公共活动为香格里拉树立了良好的公益形象,不仅极大地提升了酒店品牌的知名度和美誉度,而且拉近了普通老百姓与五星级酒店的距离,开发了潜在市场。

⑥持续改进策略。酒店经营的环境在不断变化,在外部环境方面,市场环境在变化,消费者和公众的需求变化驱使酒店更新其品牌形象;而在内部环境方面,酒店经营领域的扩展、战略目标的改变、企业文化的改变都可能要求更新品牌形象。因此,酒店塑造品牌形象是一个动态发展的过程。品牌形象持续改进的措施包括:首先是品牌内涵的深化,通过将酒店品牌内涵与时代流行时尚、文化相结合,更新品牌核心价值以保持品牌的活力;其次对品牌符号系统的更新,酒店在发展过程中业务领域、市场范围会发生扩大或改变,应根据新的目标市场的特点对品牌进行改造,如改变包装、改变形象广告、推出新产品、赋予新价值等,使品牌保持活力和新鲜感。

4)我国酒店品牌形象塑造的问题

我国本土酒店在塑造品牌形象方面还处于发展的初级阶段,无论在观念认识上还是在市场实践方面都是在"摸着石头过河",在探索中发现问题、寻找解决问题的对策并不断总结经验。当前,我国本土酒店在塑造品牌形象的过程中普遍存在的问题有:

(1)品牌形象塑造缺乏战略规划

国内酒店在塑造品牌形象的过程中往往缺乏长期的、系统性的战略规划,主要表现在:①时间上的短期性。国内酒店在塑造品牌形象时普遍存在着急功近利的心态,希望一年或两年就能将企业的品牌形象树立起来,马上就能看见效益,一旦短期内达不到预期效果就半途而废,停止了塑造品牌形象的工作。②内容上的单一性。国内很多酒店管理者的观念中存在着这样的误区,认为塑造品牌形象就是品牌宣传,就是做广告。这样狭隘的认识必然导致酒店在品牌形象塑造方面缺乏整体性的系统规划。③盈利上的近视性。品牌形象塑造不仅需要投入大量的人力、物力和财力,而且需要经过很长的时间才能见到效益。国内酒店往往只看到了塑造品牌形象时投入的大量成本,在短期内见不到效益就马上削减了这方面的投入,从而使品牌形象塑造缺乏充分的资源保障。这是酒店盈利"近视症"的表现,只注重酒店的短期效益,而缺乏对酒店长期效益的规划,导致酒店在未来的市场竞争中处于劣势,不利于酒店可持续发展。

（2）品牌形象塑造缺乏有效宣传

国内酒店在进行品牌形象传播时缺乏有效宣传，从而限制品牌形象的升级潜力，主要表现在：①宣传方式单一化，很多国内酒店认为传播品牌形象就是做广告，往往只依靠广告宣传单一的方式来传播品牌形象。然而，品牌形象宣传是多种宣传方式综合作用的结果，包括广告宣传、营业推广、公共关系、品牌策划活动等都是宣传品牌形象的重要方式。酒店在传播品牌形象时不仅要充分运用广告宣传，而且要配合运用其他宣传方式以达到最佳的品牌形象宣传效果。②广告宣传媒体拘泥于报纸、杂志、户外广告、电视、广播等传统广告营销媒介。随着科学技术的发展以互联网和计算机为核心的互联网成为现代营销的重要媒介。现代商务旅游者和年轻一代接收信息的途径大部分来源于新媒体。他们更喜欢即时通信、博客、微博、播客、微信、网络社区等新媒体交流工具。而国内很多酒店忽视了这一新媒体在营销中的重要作用，缺少以新媒体宣传品牌形象。很多酒店甚至没有建立自己的网站，更谈不上在一些知名网站开展宣传。③广告宣传形式老套、缺乏创新，大多以硬广告的方式宣传酒店产品和品牌形象。在一个广告满天飞的商业时代，消费者对于硬广告都比较反感，往往是见到广告就"翻页"或"换台"，从而使酒店投入大量财力、物力制作的广告没有起到预期的效果。因此，酒店应创新广告宣传形式，设计制作一些富有创意，能够有效吸引消费者眼球的软广告来提高公众关注度，提高酒店品牌形象。酒店可以根据当前公众关注的社会热点问题制作一些公益广告，在潜移默化中赢得社会公众的认同，最终提高酒店知名度、美誉度，树立良好品牌形象。香格里拉酒店曾经制作"至善盛情，源自天性"的品牌形象电视广告。它讲述了在积雪覆顶的雪山上，一个迷路的旅行者在寒冷的暴风雪中苦苦寻找一个落脚点展开，他在恶劣的天气下跨越山峰，经历了重重阻碍；因为极度寒冷的天气，旅行者倒在雪地里。这时，一群狼围绕在旅行者身旁，为他取暖……这则品牌形象电视广告要向公众传递的是香格里拉亚洲式热情待客的独特之处，就是员工彼此之间和对待客人的那份真诚和相互尊重。这比宫殿式的豪华建筑或风景优美的地理位置显得更加重要。这种触动内心深处的真诚与善良，很容易在当今社会唤起人们的共鸣（图3.10）。

图 3.10　香格里拉的"至善盛情，源自天性"的品牌形象广告

（3）品牌形象塑造缺乏动态创新

虽然酒店品牌形象要保持稳定性，但是品牌形象一成不变也是一个错误的极端。很多国

内酒店在塑造品牌形象过程中忽视了市场环境的变化,消费者和公众的需求变化,酒店内部的经营环境也在发生变化。因此,在缺乏动态适应性和创新性思维下塑造的品牌形象也必然缺乏市场生命力,往往酒店品牌形象树立起来了,但品牌形象却无法被消费者所认同。究其原因,国内酒店在塑造品牌形象时缺乏动态创新。面对品牌形象老化问题,很多国内酒店对于调整品牌形象的动力不足,一方面依赖原来的品牌,认为现有品牌形象仍然可以继续使用,担心调整以后不会比现在更好;另一方面不愿意投入人力、物力更新品牌形象。种种认识误区导致一些国内酒店的品牌形象老化,不能适应新的竞争形势,迫切需要更新与改造。

3.4　案例——希尔顿酒店塑造微笑品牌形象

　　希尔顿于 1887 年生于美国新墨西哥州,1919 年希尔顿用 5 000 美元在得克萨斯州买下他的第一家旅馆。凭借着精准的眼光与良好的管理,很快希尔顿的资产就由 5 000 美元奇迹般地扩增到 5 100 万美元,他欣喜而又自豪地把这个好消息告诉自己的母亲。可是,他的母亲却意味深长对希尔顿说:"照我看,你跟从前根本就没有什么两样,不同的只是你已把领带弄脏了一些而已。事实上你必须把握比 5 100 万美元更值钱的东西,除了对顾客诚实之外,还要想办法使每一位住进希尔顿旅馆的人住过还想再来住,你要想一种简单、容易、不花本钱而持久的办法去吸引顾客。这样你的旅馆才有前途。"母亲的话让希尔顿猛然醒悟,自己的旅店确实面临着这样的问题,那么如何才能达到既简单、容易,又不花钱且能持久的办法来吸引顾客呢? 到底什么东西比 5 100 万美元更值钱呢?

　　希尔顿想了又想,始终没有想到一个好的答案。于是,他每天都到商店和旅店里参观,以顾客的身份来感受一切,他终于得到一个答案:微笑服务。于是希尔顿将酒店理念定位为"给那些信任我们的顾客以最好的服务",并将这种理念上升为品牌文化,贯彻到每一个员工的思想和行为之中,从而塑造希尔顿独特的"微笑"品牌形象。希尔顿酒店的每一位员工都被谆谆告诫:要用"微笑服务"为客人创造"宾至如归"的文化氛围;希尔顿对顾客承诺:为了保持顾客高水平的满意度,我们不断地听取、评估顾客意见,在我们所在的各个国家实行公平制度来处理顾客投诉并尊重消费者的权利。唐纳德·希尔顿在 50 年的时间里不断地视察分设在各国的希尔顿酒店,在与酒店的服务人员接触时,向各级人员(从总经理到服务员)问得最多的一句话是:"今天你对客人微笑了吗?"1930 年美国经济大萧条时期,美国 80% 的旅馆倒闭,希尔顿集团也亏损严重,负债达 50 万美元。即使在这样严峻的时期,希尔顿仍不忘坚持"希尔顿旅馆服务员脸上的微笑永远是属于顾客的"。经济萧条过后,希尔顿酒店凭借着"微笑"品牌形象获得了良好的市场口碑,率先跨入发展的黄金时代。如今,希尔顿酒店已经发展成为世界最大酒店集团之一,成功的奥秘只是:"今天你对客人微笑了吗?"

【本章小结】

　　酒店品牌是一个由多因素构成的复杂系统,包括两个子系统:有形品牌元素系统和无形品牌元素系统。有形品牌元素系统指体现酒店品牌表面化的、可视的因素构成的系统,包括品牌符号、品牌载体;无形品牌元素系统指体现酒店品牌深层次内涵的各种因素构成的系统,包括品牌文化、品牌个性和品牌形象。有形品牌元素系统和无形品牌元素系统相辅相成,共同构成酒店品牌的有机整体。

【复习思考题】

1. 酒店品牌包含哪些要素?
2. 什么是酒店品牌名称? 酒店品牌名称包括哪几种类型?
3. 什么是酒店品牌标识? 酒店品牌标识设计的原则有哪些?
4. 什么是酒店品牌文化? 酒店品牌文化系统包括哪些要素?
5. 什么是酒店品牌个性? 酒店品牌个性的形成主要来源于哪些因素?
6. 什么是酒店品牌形象? 酒店品牌形象塑造的策略有哪些?

第4章 酒店品牌资产经营

【内容导读】

在现代市场经济中,品牌是酒店最重要的无形资产之一,它不仅关系到酒店市场竞争力的大小,而且关系到其可持续发展。本章主要内容包括酒店品牌资产的概念、要素与意义,酒店品牌资产价值评估,酒店品牌资产经营管理。

【学习目标】

①掌握酒店品牌资产的概念、要素,理解酒店品牌资产的重要意义;

②熟悉品牌资产价值评估内容,掌握品牌资产价值评估方法;

③掌握酒店品牌资产经营的内涵,理解并运用酒店品牌资产经营的策略。

亨利·福特曾在他的《自传》中说:"你可以没有资金,没有工厂,没有产品,甚至也可以没有人,但是你不能没有品牌,有品牌就有市场,当然也就会有其他。"长期以来,在我国酒店业形成传统的"资本本位"观念,即认为只有有形资本才是驱动酒店发展的核心因素;而对品牌等无形资本的重要性认识不足。然而在品牌竞争时代,越来越多的酒店利用品牌等无形资本兼并、收购比自身资本大数倍甚至数十倍的酒店,从而获得跨越式的发展。因此,现代酒店经营管理者不仅要在思想观念上高度重视品牌资产的重要性,而且要在市场实践中运用品牌资产经营以撬动更多有形资本,从而提高酒店的竞争力。本章将分别阐释品牌资产概念、构成要素与意义,酒店品牌资产价值评估,酒店品牌资产经营管理等内容。

4.1 酒店品牌资产的概念、要素与意义

4.1.1 品牌资产的概念与特征

1)品牌资产的概念

20世纪80年代在西方发达国家发生了一些有影响的酒店并购案,其最后的收购价格都大大超过被并购方的有形资产价值。1967—1987年,希尔顿国际三次被收购,最后由前身为莱德布鲁克(Ladbrok)集团的希尔顿集团买下。1989年英国巴斯有限公司(Bass)对假日集团(1989年)和洲际集团(1998年)收购兼并等。正是这一市场现象引发了众多学者对品牌等无形资本的重视与研究,品牌资产(Brand Equity)理论在西方国家开始盛行。

关于品牌资产的定义,国内外学者从不同的角度对品牌资产下了很多定义。归纳国内外学者对于品牌资产的定义主要有三种类型:

①基于财务会计视角的品牌资产定义,该观点认为品牌资产本质上是一种具有巨大价值的可交易资产。修克尔和韦兹(Shocker and Weitz)认为,"品牌资产是有品牌名字产品与无品牌名字产品产生的现金流量差额";艾克尔(Aaker)认为,品牌资产是连接于品牌、品名、符号的一个资产与负债的集合;英国著名品牌研究机构国际品牌集团(Interbrand Group)认为,品牌资产在于品牌能够使其所有者在未来获得更稳定的收益。

②基于市场品牌力视角的品牌资产定义,该观点认为品牌资产的财务价值只是在考虑品牌收购或兼并时才很重要,而更为重要的是品牌资产的大小应体现在品牌自身的成长与扩张能力上,例如品牌延伸能力。道尔(Doyle)认为,"品牌资产是长期投资于建立较竞争者持久及差异化优势的效果";艾尔丹和斯威特(Erdem and Swait)认为,"品牌资产是品牌作为产品定位可靠信号的价值";邦纳和纳尔森(Bonner and Nelson)认为,"品牌资产是指依附于品牌名称的商誉";卢维埃和约翰逊(LouviereandJohnson)则将品牌资产定义为无法由属性衡量和解释的效用。

③基于消费者视角的品牌资产定义,该观点认为品牌资产的大小源于其给消费者带来利益的大小。基姆(Kim)认为,品牌资产是指品牌唤起消费者思考、感受、知觉、联想的特殊组合;科勒(Keller)认为,以顾客为基础的品牌资产是消费者受某一品牌推广效果的刺激而反应于品牌认知的差异,品牌资产来自顾客对品牌的反应差异,顾客的反应差异体现在对品牌营销的感知、偏好、行为上,反应差异取决于顾客对品牌的认知。法奎汉(Farguhar)将品牌资产定义为"品牌给使用者带来的超越其功能的附加值或附加利益"。美国加利弗里亚大学伯克莱分校的大卫·爱克教授认为,"品牌资产是能够为企业和顾客提供超越产品和服务本身的利益之外的价值"。美国营销学研究所认为,"品牌资产是品牌的顾客、渠道成员、母公司等对于品牌的联想和行为,这些联想和行为使得产品可以获得比在没有品牌名称的条件下更多的销售额或利润,可以赋予品牌超过竞争者的强大、持久和差别化的竞争优势"。国内学者符国群(1998)将品牌资产定义为"附着于品牌之上,并且能为企业带来额外收益的顾客关系"。总之,看待品牌资产的视角不同其归纳得出的定义也就迥异,目前学术界尚未形成统一的品牌资产定义。

2)品牌资产的特征

品牌资产作为一种资本形态具备资本的一般特点,例如运动性、增值性等;但是品牌资产作为一种无形资本,具有与有形资本不同的特点;在无形资本中,品牌资产又有区别于其他无形资本的典型特点。品牌资产的特征表现在以下七个方面:

(1)开放性

品牌资产要求酒店管理者从宏观开放的战略视角,不仅考虑酒店内部资源的优化配置,而且要跳出企业界限、行业界限、部门界限和地域界限,运用一切合理的经营手段整合社会资源和企业资源,以获得资本价值增值。品牌资产的开放性使酒店在市场空间范围上突破地域局限,酒店所要面对的不仅是区域市场,而且包括全国乃至世界一体化市场。

(2)增值性

资本的本质属性是追求资本价值增值。品牌资产在经营过程中也会带来剩余价值,从而实现资本价值增值。酒店以品牌为载体,利用品牌强大的竞争功能和垄断功能在市场上通过特许经营、购并、融资等方式进行市场经营与资本循环而实现品牌资产价值增值。品牌资产的增值过程也是品牌资产的价值形成过程,其增值形成品牌资产的价值积累。

（3）无形性

品牌资产作为一种无形资产,它不同于厂房设备等有形资产,它是酒店拥有的特殊权利和获取超额利润的非实体资本。酒店申请品牌注册,由注册机关按照法定程序确定其所有权;酒店对品牌资产的使用价值拥有独享权。品牌资产没有独立存在的实体,人们无法使用感官直接感受到,它需要通过相关载体来体现,直接载体是品牌名称、符号等品牌元素,间接载体是与酒店产品、服务和酒店有关的品牌知名度、美誉度和忠诚度等。品牌只有与酒店产品与服务结合起来才能实现其经济价值。

（4）复杂性

品牌资产的构成要素复杂多样,从消费者的角度来看,品牌资产要素是品牌产品能为目标顾客提供更多的顾客让渡价值并具有更高的认知价值。顾客让渡价值是顾客总价值与顾客总成本之间的差额。顾客总价值是顾客购买某一产品与服务时期望获得的一组利益,包括产品价值、服务价值、人员价值、形象价值等;顾客总成本是顾客为购买某一产品所耗费的时间、精力、体力及支付的货币资金等,可分为货币成本、时间成本、精神成本和体力成本等。品牌的认知价值取决于品牌的知晓度与顾客对某种品牌联想的强度、偏好度和对其独特性的评价。从企业的角度来看,品牌资产由品牌知晓度、品牌美誉度、品牌忠诚度、品牌联想度和附在品牌上的其他资产构成,为消费者和企业提供附加利益是品牌资产的实质内容。

（5）共享性

品牌资产与有形资产的最大区别之一就是品牌资产的使用具有非排他性,能够被多个主体在同一时间、不同空间共同使用,而且使用者数量越多,则其市场知名度越大,品牌资产价值越高。品牌资产的共享性是酒店特许经营的前提。

（6）变化性

品牌资产不是一成不变的,它随着外部环境、时间和空间的变化而变化。品牌资产随时间的增加而积累价值;在空间上,品牌资产总是表现为一定地域范围内的品牌,品牌资产的价值只有在特定地域内才能实现,而脱离了一定的地域范围则无法体现。在外部环境方面,市场竞争环境的变化会对企业形象、产品销售状况、市场宣传等产生影响,从而最终影响品牌资产。因此,品牌资产是动态变化的。

（7）运动性

运动性是资本的重要特征,只有通过不断的流动资本才能实现资本的合理配置和增值,品牌资产增值也是在运动中实现的。品牌资产的运动性主要表现为品牌资产在资本市场上利用特许经营、商标转让、转包生产、贴牌生产等多种运动形式盘活有形资产,通过品牌资产的循环和周转实现企业资本增值。

4.1.2　酒店品牌资产的构成要素

世界级品牌大师 David A. Aaker 在《管理品牌资产》一书中将品牌资产构成要素归纳为品牌知名度、品牌认知度、品牌联想度、品牌忠诚度和其他专有资产（如专利、商标、渠道关系）五个方面。因为其他品牌专有资产属于市场营销研究的主要内容,因此本书主要研究品牌知名度、品牌认知度、品牌联想度、品牌忠诚度四个品牌资产构成要素。四个要素之间的关系是:品牌知名度与品牌美誉度是创造品牌忠诚度的基础,品牌忠诚度又有助于品牌知名度与品牌美誉度的提升,有良好的品牌知晓度、品牌美誉度与品牌忠诚度支持品牌联想度,可以有效地创造品牌的延伸力量。

1)品牌知名度(Name Awareness)

品牌知名度是指消费者对品牌名称及其所属产品类别属性的知晓和了解程度以及这个品牌社会影响的广度和深度;它是衡量酒店品牌现状的一个"量"的指标,衡量的结果揭示酒店品牌被人知晓的范围的大小和品牌在市场上的领先能力。品牌知名度高的酒店其所占市场份额就高,因为品牌知名度越高则消费者对酒店越熟悉,购买的可能性也就越大。市场营销实践表明在同类产品中知名度最高的酒店品牌往往是市场占有率最高的品牌。品牌知名度的发展阶段分为四个阶段:无知名度、提示知名度、未提示知名度和提及知名度。品牌知名度是一个逐渐累积的过程,随着酒店开展营销活动频率的增加,消费者会经历从品牌识别到品牌回忆,最后会将酒店品牌铭记在心。

2)品牌认知度(Perceived Quality)

品牌认知度是指消费者对酒店所提供产品和服务的整体品质或优越性作出的感知,它包含品牌与产品类别间的联系。品牌认知度是影响消费者进行品牌决策的重要因素,因为只有在市场上有较高品牌认知度的酒店品牌才会被消费者纳入购买考虑的目录中,才有可能被购买。品牌认知度的建立是一个长期的过程,最根本的因素是酒店在消费者心目中建立起的信赖感;其次,有效的品牌宣传和推广也是提高品牌认知度的重要手段,包括利用促销活动让利于消费者、开展公益宣传活动等。由于酒店产品是一种风险大、介入程度高的产品,在购买时消费者一般不会面对许多的酒店品牌。因此,对能否进入消费者考虑的范围,其品牌记忆可能是至关重要的。品牌认知也是一个连续的变化过程,包括品牌无意识、品牌识别、品牌记忆、品牌深入人心等环节。维持一个较高程度的品牌认知是酒店品牌营销的首要目标。

3)品牌联想度(Brand Association)

品牌联想是指透过品牌而产生的所有联想,它是广告、服务、感觉、消费体验、公关、销售渠道等方面综合的结果。任何与品牌相关的元素,例如品牌名称、图案、颜色等都会引起消费者回忆与品牌相关的联想。独特而强烈的品牌联想才能给消费者以深刻的印象,并促使其作出购买决策。因此,酒店应创造形象化、具体化的品牌联想,如温馨舒适的氛围、个性化的服务、先进的设施设备等。品牌联想的内容主要包括品牌特性、品牌利益和品牌态度。品牌特性是形成酒店品牌产品特色的各种特征;品牌利益是消费者从酒店产品和服务中得到的价值;品牌态度是消费者对酒店品牌的总体评价。酒店应创造积极有益的品牌联想以促使消费者购买酒店产品;同时,不同类型、不同档次的酒店应建立各自独特的品牌联想。

4)品牌忠诚度(Brand Loyalty)

品牌忠诚是指消费者在购买决策过程中多次表现出来对某个酒店品牌有倾向性的行为反应,它是一种行为过程,也是一种心理过程。品牌忠诚度是品牌资本经营的终极目标,它有助于降低酒店的营销成本,提高酒店的盈利水平;易于带动、吸引新的消费者;拓展酒店销售渠道。因此,品牌忠诚是酒店品牌资产价值的核心。提高消费者对酒店品牌忠诚的关键在于提高顾客满意度和酒店为顾客创造更多的价值,采取诸如人性化地满足消费者需求,产品不断更新,提供物有所值的附加产品等措施。

4.1.3 酒店品牌资产的重要意义

在知识经济时代,品牌资产成为最重要的无形资产之一,它在促进酒店扩大经营规模,拓展新市场,增强酒店盈利能力和竞争力等诸多方面发挥着越来越重要的作用。

1)品牌资产提高顾客重复购买

品牌资产有助于消费者认识酒店的品牌内涵与产品价值,从认识品牌到认同品牌直至品牌忠诚。当消费者对酒店品牌产生较高的顾客忠诚时,其在以后相当长的时间就会不断地重复购买该酒店品牌的产品,并向与其关联的社会大众传播该酒店品牌。因此,品牌资产有助于配合酒店的营销计划提高消费者重复购买酒店产品,增加酒店产品的市场份额,提高盈利水平。

2)品牌资产促进产品溢价销售

品牌资产有助于酒店采用溢价定价销售产品,从而提高酒店的盈利水平。消费者对酒店产品与服务的质量认知是一种感性认识,它源于有关酒店品牌产品的特征、性能的信息对消费者的长期影响。良好的酒店产品品牌形象使消费者愿意支付较高的价格,其中高于产品内在价值的价格就是溢价。只要品牌产品的溢价在消费者心理承受范围之内,消费者都愿意购买品牌产品,因为消费者在购买酒店产品与服务的同时也在体验品牌所代表的精神和文化。

3)品牌资产提供品牌延伸条件

品牌资产所蕴含的品牌知名度、认知度、联想度、忠诚度具有递延的属性。酒店可以借用成功产品品牌在消费者心目中的良好形象、声誉,将原有品牌名称用于开发新产品,消费者和公众出于对成功品牌的信任与偏好会把品牌忠诚延伸到新产品,把品牌对市场的影响力和支配力持续延伸,从而增加新产品取得市场成功的机会。

4)品牌资产设置品牌竞争壁垒

品牌资产通常会为竞争对手设置进入壁垒,从而使酒店获得竞争优势。在激烈的市场竞争中,酒店主要会面临两种竞争压力:新进入市场酒店的威胁和现有酒店之间的争夺。对于新进入的酒店,品牌资产代表了酒店的综合实力、产品品质、市场份额、消费者偏好等诸多优势,从而为新进入者设置了较高的进入壁垒。对于市场中的在位酒店,品牌资产代表了酒店差别化的产品价值与企业文化,竞争对手难以效仿,从而设置了抵御竞争的壁垒。

4.2 酒店品牌资产价值评估

20世纪80年代中期全球范围内的品牌收购、兼并浪潮产生对品牌价值进行评估的需求。在市场上,品牌买卖双方需要以品牌资产价值为参照,在品牌资产交易时确定双方认可的品牌市场价格。基于这种需求,研究人员参照会计学中对无形资产价格的评估方法对品牌资产进行评估。随着经济的发展,品牌资产价值评估的主要用途已经转向品牌战略管理,即企业股东、管理者以品牌资产价值为依据制定企业品牌决策和公司战略。品牌评估在酒店市场竞争中发挥着越来越重要的作用,具体表现在以下两个方面:

一是,品牌资产价值评估是酒店品牌兼并、收购、合资的前提。随着市场竞争全球化趋势的加强,国际酒店通过收购、兼并、合资的方式扩大规模已经成为普遍的市场现象。在购并过程中,酒店只有准确了解品牌资产的价值才能以此为参照制定合理的品牌市场交易价格。因此,品牌资产价值评估有利于促进酒店之间的品牌购并行为。

二是,品牌资产价值评估是酒店科学经营管理的需要。酒店股东需要了解酒店总资产情况,当然也包括品牌等无形资产,从而确定资本投资策略;酒店管理者以品牌资产评估结果为依据,制定酒店品牌战略。

4.2.1　品牌资产价值评估内容

品牌资产价值评估包含的内容涉及品牌的多个方面,主要包括以下内容:

1) 商标价值

商标是文字、图形的组合,它具有显著特征,便于消费者识别。商标可以将酒店的产品、服务与其他酒店的产品与服务区别开来,便于消费者在市场上选择、购买;商标随着知名度、美誉度的扩大使酒店产品的市场竞争力增强。因此,商标是酒店重要的财富之一。评价商标的价值应该从商标的欣赏价值、商标的知名度、商标的专利权价值等方面考虑。其中商标的专利权价值取决于商标权的收益能力、投资能力和获得赔偿的能力。

2) 市场价值

品牌的市场价值表现为品牌在市场上的品牌知名度、品牌认知度、品牌联想度、品牌忠诚度和品牌市场份额。酒店产品品牌的知名度越高,那么市场对其知晓程度越高,其购买的可能性越大。品牌被消费者所知晓还不够,它只有通过提高品牌认知度,消费者才会将该酒店品牌列入购买名单。而品牌联想则会给消费者以独特、深刻的品牌文化印象,从而促进消费者对酒店品牌形成顾客忠诚。忠诚顾客会在一定时期内重复购买酒店产品,为酒店带来持久、稳定的收益。品牌市场份额代表该酒店品牌产品的市场网络、市场销售量和市场地位。因此,品牌知名度、品牌认知度、品牌联想度、品牌忠诚度和品牌市场份额都与品牌市场价值成正比,它们从不同侧面反映酒店品牌的市场价值。

3) 商誉价值

品牌的商誉价值可以从品牌寿命、品牌产品质量和品牌形象三个方面考察。酒店品牌资产会随时间的增加而逐渐积累,一个品牌的寿命越长则代表酒店悠久的经营历史和长久的市场生命力,从而赢得消费者信赖。品牌形象是品牌商誉的基础,只有良好品牌形象的酒店品牌才能赢得消费者的认同。而品牌形象的塑造是一个长期的系统工程,它取决于企业文化、产品质量、市场营销等诸多因素。

4.2.2　品牌资产价值评估方法

国际上关于品牌资产评估的方法很多,归纳起来主要有以下几种类型:财务要素评估法、财务 + 市场要素评估法、财务 + 消费者因素评估法、消费者 + 市场因素评估法。各类评估方法的特点如表 4.1 所示。

表 4.1　国际品牌资产评估方法

评估方法要素	评估方法特点	代表性方法
评估方法1： 财务要素	品牌资产是公司无形资产的一部分，是会计意义的概念	成本法 替代成本法 市值法
评估方法2： 财务＋市场要素	品牌资产是品牌未来收益的折现，因此，对传统的财务方法进行调整，加入市场业绩的要素	英特品牌评估法（Interbrand） 金融界法（Financial World）
评估方法3： 财务＋消费者因素	品牌资产是相对于同类无品牌或竞争品牌而言，消费者愿意为某一品牌所付的额外费用	溢价法 品牌抵补模型（BPTO） 联合分析法（Conjient Analysis）
评估方法4： 消费者＋市场因素	品牌资产是与消费者的关系程度，着眼于品牌资产的运行机制和真正的驱动因素	品牌资产标量（Brand Asset Valuator） 品牌资产十要素（Brand Equity Ten） 品牌资产趋势模型（Equi Trend） 品牌资产引擎模型（Brand Equity Engine）

资料来源：卢泰宏.品牌资产评估的模型与方法［J］.中山大学学报，2002（3）：77-85.

1）会计法

（1）成本法

成本法可以分为历史成本法和重置成本法。历史成本法指根据酒店品牌资产购置或开发的全部原始价值进行估价，最直接的做法是计算品牌投资，包括品牌设计、开发、广告、促销、商标注册等一系列的成本开支等。因为酒店在品牌方面的投资常常与整个投资活动联系在一起，知名酒店品牌的历史一般都很悠久，而由于酒店没有保存品牌投资方面的完整资料，所以历史成本法较少使用。

重置成本法指从重新建立与某一特定酒店品牌影响力相当的新品牌所需成本的角度来估算品牌资产的大小，其计算公式为：

$$品牌评估价值 = 品牌重置成本 \times 成新率$$

成新率是反映品牌的现行价值与全新状态重置价值的比率，其计算方法为：

$$成新率 = \frac{剩余使用年限}{已使用年限 + 剩余使用年限} \times 100\%$$

重置成本法在实际操作中比较便利，但是没有考虑到市场的未来变化情况，是一种静态的分析方法，这也是该方法的缺点。

（2）股票价格法

股票价格法以上市公司的股票市值为基础，将有形资产从整体资产中分离出来，然后再将品牌资产从无形资产中剥离出来。该方法的具体操作步骤如下：

①计算出公司股票的总市值，以股价乘以股数即可得到公司的市值。

②用重置成本法计算公司的有形资产总值，然后用股票总值减去有形资产总值，即得到公司的无形资产价值。

③将无形资产分解为品牌资产和非品牌资产,并确定各自的影响因素,建立它们之间的函数关系。

④建立影响无形资产的各因素同公司股市价值之间的数量模型,从中得出各因素对股市价值的贡献率,进而得出各因素对无形资产的贡献率。在此基础上得出品牌资产在整个无形资产中所占的比例,最后用无形资产乘以该比例即得出品牌总资产。[①]

股票价格法适用于只有一个品牌的酒店。这种方法需要大量的统计数据和复杂的数学处理,而且要求股票价格能较好反映公司的实际经营业绩。

（3）未来收益法

未来收益法又称现值法,它是通过估算未来的预期收益,并采用适宜的贴现率折算成现值,然后累加求和。其计算步骤如下:

①计算酒店品牌的利润,用预期的未来酒店每年的收益,减去酒店行业的平均成本即得每年酒店品牌的利润。

②计算品牌超额利润,将品牌利润减去行业平均利润得出的差额即为一年的品牌超额利润。

③计算品牌价值。

$$品牌价值＝品牌超额利润×年数×折现率$$

未来收益法充分考虑酒店品牌在未来市场上的获利能力及相关因素,但是它在预计现金流量时没有考虑外部因素影响收益的变化。因此,有人认为未来收益法评估的品牌价值过于乐观。

2）市场基础评价法

（1）溢价法

溢价法是根据消费者由于使用某一酒店品牌而愿意额外支付多少货币来衡量品牌资产价值的一种评估方法。消费者愿意为某一酒店品牌额外支付的费用越高则该品牌的资产价值越高。用溢价法计算酒店品牌资产的步骤如下:

①确定品牌溢出价格,在大量市场调查的基础上得出消费者在不使用品牌或比较使用竞争品牌的情况下,其为选择该酒店品牌而愿意支出的额外货币。

②计算品牌超额利润,用品牌差价乘以该品牌的销量即为超额利润。

③计算品牌资产价值,用超额利润除以品牌所在行业的平均利润率即得到该品牌价值。

溢价法的优点是对由品牌所造成的价格差异能较准确地加以衡量,但是确定溢价较为困难,而且没有考虑到品牌资产未来长期的获利能力,这与实际情况不符。

（2）Interbrand 评估法

Interbrand 评估法是世界著名的品牌资产评估公司 Interbrand 公司设计。Interbrand 评估法的基本假定是品牌价值是品牌未来收益的折现,因此品牌未来收益是评估品牌资产的基础。Interbrand 评估法主要包括三个方面:财务分析、市场分析和品牌分析。财务分析是为了估计某个产品或业务的沉淀收益即未来收益扣除有形资产创造的收益后的余额,也就是无形资产（包括品牌）所创造的全部收益。市场分析的主要目的是确定品牌对所评定产品或产品所在行

---

① 周晓东,张胜前.品牌资产评估方法的分析与比较[J].经济师,2004(4).

业的作用,以此决定在产品沉淀收益中有多大份额归功于品牌因素。对于非品牌无形资产创造的未来收益应从沉淀收益中扣除。Interbrand 评估法采用"品牌作用指数"法决定非品牌无形资产创造的收益在沉淀收益中的比重,其核心思想是从多个层面考察影响产品沉淀收益的因素,从中确定品牌在多大程度上促进沉淀收益形成。品牌强度分析是确定被评估品牌与同行业其他品牌的相对地位,以此确定适用于将来收益贴现时的贴现率。品牌强度的计算采用七因子加权综合法,采用 Interbrand 设计的详细问卷收集品牌在市场性质、稳定性、品牌在同行业中的地位、行销范围、品牌趋势、品牌支持、品牌保护七个方面的得分,然后加权求和得到综合值。最后,品牌资产价值等于品牌收益乘以品牌强度。表4.2 为品牌强度评价因子。

$$V = P \times S$$

其中,V 为品牌资产价值;P 为品牌利润;S 为品牌强度。

用客观数据,例如市场占有率、产品销售量和利润状况来计算品牌利润;用主观判断法确定品牌强度。

表4.2 品牌强度评价因子

评价因素	含义	权重/%
市场性质	品牌的市场地位	W_1
稳定性	品牌维护消费者权益的能力	W_2
品牌在同行业中的地位	品牌所处市场的成长和稳定情况	W_3
行销范围	品牌国际化扩张的能力	W_4
品牌趋势	品牌对行业发展的影响力	W_5
品牌支持	品牌获得的持续投资和重点支持的程度	W_6
品牌保护	品牌受法律保护的程度	W_7

3)Financial World 方法

《Financial World》杂志每年度公布对世界领导品牌的品牌资产评估报告,具有很强的权威性。它的计算方法与 Interbrand 评估法接近,计算公式为:

品牌资产 = 纯利润 × 品牌强度系数

两者的不同之处在于 Financial World 评估法以专家意见法来确定品牌的财务收益等数据。该方法强调品牌的市场业绩,给予专家对行业的平均利润率的估计来计算公司的营业利润,然后减去与品牌无关的利润额,最后得出品牌收益[①]。

---

① 黄静.品牌管理[M].武汉:武汉大学出版社,2005.

4.3 酒店品牌资产经营管理

4.3.1 酒店品牌资产经营的内涵

品牌资产经营是指酒店以品牌资产最大增值和最大利润为核心,通过品牌资产的管理、融资、投资、交易、扩张等对品牌资产进行优化配置的一种经营管理模式。品牌资产经营主要包括两个层次:一是酒店品牌资产的所有者以获得资本增值为目标,依据品牌出资者的所有权经营品牌资产权益;二是酒店经营者依据其拥有的法人财产权经营酒店的品牌资产权益,从而实现品牌资产权益的保障与增值。

品牌资产经营的内涵主要表现在以下三个方面:

①品牌资产经营的最终目的是实现品牌资产价值的最大增值。这就要求酒店的一切品牌资产经营活动都要以品牌资产价值保值增值为核心,以品牌为主导优化配置其他资源,提高品牌资产的投入产出效率,合理选择品牌资产经营方式以实现资本最大增值和最大利润的目标。

②品牌资产经营的根本在于产品经营。酒店品牌资产经营的源泉在于产品经营,酒店要想在品牌资产经营取得好业绩必须首先做好产品经营,不能本末倒置。

③品牌资产经营是以无形资本驱动有形资本运营的经营方式。品牌资产经营虽然不是实物层次上的运营,但是它的形成与发展依托于大量的有形资本投入;同时,品牌资产在资本市场进行投资、出售、出租、特许经营,以实现自身价值的同时调动更多的其他酒店内部资源和外部社会资源,将品牌资源与有形资本有机地结合在一起进行优化配置,以获得更大的品牌价值增值。

4.3.2 酒店品牌资产经营的策略

酒店为了实现品牌资产的不断增值和价值最大化,需要对品牌资产进行系统、科学的经营管理。品牌资产经营必须从以下两个层面展开:

1)品牌内部管理策略

品牌内部管理策略主要通过提升品牌资产的内部属性,即品牌知名度、品牌认知度、品牌联想度、品牌忠诚度等以实现品牌资产的内部积累。

(1)提升品牌知名度

酒店在提高产品品牌知名度时要借助多种手段传播酒店品牌。这一阶段首先要注意品牌宣传的对象要准确,宣传的对象要尽可能覆盖酒店的主要目标市场,要使用目标市场喜欢接触的宣传媒体。①广告是各种沟通方式中最主要的手段,它通过图文并茂的方式向消费者立体地呈现酒店品牌。②活动也是传播酒店品牌的有效方式,策划针对目标市场的主题营销活动,开展名人营销活动、公益营销活动、节庆营销活动等,使消费者在活动中亲身体验酒店品牌的独特个性,从而迅速提升酒店品牌知名度。③开展各种公关,酒店与本地区政府行政部门、新闻媒体、客户、目标消费群体建立广泛的联系、树立良好的公众形象,对于传播品牌形象具有重要的作用。④充分运用以互联网、移动通信终端为核心的高科技营销手段宣传酒店品牌形象。

(2)强化品牌认知度

品牌认知度是消费者对品牌产品质量的主观认知。酒店在设计、生产酒店产品之前必须要经过科学的市场调查找出消费者对酒店品牌知觉质量的判断标准,然后按照消费者的判断标准设计、生产酒店产品。酒店只有充分满足顾客的价值诉求才能得到其认同。同时,酒店再辅之以优惠的价格、高效的销售渠道、人性化的售后服务等多种营销手段进一步提高酒店的品牌形象。

（3）扩展品牌联想度

酒店提高品牌联想度的方法主要是充分利用成功酒店品牌在消费者心目中的良好的形象、声誉,将成功品牌运用于新开发的酒店产品,将消费者对成功品牌的信任延伸到新产品。

（4）维系品牌忠诚度

提高消费者对酒店品牌忠诚的措施主要有:

①提升酒店产品的价值,从而使消费者获得更多的利益。例如优惠折扣、优先入住登记、个性化服务、赠送礼品等附加利益会提高顾客忠诚。速8酒店为了吸引商务旅游者,设立工作加工(Work Processors)项目,其举措是为顾客提供其他廉价酒店所没有提供的设施与服务,包括免费使用传真机(每客房每夜免费接收或发送10页传真文件)、免费协助准备文件、取送过夜的信件与包裹、24小时协助寻找文秘;公司提供商务旅游者办公设备只是增加少量一般管理费用,却可以把商务旅游者从全面服务的酒店吸引走。

②加强与顾客之间的沟通,酒店应定期通过多种形式与忠诚顾客进行情感沟通,例如电话问候、贺卡祝贺等会使顾客倍感尊重,从而重复购买酒店产品;创新产品与服务,根据顾客不断变化的需求调整产品与服务,例如运用高新技术的智能型监控系统,磁卡门锁使客人更安全、方便,客房内安装上网设施满足商务客人办公需要等。

2）品牌外部交易策略

为了实现品牌资产最大化增值的目的,酒店根据自身实际情况和外部环境状况,选择合适的品牌外部交易策略。

（1）品牌资产重组

品牌资产重组在酒店扩张过程中实现优化资源配置,盘活存量资产,激活有形资产。拥有名牌的酒店通过品牌重组的形式撬动有形资本,实现酒店的低成本扩张。根据《公司法》规定,在新成立的公司中,可以将品牌资产价值入股,股份的最高比例是20%。品牌资产入股主要有两种方式:一种是酒店在兼并、收购过程中,把品牌作为无形资产计入股本;另一种情况是国内酒店在与外资企业的合作中,以品牌资产抵销对方的无形资产。例如,国内酒店品牌和国际企业的品牌资产按不同比例计入股本,或者相互抵消。

（2）品牌有偿使用

品牌资产具有可交易性,表现在两个方面:一方面通过出让品牌特许使用权而收取特许权使用费。目前,世界上很多酒店都是利用转让品牌特许经营权而发展起来的,喜来登集团、希尔顿集团、假日集团、万豪集团等都是特许经营的成功范例。特许经营是一种有效的低成本扩张和品牌输出方式,它带来酒店有形资产和无形资产的双重增加。另一方面,酒店对不想进入的经营领域或地域市场,可以出卖品牌给其他酒店使用以获取品牌资产收益。

（3）品牌抵押融资

品牌是酒店重要的无形资产之一。酒店因为拥有知名品牌和良好的品牌形象而更容易获得金融机构的授信。金融机构在不需要酒店具体资产抵押的情况下,可授予其一定的贷款额度,因而在筹措资金方面具有优势。

4.4 案例——"锦江国际"酒店品牌资产经营的经验与启示

在欧美等发达国家,酒店进行品牌资产经营已经有较长的历史,积累丰富的市场经验,形成一整套较为成熟的运行机制,例如品牌资产评估机制、品牌资产交易机制等。而我国在品牌资产经营方面处于刚起步阶段,在市场实践探索中存在着诸多问题,例如品牌资产观念薄弱、品牌资产管理不科学、品牌资产交易不规范等。而锦江国际酒店管理有限公司(简称"锦江国际")作为国内品牌价值最高的酒店之一,在品牌资产经营方面有诸多成功经验可资借鉴。"锦江"是中国驰名商标、上海市著名商标,品牌价值超过 630 亿元。锦江国际集团在 2021 年世界酒店集团 225 强中排名第 2 位。

4.4.1 "锦江国际"品牌资产经营管理的经验

"锦江国际"品牌资产经营管理的成功得益于一整套科学、系统的品牌资产经营管理模式,主要体现在以下方面:

塑造鲜明的品牌形象。"锦江国际"积极推进品牌形象物化方面的建设,制定系统的公司CIS 发展战略,即确立观念识别(MI)、行为识别(BI)和视觉识别(VI),统一公司的商标、标识、各类物品的设计和包装。其委托管理的酒店在识别标志上都冠以"锦江"牌号和锦江的标志,以便于消费者识别,并从企业文化、管理模式、服务流程与规范等方面进行统一规范。为了提高品牌的市场定位和品牌推广力度,"锦江国际"聘请国外专业品牌公司进行总体品牌策划,将锦江国际酒店品牌细分为七大品牌,即经典型的酒店、五星级的酒店、四星级酒店、三星级酒店、经济型酒店、度假村酒店、酒店式公寓七个品牌。在此基础上,参考借鉴国际经验,实施分品牌的经营管理,编制品牌的基准手册,形成分品牌的管理模式,并加强品牌的市场推广,继续谋求与国际知名酒店管理品牌的合作。

以优质服务塑造品牌。"锦江国际"以优质的产品与服务打造国内一流酒店品牌,取得了很好的市场效果。一方面,通过严格执行管理模式和操作流程,培养员工"让客人完全满意""细节铸造完美"的服务意识和"自己的形象就代表锦江形象"的主人翁意识,让满意的员工去为顾客提供满意的服务;另一方面,不断创新产品以适应市场需求变化。以"锦江之星"产品品牌为例,"锦江国际"对"锦江之星"产品进行三次大的产品创新。第三次产品创新是适应市场需求变化在原有经济型酒店产品的基础上追求宁静素雅的氛围、简约精致的布局。例如,客房色调更加温馨,标准房中将茶几的大小和高度进行改进,提升圆桌的附加功能等。不断创新的酒店产品适应市场需求变化,体现锦江品牌的独特产品个性,从而赢得市场的认同。"锦江国际"实行严格的质量岗位责任制,实现多方位、全过程的监督和各岗位的自主管理相结合,从而保证其高质量的产品与服务。优质的酒店产品与服务奠定其国内一流酒店品牌的地位。

加强顾客沟通以培育忠诚顾客。"锦江国际"在经营管理过程中十分重视与顾客进行沟通以了解顾客的需求。"锦江之星"的连锁店总经理每天必须亲自访问客人,征询客人的需求和对服务的意见;公司市场部在各店巡回发放意见征询表,每月进行分析汇总,并在店经理会上报告。将市场营销网络打造成为客服务中心,不仅具有客房预订功能,而且可以作为与客人互动交流的平台。为了拥有更多的市场份额和稳定客源,"锦江之星"实行会员俱乐部制度和建立大客户系统,会员顾客享受九折房价和八八折餐饮优惠。有效的顾客沟通和多样化的优惠措施有效地提高顾客的忠诚度。

多种营销媒介与多种营销方式的结合。"锦江国际"在加强品牌推广与营销手段创新方面注重多种营销媒介与多种营销方式的结合。首先,全面开展酒店品牌立体营销,一方面花费巨额资金在电视广播、旅游杂志、宣传册、海报、户外广告等传统营销媒介上开展品牌宣传;另一方面运用以互联网为核心的高科技营销手段推广酒店品牌。"锦江国际"自主开发了集预订、营销、客户服务等功能于一身"锦江之星"网站。其次,策划主题宣传活动进行特色宣传。多种营销媒介与多种营销方式的整合大大提高品牌营销效果。

政府支持品牌重组。锦江酒店集团的发展历程带有明显的行政驱动色彩。20世纪80年代,上海市政府为了促进地区企业集团发展出台了许多优惠政策,并采取行政措施以资产划拨的形式将上海华亭集团并入了锦江集团;为了进一步深化国资管理体制改革,实现国有资产战略性重组,促进锦江集团走上国际化道路,2003年6月上海市委市政府促成了锦江集团与上海新亚集团合并组成锦江国际集团,注册资本20亿元,总资产达150亿元,其核心产业为酒店宾馆业、餐饮服务业和旅游客运业,其下属锦江国际酒店管理公司成为中国最大酒店集团。政府行政驱动酒店集团之间进行品牌兼并有利于在短时间内实现酒店集团的超常规发展。在当前国际酒店集团强大的竞争高压态势的情况下,单靠企业内部的积累来扩大企业规模的速度太慢,很可能还没有成长起来就被国外酒店集团挤垮。因此,锦江酒店集团借助政府的力量整合资源,提高了品牌影响力,从而走出了一条超常规发展的道路。

品牌软性资本运作扩张模式。锦江酒店将采取全权管理,特许经营、带资管理、开业管理、顾问管理、租赁经营等多种方式输出资本、品牌、管理和人才,扩张酒店管理版图。在扩张初期,高星级旗舰酒店的建设通常需要投入大量的资本;主要采用的是锦江国际独立投资或双方合作投资方式,锦江酒店以输出管理和品牌为主,减少资本输出,有助于减少资金占用、提高资金周转效率和投资回报率。

总之,"锦江国际"在品牌资本管理与运营方面的成功做法打造了国内酒店集团一流品牌。

4.4.2　优化酒店品牌资产管理的启示

"锦江国际"在品牌资产经营的成功经验对于提高酒店品牌资产经营能力提供了可资借鉴之处,主要有以下三个方面:

1)树立品牌资产观念

当前国内许多酒店的管理者尚未认识到品牌资产的巨大经济价值和潜在的市场价值,甚至错误地将其视为"成本"而不是"资本"。因此,酒店实施品牌资产经营的前提首先要树立正确的品牌资产价值观念。首先,要认识到品牌资产是酒店最重要的无形资产之一,它在提高顾客重复购买,促进产品溢价销售和为品牌延伸创造条件等方面发挥着重要作用。只有在思想观念上认识到品牌资产的重要性,酒店管理者才会在实践中认真落实品牌资产管理的工作。其次,要正确认识品牌资产的价值构成包括商标价值、市场价值和商誉价值,根据酒店的战略目标和企业自身的实际情况选择合适的品牌经营策略。最后,酒店应为品牌资产经营提供组织或体制保证。酒店可以根据自身情况选择"职能管理制"或"品牌经理制"的组织体制。品牌类别较少的酒店适合采用"职能管理制",而品牌类别多的酒店则应采用"品牌经理制"。

2）品牌资产内部管理

（1）塑造鲜明的品牌形象

设计品牌识别系统是奠定酒店品牌形象的基础，也是创建品牌资产的第一步。酒店实施品牌识别系统（VIS）是一个系统性的工程，包括理念识别MI，酒店要有独特的企业文化和鲜明的经营理念，便于顾客了解酒店，缩短顾客与酒店之间的心理距离；行为识别BI，酒店员工为顾客提供的产品与服务应该支撑其经营理念、方针，从服务理念、服饰语言和活动项目等都应给顾客以"物有所值"的独特消费体验；视觉识别VI，包括品牌名称、标识物、标识语等，酒店品牌标识设计要简洁明了、易读易记、突出特色，从而便于品牌市场推广。总之，鲜明的品牌识别系统设计有利于增强消费者对酒店的品牌认知和品牌联想。

（2）优质独特的产品质量

酒店品牌资产是产品价值的体现，只有得到市场认同的优质酒店产品与服务才能塑造知名的酒店品牌。因此，提高酒店品牌资产应以酒店产品质量为基础。首先，酒店应在科学的市场调查的基础上准确定位目标市场对酒店产品质量的判断标准，只有知道消费者需要什么，酒店才能针对性地设计、生产满足其需求的产品与服务。其次，酒店应实施全面质量管理，建立与国际质量标准接轨的质量标准体系和质量监督机制，加强质量监控；在员工心目中树立服务质量观，强化品牌意识，以塑造优质服务品牌。最后，加强与顾客的互动沟通。顾客满意是顾客对酒店的产品和服务的期望和实际感受比较的结果。酒店管理人员应通过多种渠道了解顾客是否满意和不满意的原因，然后有针对性地改进服务质量，以培育忠诚顾客。

（3）维系长久的品牌忠诚

酒店依靠成功的品牌经营管理保持顾客对酒店品牌的长期信任是其提升品牌价值的重要手段。酒店培育顾客忠诚的方法多种多样，差异化、个性化的酒店产品与服务满足消费者独特的价值诉求。例如，对酒店回头客给予多种形式的优惠，利用信息数据库记录顾客的信息并提供个性化服务等。加强与顾客的情感沟通，定期的贺卡问候、电话问候会让顾客倍感尊重，从而愿意再次购买该酒店的产品。根据顾客需求变化不断创新产品与服务是维系顾客忠诚的重要手段之一。

（4）开展多样的品牌宣传

在品牌宣传方面，酒店除了在传统的营销媒体，例如电视广播、旅游杂志、宣传册、海报、户外广告等传统营销媒介上开展品牌宣传外，应高度重视以互联网为核心的高科技营销手段的运用。有实力的酒店应考虑建立一个网络营销平台，实力不足的酒店可以采用租用、共建等方式开发网络营销平台。同时，酒店还应灵活运用多种酒店内部的营销媒体宣传酒店品牌，主要包括：酒店的建筑造型和环境布置可以形象地传递酒店品牌的内涵和文化特色；各类办公用品不仅具有公务上的实用性，而且还具有宣传上的特殊功能，成为酒店对外沟通的重要信息载体；酒店运输工具（包括工作车、电梯、运货车、接客车或贵宾用车等）都可以实现宣传品牌之目的，不仅效果持续时间长，而且宣传面大；酒店员工制服是体现酒店品牌特色的直观形式。各类指示性、标识性物品，例如员工的名牌、名片和各种符号标识都可以向公众传递酒店的品牌形象。宾客用品系列，例如邮政、行李用品、客房用品、餐厅用品等是最丰富的品牌信息载体。店内广告，酒店在日常经营过程中可以借助于店内广告宣传酒店的品牌特征。

3）品牌资产交易管理

当前依靠资本输出扩张市场的模式已经不能有效满足酒店市场快速扩张的要求，以品牌输出为主要特征的软性扩张成为酒店市场扩张的主要方式。酒店实现从不动产投资扩张模式向品牌软性扩张模式转变是酒店跨越式发展的必由之路。酒店应通过全权管理,特许经营、开业管理、顾问管理、租赁经营等多种方式输出品牌、管理和人才,以开拓管理业务收入这一新的利润增长点,拓展酒店市场网络。在当前我国酒店所有制条块分割严重的情况下,酒店之间的品牌重组、并购、合作必须依靠政府的大力支持。政府应从扶植本地酒店做大、做强的角度整合各方资源,为酒店之间的品牌重组牵线搭桥,提供政策便利。政府行政驱动酒店兼并有利于在短时间内实现酒店的超常规发展,有助于在短期内培育具有较强竞争力的酒店品牌。

【本章小结】

在现代市场经济中品牌是酒店最重要的无形资产之一。酒店品牌资产的重要意义主要体现在:品牌资产提高顾客重复购买、品牌资产促进产品溢价销售、品牌资产提供品牌延伸条件、品牌资产设置品牌竞争壁垒。酒店品牌资产的构成要素包括品牌知名度、品牌认知度、品牌联想度、品牌忠诚度。酒店品牌资产价值评估的内容主要涉及商标价值、市场价值和商誉价值,评级方法主要有财务要素评估法、财务加市场要素评估法、财务加消费者因素评估法、消费者加市场因素评估法。酒店为了实现品牌资产的不断增值和价值最大化,需要对品牌资产进行系统、科学的经营管理;品牌资产经营从品牌内部管理策略和品牌外部交易策略两个层面展开。

【复习思考题】

1. 什么是酒店品牌资产?品牌资产的特征有哪些?
2. 酒店品牌资产的构成要素包括哪些?
3. 酒店品牌资产的价值评估方法有哪些?
4. 酒店品牌资产经营的内涵是什么?
5. 酒店品牌资产经营的策略有哪些?

第5章 酒店品牌传播管理

【内容导读】
　　品牌传播是酒店建设的重要环节之一,它连接着品牌构建和品牌实现两个环节,起着承上启下的重要作用。本章阐述酒店品牌传播的相关内容,包括酒店品牌传播概述、品牌传播流程、品牌传播战略模式、品牌传播方式和品牌生命周期各阶段的传播策略等内容。

【学习目标】
　　①熟悉酒店品牌传播的概念与内涵,了解酒店品牌传播的意义;
　　②熟悉酒店品牌传播流程;
　　③掌握酒店品牌传播的战略模式;
　　④熟悉酒店品牌传播的方式;
　　⑤了解酒店品牌生命周期各阶段的传播策略。

5.1 酒店品牌传播概述

5.1.1 酒店品牌传播的概念与内涵

　　酒店品牌传播是指酒店以品牌核心价值为中心,在品牌定位的基础上通过各种传播手段将品牌信息传递给目标受众的过程,以实现酒店品牌价值增值的目的。

　　正确理解酒店品牌传播的内涵应包括以下四点:

　　①酒店品牌传播的目的是通过在消费者心目中树立起独特的品牌形象,以促使消费者购买本酒店产品并发展成为酒店的忠诚顾客,提高酒店品牌价值。品牌传播与产品推广的最大区别在于品牌传播通过建立良好的酒店品牌形象来促进酒店产品销售和提升酒店形象、品牌价值等无形资产,它是营销推广的高级阶段。

　　②酒店品牌传播的内容不仅包括酒店品牌符号、品牌形象、品牌定位、品牌个性等内容,而且包括对酒店理念和使命、企业文化、内部管理制度等方面的传播,从而让消费者在全面认识酒店品牌的基础上形成良好的印象。

　　③酒店品牌传播的手段多种多样,包括广告、营业推广、公共关系、事件营销、名人代言、节

庆传播、口碑传播、展会传播、视频营销、自媒体营销等多种方式。酒店需要根据自身品牌传播的目标和成本预算选择最合适的品牌传播手段,以最小的成本投入取得最大的传播效果。

④酒店品牌传播是一个复杂的信息传递过程,酒店将品牌信息经过一定的媒介传递给特定的信息接收方——消费者,消费者在接收到酒店发送的品牌信息后对信息进行解码,然后作出反应。

5.1.2 酒店品牌传播的意义

1) 品牌传播是塑造品牌的重要环节

品牌传播是酒店塑造品牌的重要环节,它连接着品牌构建和品牌实现两个环节,起着承上启下的重大作用。酒店在科学组织所要传播的品牌信息的基础上,根据酒店战略目标针对性地选择信息受众和合适的信息传播渠道、方式、时间等,以达到向目标消费者高效传递酒店品牌信息的目的;通过消费者体验酒店品牌的核心价值来提高消费者的满意度。因此,品牌传播是实现酒店与目标消费者进行有效沟通以在其心目中形成良好品牌形象的关键所在。

2) 品牌传播是提高顾客满意度的重要方法

随着人民生活水平的提高和旅游者消费观念的提升,现代旅游者越来越注重精神需求的满足,他们追求地位、声誉、自我发展等心理需求。而品牌传播则很好地满足酒店消费者的这部分精神需求,它围绕着品牌核心价值而展开,以酒店产品和服务为载体,向目标消费者全方位地展示酒店文化、经营理念、产品特性、品牌形象等信息,让消费者体验到其价值诉求的全面满足,从而提高顾客满意度。

3) 品牌传播是促进产品销售的重要渠道

品牌传播向消费者长期灌输品牌信息,强化消费者对酒店品牌的印象,从而在消费者心目中逐渐形成对酒店品牌偏见性的主观认同,在潜移默化中驱使消费者自觉地购买酒店产品,达到酒店对消费者长期持续销售的目的。品牌传播是以顾客为中心,以寻找、吸引、挽留目标消费者并与他们建立牢固的排他性合作关系为目的。这种关系一旦建立,就能获得长期稳定的收益。因此,品牌传播可以说是一种隐性的、长期的、高效的酒店营销渠道。

4) 品牌传播是提升企业形象的重要途径

酒店品牌传播的内容是全方位的,一方面,对酒店品牌符号、品牌形象、品牌定位、品牌个性等内容进行宣传传播,伴随着酒店品牌知名度、美誉度的提高必然会提升企业形象;另一方面,品牌传播同时也会对酒店的企业理念和使命、企业文化、企业内部管理制度等各个方面进行传播,从而使目标受众全方位地认识酒店及其品牌。因此,品牌传播是提升酒店形象的重要途径。

5.2 酒店品牌传播流程分析

酒店品牌传播实际上是一个复杂的信息传递过程。酒店是信息发送方,将品牌信息编码后经过一定的媒介传递给特定的信息接收方——消费者,消费者在接收到酒店发送的品牌信息后对信息进行解码,然后作出反应。酒店品牌传播是一个长期而复杂的过程;长期性体现在品牌传播贯穿于消费者购前、购中、消费和购后的各个环节;复杂性体现在品牌信息传播过程复杂,不仅要经历多个环节,而且受到诸多内外因素的影响,包括信息、媒介、目标受众、环境等诸多因素。因此,研究酒店品牌传播过程对于科学指导酒店品牌传播工作,提高信息传播效率意义重大。

酒店传播品牌信息流程主要包括以下几个环节:首先酒店作为信息发送方要选择、整理需要发送的相关品牌信息,例如品牌名称、品牌标识、品牌标语等信息,选择确定信息后对其进行编码,然后将经编码的信息借助于媒介载体传递给目标受众——消费者;消费者再将编码信息进行解码还原;消费者在看到、听到或读到发送方传递的信息后会作出一定的反应,例如注意、了解、记忆、偏好等;最后消费者会将一部分信息反馈给信息发送者——酒店(图5.1)。

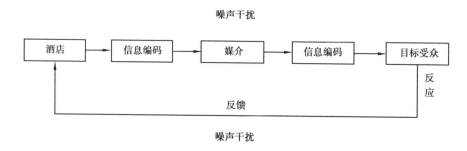

图 5.1 酒店品牌传播流程

5.2.1 信息发送方——酒店

在酒店品牌传播流程中酒店扮演着信息发送方的角色,它在品牌传播中发挥着最为关键的作用,直接决定品牌传播的效率与效果。首先,酒店是品牌传播的启动者,它直接推动品牌传播流程的各个环节的运作。其次,品牌传播是为酒店的战略目标服务,也就是酒店的战略目标决定品牌传播各个环节,例如传播信息的选择、传播媒介的选择、传播渠道的选择、目标受众的选择等都是围绕酒店的战略目标而确定。同时,酒店作为信息发送方也肩负着许多重要的责任。例如,在传播过程中酒店必须选择、整理需要传播哪些信息;酒店要具备把信息进行科学编码的能力,以便于目标受众接收信息;酒店要科学选择信息传播的渠道以提高信息传播的效率。

5.2.2 信息媒介

酒店要想将信息传递给目标受众,必须借助于一定的载体。这种信息发送方与接收方进行传播信息的载体就称为信息媒介。信息媒介可以分为人员媒介和非人员媒介。人员媒介指与目标受众进行直接的、面对面的沟通接触,它包括面对面的方式、借助电子媒介如电话、私人邮件等进行传播和沟通的方式。非人员传播媒介指信息的传递不需要人员接触和信息反馈的媒介,包括一般的大众传媒,例如广播、电视、印刷媒体、广告牌、互联网等。这类媒介又可分为印刷品媒介和电子传媒。印刷品媒介包括报纸、杂志、直接邮件、广告牌等。电子传媒包括广播、电视、互联网、手机等[①]。不同信息媒介的特点不同,酒店必须综合品牌传播的目标、可供支配的传播预算、各媒介的可利用程度、目标受众的特性等因素选择最佳的媒介组合,以提高品

① 黄静.品牌管理[M].武汉:武汉大学出版社,2005:105.

牌传播效率。

5.2.3　信息接收方——目标消费者

广义上的信息接收方是指所有通过各种方式看到、听到、感觉到发送方发出信息的人;而对于酒店来说,它所期望的是目标受众收到信息。因此,正确选择品牌传播的目标受众是提高品牌传播效率的关键。酒店品牌传播的目标受众包括酒店品牌使用者、潜在购买者、购买决策者或影响决策者。不同目标受众的特性不同,不同的受众会因为个体的差异而对同一信息产生不同的理解。因此,酒店要针对目标受众的特点选择不同的信息传播媒介、策略以提高信息传播效率。

5.2.4　信　息

信息是指酒店在品牌传播过程中向目标受众传递的内容。它包括语言信息和非语言信息;语言信息包括品牌名称、品牌标语等,非语言信息有品牌标识、品牌功能、品牌个性、品牌形象等。信息的质量直接关系到消费者能否建立酒店所期望的品牌形象。因此,酒店应科学选择、整理传播的信息。在信息内容上,选择与消费者利益直接相关的酒店品牌信息;在信息结构上,根据人们接受信息的习惯将最重要的信息放在传播信息的开头或者末尾;在信息形式上,综合运用文字、图片、视频等形式设计出最具吸引力的信息表达形式以吸引目标受众的眼球,并方便他们正确理解信息所要传达的意思。总之,对于信息的设计要符合有利于提高目标受众接收信息效率的原则。

5.2.5　编码与解码

编码指酒店将所要传递的信息用特定的象征性符号来替代以便于信息传递的过程。编码的目的是使信息的形式符合信息传播载体传递的要求,以提高信息传递的效率和准确性。解码是编码的逆过程,指将经过编码的信息还原为初始信息的过程。编码与解码是否成功关键在于信息发送者和接收者的经验域是否相同。经验域是指在信息传播中信息发送方和接收方对信息能够共同理解、相互沟通、产生共识的经验范围。因此,酒店要想提高品牌传播的效果必须清楚了解目标受众的文化习俗、社会阶层等背景,将品牌信息以目标受众可以理解和接受的方式进行编码,并在目标受众对传播信息进行解码的过程中给予帮助。随着"90 后""00后"消费者成为酒店消费群体的主力军,酒店应根据新生代消费者的特点进行编码。新生代消费者不愿意接受传统的语言规范约束,他们更加喜欢运用独特的思维方式创造新奇的话语体系。因此,酒店在向新生代消费者传递品牌信息时应运用新生代消费者独特的话语体系、语言风格对所要传递的品牌信息进行编码,以新生代消费者乐于接受、容易理解的编码形式传递信息。

5.2.6　反应与反馈

反应是指目标受众在接收到酒店传递的信息后所做出的一系列的行动。这些行动有些是可以观察到的,例如顾客预订、购买酒店产品、顾客意见等;有些行动是无法观察到的,例如目标受众的心理过程,对品牌的注意、记忆、偏好等。酒店需要了解消费者的反应与酒店期望的反应之间的差距,这时就需要了解目标受众的反馈。反馈指目标受众的反应传递给发送方的信息。酒店要根据这些反馈来评估品牌传播的效果。事实上目标受众一般不会主动向酒店传递反馈信息,因此酒店应采取主动措施来收集反馈信息,例如开展市场调查了解消费者对酒店品牌的知晓度、态度等。

5.3 酒店品牌传播的战略模式

酒店品牌传播的战略模式规定品牌传播的战略方向,它直接决定品牌传播的效果,主要包括单一品牌传播模式、分散品牌传播模式和捆绑品牌传播模式。

5.3.1 单一品牌传播模式

单一品牌传播模式是指酒店在品牌宣传、推广过程中只使用一个品牌,该品牌包括酒店所有的产品和下属子酒店,综合运用多种传播工具传播这一品牌的战略[①]。单一品牌传播模式的优势在于有利于酒店集中优势营销资源进行品牌传播,提高品牌成功的概率;有助于节省品牌传播费用,降低经营成本;有利于酒店利用成功品牌推出新产品,拓展多元化业务。单一品牌传播模式的缺点有:不能够体现不同产品品牌的个性;某一个酒店产品出现了问题就可能会连带破坏整个酒店的品牌形象。因此,选择单一品牌传播模式应考虑到品牌下属各种酒店产品在产品类型、消费者群体、质量档次等方面具有的相关性。

5.3.2 分散品牌传播模式

分散品牌传播模式是指酒店对旗下不同的品牌分别采取各自独立的传播工具和方式进行传播的战略。分散品牌传播模式的优点在于:有利于塑造不同酒店产品的品牌个性;有利于提高顾客的忠诚度;有利于激发酒店旗下子品牌之间的良性竞争。其缺点在于:分散品牌传播要求酒店投入大量的人力、物力、财力等,从而大大地增加了品牌传播费用的开支;对各品牌传播的管理如果不到位的话容易产生"内耗效应",不利于酒店整体的协调发展。因此,采取分散品牌传播模式的酒店必须要有雄厚的实力和协调管理分散品牌传播的经验与人才。

5.3.3 捆绑品牌传播模式

捆绑品牌传播模式是指酒店从提升品牌价值、促进市场销售的角度出发,将酒店品牌与其他企业的品牌联合起来,在营销传播领域展开合作的一种战略。酒店选择合作的品牌既可以是相关的品牌,也可以是无关的品牌。捆绑品牌传播模式的优点是:酒店的营销资源与其他企业的营销传播资源进行整合,从而减少营销传播成本;酒店品牌与其他优势品牌的联盟可以发挥协同效应,提升酒店品牌形象。这种模式的缺点是:品牌传播的分工与合作的难度较大;将不同品牌整合在一起进行传播存在着一定的风险,有可能不被消费者所认同。酒店在选择合作品牌时应注意品牌之间的优势互补、共同的消费群体、品牌价值相当等问题。

---

① 余明阳.品牌传播学[M].上海:上海交通大学出版社,2005:62-71.

5.4 酒店品牌传播的方式

酒店在选择合适的品牌传播战略模式以后,就需要选择具体的品牌传播方式。选择合适的品牌传播方式将对品牌传播效果有重要影响。酒店品牌传播方式主要有广告传播、销售促进传播、公共关系传播和人际传播。

5.4.1 广告传播

品牌的广告传播是指品牌经营者采用付费的方式,委托广告经营部门通过传播媒介,以现代科学技术和先进设备为手段,以策划为主体、创意为中心,对目标市场进行以有关品牌名称、品牌标志、品牌定位等为主要内容的宣传活动,旨在消费者心目中树立酒店品牌形象,从而达到刺激并扩大市场需求、开拓潜在市场、增加品牌资产的目的①。

1) 广告的特点

广告是指酒店承担费用,通过一定媒介和形式直接或者间接地介绍酒店产品和服务的陈述或推销。广告已经成为酒店品牌传播的传统主流方式。据资料显示,在美国排名前20位的品牌,每个品牌平均每年投入广告费用是3亿美元;而一些顶级品牌每年花在广告上的费用则更是高达4亿美元②。广告的特性主要体现在:

(1)有偿沟通

广告最明显的特征就在于其有偿沟通的特性,酒店为了实现扩大品牌在消费者中的影响力,以付费的方式借助于社会资源开展全方位的品牌宣传;而广告公司、广告媒介等社会资源通过传播酒店品牌来收取报酬。因此,广告传播具有典型的有偿沟通的特性。

(2)公开展示

广告的目标受众是社会大众,具有不确定性与非定向性,很多人都能够接收到相同的广告信息。广告是一种高度公开的信息传播方式。这就决定了广告的信息覆盖面十分广泛,有利于品牌信息在大范围内传播。

(3)单向传播

广告是单向的信息传播,酒店将品牌信息经过传播渠道送达目标受众,传播者与受传者只是单方面的"给予"和"接受"关系。目标受众在接收到信息以后对信息的解码是否与发送方预期效果一致? 品牌广告传播的效果如何? 这些信息发送方都不能够通过广告方式得知。

(4)媒介多样

广告传播媒介多种多样,包括电视、广播、杂志、报纸、户外广告、印刷媒体、互联网等。不同传播媒介的特点不同,选择不同的传播媒介有不同的优缺点。酒店在选择广告媒介进行品牌传播时应综合考虑目标市场的媒体接触习惯、成本等因素。

---

① 万后芬.品牌管理[M].北京:清华大学出版社,2006:144.

② 余明阳.品牌传播学[M].上海:上海交通大学出版社,2005:99.

2）广告在酒店品牌传播中的作用

（1）传播品牌信息，塑造品牌形象

在当今信息爆炸的时代，消费者面临着极其丰富的商品信息，他们一般不用主动搜寻商品信息就能够通过各种途径获得其所需要的信息。酒店要想获得更多的市场份额就必须主动向消费者传递酒店品牌信息。广告以其覆盖面广、表现形式多样、信息传播效果好等特点成为酒店的首选。酒店选择其品牌的个性信息经过编码，然后选择合适的广告媒介传递给目标受众。消费者在接收到酒店品牌广告信息以后会受到其影响，广告的风格、广告的制作、广告所表达的功能诉求和情感联想、广告中品牌代言人的个性和形象等都会在很大程度上影响消费者对酒店品牌的印象。酒店的市场形象通过广泛的广告宣传，可以在一定程度上赢得顾客及公众的认知、认同和赞誉，从而培育和强化酒店的品牌形象。

（2）引导市场需求，促进品牌销售

广告在传播酒店品牌和产品信息的同时也起到刺激消费的作用。画面精美、制作精良、创意奇特的广告极具诱惑的煽动效果，能够吸引消费者的兴趣并激发其潜在的消费需求。著名的广告专家约翰·菲利浦·琼斯指出："所有长期有效的广告宣传活动同样具有立竿见影的功效。"而对于新酒店产品或企业，强势的广告宣传能够使消费者从广告的优良品质联想到酒店品牌的品质，激发消费者对新品牌产生好感而愿意试用。因此，广告能够引导酒店市场需求，促进酒店品牌销售。

（3）培养品牌忠诚，提升品牌价值

忠诚顾客是酒店最重要的顾客群体，它不仅是酒店长期利润的来源，同时也是免费的广告宣传员。而广告能够很好地提高顾客满意度，从而维护顾客忠诚。酒店顾客在购买酒店产品以后会将自己的消费体验与广告的品牌描述比较，如果两者相符则会强化其对品牌的信任与好感。而品牌广告则不断地向消费者强化酒店品牌提供给消费者的利益点，从而使消费者对酒店品牌的认同态度不断强化，最终转化为品牌忠诚。

3）酒店品牌广告传播策略的实施

（1）目标市场分析

目标市场分析是酒店品牌广告传播的第一步。只有在科学、详细的市场调研基础上酒店才能确定自己的市场定位和目标市场。由于年龄、性别、职业、文化、风俗习惯等因素的差异，不同消费群体会对广告信息的理解和反应出现差异。因此，酒店应针对目标细分市场的特征选择最恰当的广告媒介，以达到最佳传播效果。

（2）制订广告目标

广告目标是指酒店品牌广告传播所要完成的任务。从时间上分，广告目标可以分为长期目标和短期目标。广告长期目标是提高酒店品牌的市场知名度、美誉度，并实现最终扩大酒店品牌市场占有率的目的。广告的短期目标因酒店品牌生命周期的不同而有所差异，主要有创建品牌目标、巩固品牌目标和竞争广告目标[①]。在酒店品牌初创期或进入新市场的初期，酒店广告的目标是通过对酒店品牌、产品性能和特点的宣传来提高市场对酒店品牌的认知度和知名度。在酒店品牌进入成长期，酒店广告的目标是通过宣传酒店品牌的差异化优势来提高品

---

① 冯丽云.品牌营销[M].北京:经济管理出版社,2006:166-167.

牌市场竞争力,扩大市场份额。而当酒店品牌进入成熟期和衰退期,酒店广告的目标是通过连续的广告来维持消费者对酒店品牌忠诚,鼓励其持续购买酒店产品。广告目标不同,酒店所采取的广告传播策略也会不同。

(3)编制广告预算

广告预算是酒店进行广告推广活动所需资金费用的预测和使用计划。广告预算是广告计划的重要组成部分,它是广告宣传活动顺利开展并取得预期效果的保证。影响酒店广告预算的因素很多,主要包括产品生命周期阶段、市场份额和消费者基础、行业竞争状况、广告频率、品牌替代性等。

(4)选择广告媒体

广告媒体的类型多种多样,每个广告媒体都有其优缺点(表5.1)。酒店应综合考虑广告目标、目标受众的媒体接触习惯、酒店产品特征、成本等因素选择合适的广告媒体或广告媒体组合。市场实践证明单一的广告媒体无法完成酒店所有的广告目标,综合运用多种广告媒体十分必要。各种不同的广告媒体搭配使用,能够有效地弥补各自的不足,从而实现优势互补,使酒店广告传播效果最大化。

表5.1 不同广告媒体的优缺点

媒体	优点	缺点
电视	受众覆盖面大 接触率高、信息影响力大 表现手法多样、富有吸引力 相对成本低	时效性差 目标受众选择性低 绝对成本高 信息干扰大
广播	覆盖面大且有一定的选择性 成本低 接触率高	缺少视觉信息 信息易逝 不易引起注意
报纸	周期短 覆盖面广 成本低 可以用作赠券	信息生命短 不易引起注意 不易重复阅读 被其他广告所淹没
杂志	目标受众有针对性 易重复阅读 信息容量大 信息生命期长	周期长 费用高 缺乏弹性
直邮广告	目标受众选择性高 容易评估效果 信息含量大 周期短	广告形象差 单位成本高
户外广告	单位成本低 重复率高 易被注意	信息展示空间有限 形象不好 受地域限制

续表

媒体	优点	缺点
网络媒体	速度快、灵活 制作精美、针对性强 费用较低 交互式关系	受众覆盖面有限 有限的创作能力 其他网络干扰大

知识经济时代酒店运用网络传播品牌已经成为普遍的选择。酒店以互联网为基础平台,并结合数据库、多媒体技术,不仅能够向消费者提供大量多样化形式的信息,而且能够收集顾客的反馈信息,从而实现酒店与消费者之间的动态互动。

(5)评估广告效果

广告效果是指广告活动对消费者所产生的各个方面影响。酒店在进行广告传播以后需要了解广告效果,以评估当前实施的广告活动是否有效;知道如何改进广告传播。评估广告效果的内容包括沟通效果评估和销售效果测定。沟通效果评估主要判断广告的内容是否能够进行有效的沟通,衡量指标包括广告作品效果测定、媒体效果测定和消费者心理效果测定。销售效果测定指广告对酒店产品销售的影响程度,衡量指标包括单位广告费销售增加额、市场占有率提高率、广告有效率等①。

5.4.2 销售促进传播

销售促进是指酒店使用各种短期性的刺激措施以刺激消费者或分销渠道成员迅速、大量地购买酒店产品的行为。广告能够引起消费者对酒店品牌的注意和好感,而销售促进则直接促使消费者采取购买、试用行动。因此,销售促进是酒店品牌传播的重要方式之一。随着酒店普遍重视广告,消费者每天都要面对大量的广告信息而产生厌倦感,广告的有效性大大降低;酒店品牌的数量与日俱增,消费者面对大量的酒店品牌无所适从。在这种背景下,销售促进创新酒店品牌传播方式,起到很好的市场效果。

1)销售促进的特点

(1)时间上的短期性、非连续性

销售促进是战术性的营销工具,它提供的短期的强刺激,刺激消费者的直接购买行动。因此,销售促进持续的时间一般很短,而且是非规则、非周期性地使用。

(2)形式多样

酒店销售促进的方式多种多样,如优惠券、竞赛抽奖、折价优惠、赠送、退费优待、有奖销售、样品陈列、联合促销、服务促销等。各种促销方式的优点及适用条件不同。酒店可以根据品牌特点与消费者特征灵活加以选择和应用。

(3)即时效应

销售促进具有见效快的特点。酒店在一段特定的时间里给消费者或中间商提供一定的优

---

① 郭洪.品牌营销学[M].成都:西南财经大学出版社,2006:189-190.

惠条件,对买方产生强烈的刺激作用。只要方式选择运用得当,其效果很快就能在酒店的销售业绩中体现出来。

2)销售促进在酒店品牌传播中的作用

(1)传递品牌信息,塑造品牌形象

虽然广告在传递酒店品牌信息方面发挥着重要的作用,但是在现场购买情景下销售促进则更为有效地传递品牌信息。在特定的购买地点和购买时间,酒店通过形式多样的销售促进手段加强对酒店品牌的宣传,使消费者和社会公众更好地了解酒店特性、品牌利益等,从而在消费者心目中树立良好的品牌形象。

(2)刺激顾客购买,加快品牌成长

酒店运用销售促进手段能够引起消费者对酒店品牌的注意,从而产生更强烈、更快速的消费反应,促进酒店产品的销售,迅速扩大市场占有率。在酒店新产品进入市场或者酒店进入一个全新市场时,消费者对酒店品牌缺乏了解。这时酒店通过灵活多样的销售促进手段让消费者优惠或免费试用酒店产品,引起消费者对酒店品牌的兴趣和了解,在不断强化顾客满意的过程中逐渐培养顾客忠诚,最终将其转化为酒店的忠诚顾客。因此,销售促进能够加快新酒店品牌的成长进程。

(3)构筑品牌壁垒,增强竞争能力

酒店的销售促进活动能够有效地抵御和击败竞争对手的促销活动,增强自身竞争力。当市场内的竞争对手率先大规模地发起竞争挑战时,酒店可以灵活选择有针对性的促销手段来抵御和反击竞争对手的挑战。例如,酒店可以采用活动优惠的方式来吸引新顾客试用酒店产品;而对老顾客则可以采用积分折扣方式来吸引顾客增加购买酒店产品的数量和频率。总之,销售促进的方式灵活多样,最终的目的是构筑酒店品牌竞争壁垒,增强酒店的竞争力。

3)酒店品牌销售促进的主要方式

(1)对消费者的销售促进方式

对消费者进行销售促进的主要方式包括赠送样品、优惠券、赠品、奖励、比赛、抽奖和游戏、捆绑销售等。

①赠送样品。样品是酒店提供给顾客试用的产品或服务,样品是免费的或收取少量费用。一般酒店在推出新产品或服务时常使用这种方式,以激励消费者试用,树立消费信心。例如,酒店对新推出的菜肴或者新运营的设施可以采用样品展示的方式进行宣传。美国休斯敦的公园客栈邀请潜在主要顾客和相关社区主要成员免费入住这家豪华酒店,从而起到很多好的促销与宣传作用。

②优惠券。优惠券是顾客在购买酒店产品后获得的可以免费或优惠消费的印刷凭证。优惠券是鼓励消费者增加消费酒店现有产品和新产品的有效方式。酒店可以通过邮寄、报纸、现场派送等方式将优惠券发放到顾客手中。一般来说,老顾客比新顾客使用优惠券的概率要高很多。例如,美国马萨诸塞州西亚茅斯的浪潮汽车旅馆通过赠送海恩尼斯港巡游票来促销其周日客房,顾客可以凭刊登在波士顿环球报纸上的广告来获得这张巡游票,结果每周有 20 多

位客人来酒店享受这项优惠①。

③赠品。赠品是顾客购买酒店产品以后,以较低的价格或免费获得的产品或服务。恰当地运用赠品方式能够强化顾客的购买决策,甚至还能吸引新的顾客。因此,赠品已经成为顾客重复购买的主要诱因之一。

④奖励。奖励是一种十分普遍的促销方式,酒店会对购买酒店产品达到一定数量的顾客给予现金、物质奖励、消费折扣等。奖励有利于塑造酒店"重视顾客,回报顾客"的良好品牌形象,从而大大地提高顾客重复购买率。例如,万豪酒店实施的"荣誉顾客"计划,对使用该酒店的顾客给予绩点奖励;很多酒店都在推行消费积分奖励计划,对积累一定积分的顾客给予实惠奖励,都取得了良好的市场效果。

⑤比赛、抽奖和游戏。比赛、抽奖和游戏是酒店对购买酒店产品的顾客提供赢得某种利益的机会,例如免费享用酒店产品、免费旅行等。比赛、抽奖和游戏能够吸引顾客积极参与,增强顾客对酒店品牌的关注,但活动组织难度较大。

⑥捆绑销售。捆绑销售指酒店将两种或两种以上的酒店产品或者酒店产品与其他产品组合成一个整体产品,以优惠的价格销售给顾客②。例如,墨西哥阿卡普尔科市的公主酒店在业务淡季的夏天会提供一个烹饪课程包价产品,参加课程的客人限制在20人以内,以至于报名的人需要排队等待。

（2）对中间商的销售促进方式

酒店对中间商的销售促进方式包括批量折扣、现金折扣、特许经销、业务会议、代销、试销、联营促销等。其目的是激励中间商更好地宣传酒店品牌,提高酒店产品销售。酒店对中间商的激励一般采取绩效考核制,即经销商推销酒店产品的业绩越好则酒店给予的优惠就越多,通过利益驱动经销商进一步购买酒店产品③。

5.4.3　公共关系传播

1）公共关系的含义与特征

从品牌传播的角度来看,公共关系是指酒店通过正确处理企业与社会公众的关系（包括员工关系、政府关系、媒介关系、顾客关系、社区关系等）,从而达到树立良好的品牌形象,增强品牌竞争力的目的。在酒店市场竞争日益激烈的形势下,建立酒店与公众之间情感沟通的公共关系显得越来越重要。酒店通过公共关系活动与消费者之间进行感情沟通,获得消费者心理上的认同,从而最终促进酒店产品的销售。

公共关系的特征主要表现在以下四个方面:

（1）公共关系的直接目的是塑造良好的品牌形象

公共关系采取多种方式以期望在社会公众中树立酒店良好的品牌形象、声誉,为酒店发展营造一种和谐的外部环境和有利的社会舆论。因此,公共关系与其他品牌传播手段不同的地方是其直接的目的是塑造良好的品牌形象。

① 罗伯特·C.刘易斯.酒店业营销领导原理与实践[M].大连:东北财经大学出版社,2005:484.
② 谢彦君.酒店营销学[M].大连:东北财经大学出版社,2003:344-345.
③ 冯丽云.品牌营销[M].北京:经济管理出版社,2006:180-181.

（2）公共关系具有时间上的长期性,效果上的间接性特征

在时间上,公共关系活动需要较长的时间,短的一般要几个月,较长的要三年、五年或更长时间,这是由公共关系活动的复杂性、结果滞后性特性决定的。在效果上,公共关系活动的效果是不容易察觉的间接效果,它不像广告直接促进酒店产品销售,而是在品牌形象提升的基础上间接地促进酒店产品销售。

（3）公共关系容易被公众接受

在广告充斥的商业时代,消费者对导购式的广告宣传形成本能的抵触情绪。而公共关系则采用新闻式宣传、情感沟通等比较中性的宣传方式传递酒店品牌信息,公众比较容易接受,可信度高。公共关系的品牌传播效果要好于广告宣传。据有关统计显示,企业运用公共关系所取得的传播投资回报率,约为一般传统广告的 3 倍。

（4）公共关系是一种双向信息交流方式

酒店在开展公共关系活动过程中与消费者和其他社会公众密切接触,一方面,酒店能够利用大众传播媒介向社会公众传递酒店品牌信息,让社会公众了解酒店并逐渐形成偏好和认同;另一方面,酒店也能够收集社会公众对酒店品牌的各种反馈意见,不断改进品牌传播和产品与服务。

2）公共关系在酒店品牌传播中的作用

（1）传播信息,提高品牌知名度

公共关系是一个品牌信息传播、沟通的过程。酒店通过新闻发布会、赞助公益事业、策划热点事件等方式吸引社会公众对酒店品牌的关注,促使社会公众了解、认可、信赖酒店品牌,从而提高酒店品牌的知名度,并最终促进酒店产品销售。

（2）协调关系,树立品牌形象

酒店与社会环境紧密联系,酒店的发展离不开和谐的社会环境。而酒店在生产经营活动中必然会与社会中的各种组织、个人发生联系。酒店的发展必须与大环境相协调,通过各种方式与社会公众进行沟通,协调双方的关系,建立良好的公众形象,获得公众的认可与支持,有助于树立良好的品牌形象。

（3）处理危机,保护问题品牌

在当今商业环境瞬息万变的形势下,酒店的生产经营活动面临着经营危机、形象危机、信誉危机、质量危机等各种危机。这些危机会直接影响酒店品牌的发展,如果危机处理不当会直接破坏品牌形象甚至毁掉一个品牌。而公共关系则是处理各种危机的有效方式之一,它能有效协调酒店与社会公众之间的关系,从而挽救酒店品牌。

3）酒店品牌公共关系传播的方式

（1）新闻式宣传报道

新闻式宣传报道是采用新闻报道的形式,由第三者撰写介绍酒店品牌的文章,向公众提供信息,吸引公众的注意力,从而提高酒店品牌知名度、美誉度。新闻式宣传报道具有可信度高、传播面广、费用低等特点。因此,它成为公共关系传播的重要方式之一。新闻式宣传报道的形式有:主动向新闻媒介提供有价值的新闻素材;组织记者招待会或新闻发布会;邀请新闻界人

士实地参观访问;策划新闻事件等①。

（2）公益活动

酒店应做到企业价值与社会价值的和谐统一。酒店可以利用参加社会性、公益性的公关活动,例如赞助体育盛会、赞助灾区活动、资助社会福利事业、赞助文化教育事业等方式支持社会公益事业,借助新闻媒体报道来宣传酒店的公益形象,赢得社会公众认同,最终实现酒店品牌知名度与美誉度的提高。洲际酒店集团在 2007 年 11 月在中国青少年发展基金会捐资设立了"同洲共际爱心基金",该基金致力于希望小学建设、职业教育和大学生资助。"同洲共际爱心基金"是国内首个将酒店、旅客和受助方联系在一起的透明慈善项目。洲际酒店集团通过在中国旅客住宿附捐 5 元钱、高尔夫球赛、厨艺大赛、慈善拍卖等方式为希望工程募集善款。2019 年 6 月,洲际酒店集团江苏区域酒店的员工代表以健走的形式为中国宋庆龄基金会洲际酒店集团基金"同洲共际"项目募集善款 45 万元;同年 9 月,洲际酒店集团江苏区域酒店的员工代表探访了徐州市铜山区伊庄镇牛楼希望小学并举行捐赠仪式;2020 年 4 月,洲际酒店集团发起礼粽公益项目,每销售一盒礼粽捐出 5 元用于"同洲共际"项目以支持湖北的发展。这一成功的营销案例极大提升了洲际酒店品牌的知名度和美誉度。

（3）举办各种社交活动

酒店可以定期召开社会公众参与的座谈会、答谢会、联欢会等,通过形式多样的社交活动来加强与社会各界的交流与沟通,建立酒店与社会公众的良好关系,从而促使其对酒店品牌建立良好的印象。

5.4.4 人际传播

人际传播是指人与人之间的一种直接信息沟通的交流活动。这种交流主要通过语言来完成,但也可以通过非语言的方式来进行,如动作、手势、表情、信号（包括文字和符号）等②。人际传播是人类社会最为古老的营销方式。消费者的口碑宣传是酒店免费的活广告,消费者最容易接受亲朋好友或意见领袖推荐的酒店品牌。据研究显示,消费者对其他使用者介绍的品牌信息的相信程度是广告宣传的 18 倍。因此,人际传播与广告宣传、销售促进、公共关系并列成为品牌传播的重要方式之一。

1）人际传播的特征

（1）简便易行,传播成本低

酒店通过广告、销售促进、公共关系等方式传播酒店品牌必须要投入大量的成本;相比之下,人际传播则更为简单易行,它通过顾客之间面对面的信息交流来达到传播酒店品牌的目的,酒店不需要向旅游者支付费用。因此,人际传播具有简便易行、传播成本低的特征。

（2）传播方式灵活,可信度高

人际传播的主体是酒店的顾客,而酒店顾客来源十分广泛,来自各行各业、五湖四海,而其传播范围十分宽广;形式也灵活多样,通过开会、工作、聚会、闲谈等各种形式都能实现信息在人际交往圈内传播。因此,人际传播的方式具有灵活多样的特点。同时,人们对于人际传播的

---

① 冯丽云.品牌营销[M].北京:经济管理出版社,2006:188.
② 余明阳.品牌传播学[M].上海:上海交通大学出版社,2005:125.

信息信赖程度很高。因为商家传递的品牌信息往往带有夸大宣传甚至含有虚假的成分,消费者对其带有防御和抵触心理。而通过亲朋好友传播的酒店品牌信息,消费者则认为比较可信、易于接受。

（3）传播信息量大,影响时间长

人际传播方式传播的酒店品牌信息比较全面,顾客可以把自己亲身经历的酒店消费经历、感受、评价等各个方面的信息传播给潜在消费者;同时,潜在消费者针对自己想知道或不清楚的信息可随时询问,从而起到及时反馈的作用。因此,人际传播因为不受资金、时间等限制可以向潜在顾客传播大量的信息。同时,潜在消费者在接收到人际传播信息以后,容易在心中建立其对酒店品牌注意、好感,在以后的购买决策中就会形成倾向性购买意愿。因此,人际传播对消费者影响的持续时间比较长。

（4）传播速度慢,覆盖面较小

由于人际传播是面对面的一对一式传播,因此相对于广告传播、销售促进和公共关系来说,人际传播的传播速度很慢,信息覆盖的范围也相对较小。这不利于实现酒店品牌传播的效率。因此,人际传播必须和广告传播、销售促进和公共关系等其他传播方式综合运用才能起到最佳的效果。

2）人际传播在酒店品牌传播中的作用

（1）人际传播有利于吸引潜在顾客

市场研究显示,消费者总是愿意把自己的消费经历或体验告诉他人。这种经历或体验如果是美好的,那么消费者就会乐于向别人推荐这个酒店品牌。人际传播一级级地扩散下去,从而在无形之中扩大酒店品牌的知名度、美誉度,最终也吸引潜在消费者购买该酒店品牌的产品。据有关调查显示,有超过40%的顾客是通过他人的口头宣传来获得有关酒店信息。因此,人际传播对于招徕新顾客、开拓市场十分有效。

（2）人际传播有利于塑造品牌忠诚

人际传播有助于酒店在消费者中形成良好的口碑,拥有良好口碑的酒店必然会形成良好的品牌形象,从而赢得消费者的信任与忠诚,有助于消费者与酒店建立长期的业务关系。例如,美国 Unique Hotel&Resorts 集团位于纽约的精品小酒店60%的客源是口碑营销吸引而来的,该集团在营销投入上只有毛利的3.5%,平均利润却维持在40%的高水平上。

（3）人际传播有利于提高交易效率

广告、销售促进、公共关系等传播方式是"王婆卖瓜,自卖自夸",消费者对信息的真实性持怀疑态度,消费者会经历怀疑、观望、等待、试探等多个阶段才会实施购买行为。传统的信息传播方式在促成交易的效率方面是比较低的。人际传播则具有更强的亲和力和感染力。人际传播的主体是消费者,与酒店之间不存在利益关系。因此,人际传播的信息被公众认为是客观和独立的,更容易获得其他顾客的信任,从而使其跳过怀疑、观望、等待、试探阶段而直接实施购买行为,提高顾客与酒店交易的效率。

3）酒店品牌人际传播的方式

（1）鼓励顾客口碑营销

酒店应加强对消费者的引导,鼓励顾客通过口碑营销的方式传播酒店品牌的良好形象。具体措施包括:顾客购买酒店产品以后积极主动地与顾客进行沟通,了解顾客对酒店产品与服务的反馈意见;定期拜访老顾客以了解其需求的变化,给予老顾客更多优惠,例如更多价格折扣、设立荣誉顾客、发放礼品或优惠券等以巩固、提高老顾客的品牌的忠诚,从而使其乐于担当"宣传员",向其他潜在消费者传播酒店品牌信息。

(2)组建消费者俱乐部

酒店通过组建消费者俱乐部的方式将酒店的忠诚顾客集中起来定期召开集会。首先,可以使老顾客倍感尊重与荣誉,起到巩固顾客忠诚的作用①。忠诚顾客就更乐于宣传酒店品牌。其次,消费者俱乐部对于新顾客来说也是一种诱惑与激励。因为消费者俱乐部不仅会给其带来实际的物质利益,例如更大的价格折扣等,而且会满足其精神需求,例如显示身份、地位等。最后,酒店通过消费者俱乐部可以听取更多的顾客意见从而不断改进酒店产品与服务,产品与服务质量的改善又会提高顾客的满意度,从而产生更好的口碑,最终走上良性循环的道路。

(3)借助意见领袖的影响力

酒店可以选择一些有影响力的意见领袖,例如影视、体育明星和各类名人等,请意见领袖体验酒店产品与服务并让其给予评价,利用意见领袖的影响力和示范效应来扩大酒店品牌的影响力,并配合其他的传播方式以提高酒店品牌的知名度和影响力②。

5.5 酒店品牌生命周期各阶段的传播策略

5.5.1 酒店品牌生命周期各阶段的特征

品牌生命周期的概念有广义与狭义之分,广义的品牌生命周期包括品牌法定生命周期和品牌市场生命周期,前者是指品牌按法律规定的程序注册后受法律保护的有效使用期;后者是指新品牌从产品或企业进入市场到该品牌退出市场的整个过程。狭义的品牌生命周期指品牌市场生命周期③。本书讨论的是狭义的品牌生命周期。品牌生命周期包括品牌初创期、品牌成长期、品牌成熟期、品牌衰退期四个阶段。品牌生命周期不同阶段的特征不同,所应采取的品牌传播策略也不同。

1)品牌初创期

在酒店品牌初创期,消费者刚开始接触新品牌,对新品牌认知很少,品牌认知度较低;消费者对酒店品牌定位与特色不了解,对酒店品牌与消费者需求之间关系认识模糊,品牌活动不足;酒店品牌的产品销售量较少,增长缓慢,处于亏损或较少盈利状态。因此,这个时期的主要任务是酒店品牌定位和品牌推广。酒店要投入大量人力、物力进行品牌宣传和促销工作,以建立和扩大品牌知名度,增强消费者的认同感。

① 王金池.口碑营销的基础及其传播途径[J].东南大学学报,2006(2):40-41.
② 张原,窦宁.房地产口碑营销策略[J].北京建筑工程学院学报,2004(3):83-85.
③ 梦成云.品牌生命周期论[J].商业经济与管理,2000(9):19.

2）品牌成长期

在酒店品牌成长期,酒店品牌经过初创期的宣传已经建立起一定的市场知名度,已经有很多消费者认识到该品牌的存在并有一定数量的消费者认同该品牌;消费者与顾客之间的联系越来越紧密,双方交易不断增加,品牌更具活力;酒店产品销量迅速扩大,品牌占有率逐渐提高;成本逐渐降低,酒店盈利水平提高,品牌价值逐步提高。这个阶段的主要任务是继续提高酒店品牌知名度,完善品牌形象,提升品牌价值。

3）品牌成熟期

在品牌成熟期,经过品牌初创期和成长期累积起来的品牌知名度和市场网络,酒店品牌已经具有较强的竞争力,品牌与消费者之间已经建立紧密的情感联系,顾客具有很强的品牌忠诚,酒店品牌影响力达到最大。酒店品牌更具活力,酒店品牌市场占有率高;酒店品牌销售量很大,盈利水平维持在高位水平。这一阶段的主要任务是维系和提升顾客的品牌忠诚度,在更广泛的市场范围内维护和完善品牌形象,延长顾客品牌忠诚的时间。

4）品牌衰退期

经历品牌初创期、品牌成长期、品牌成熟期后,酒店品牌开始走下坡路,进入品牌衰退期。消费者对酒店品牌的认识和态度会发生很大的变化,开始由满意转变为厌倦、不满,转而开始转向其他酒店品牌。这期间酒店品牌影响力迅速下降,品牌市场占有率、销售额、销售利润出现持续的较大幅度下降[①]。这一阶段的主要任务是对酒店品牌进行更新以延长品牌生命周期,例如,对品牌重新定位、开拓新市场、提升品牌产品质量等,同时采取必要措施扭转品牌衰退。

5.5.2 品牌生命周期各阶段的传播策略

1）品牌初创期的传播策略

在酒店品牌初创期,品牌传播的主要任务是酒店品牌定位和品牌推广,提高酒店品牌知名度,塑造良好品牌形象,增进顾客对品牌的了解进而愿意购买酒店产品。因此,酒店应从目标市场的需求特点出发,将酒店品牌定位在满足目标市场需求的位置,体现酒店品牌独特的品牌个性,并传递给目标消费群体,以使消费者认识到酒店品牌的价值,获得其认同。这一阶段酒店应综合运用各种传播手段以尽量扩大消费者接触酒店品牌的机会,使酒店品牌为消费者所熟知,从而成为其购买备选名单。在具体传播方式上,酒店可以根据目标受众的特点和酒店具体的宣传战略目标,综合运用广告传播、销售促进和公共关系等多种方式进行品牌传播。广告传播是酒店品牌初创期运用的主要传播方式。酒店借助于电视、广播、报纸、杂志、网络等大众传媒来吸引消费者的眼球,同时向顾客传达酒店品牌的功能利益和价值内涵。在运用销售促进传播酒店品牌方面,酒店应尽量开拓产品分销渠道,扩大消费者接触酒店品牌的机会,并对中间商和消费者进行激励,吸引顾客对酒店产品的试用。在运用公共关系传播酒店品牌方面,酒店应注意处理好与政府部门、新闻媒体、行业协会、意见领袖、社区组织等关系,可以开展活动赞助和举办公益活动等方式扩大酒店品牌的知名度与影响力。

---

① 王敏.品牌管理的新思路:品牌生命周期战略[J].十堰职业技术学院学报,2006(8):34-35.

2）品牌成长期的传播策略

在酒店品牌成长期，品牌传播的主要任务是继续提高酒店品牌知名度、完善品牌形象、提升品牌价值。这个时期酒店应继续加大营销费用以支持广告、销售促进、公共关系等顺利实施。在品牌成长期，广告从初创期的介绍品牌、建立品牌知名度的目标转向塑造品牌形象、树立品牌个性、提高品牌认知度的目标；具体方式从初创期的"硬"性广告营销转移到"软"性广告。广告创意突出情感沟通、文化内涵的主题，以激发消费者对酒店品牌的认同感。在品牌成长期，酒店的销售渠道经过初创期的开拓已初步形成一定的营销渠道网络，酒店应继续开拓多种销售渠道，加大对中间商的利益激励，以快速扩张酒店的市场网络。在公共关系方面，酒店应高度重视提高顾客满意度，通过各种方式收集顾客意见并加以改进；同时酒店应经常联络老顾客，对重要顾客应定期进行礼节性拜访，定期开展顾客俱乐部的座谈会或文娱活动等以巩固顾客的忠诚度。

3）品牌成熟期的传播策略

在酒店品牌成熟期，品牌传播的主要任务是维系和提升顾客的品牌忠诚度，在更广泛的市场范围内维护和完善品牌形象，延长顾客品牌忠诚的时间。首先，酒店要充分利用品牌忠诚者的口碑营销，利用其对酒店品牌的认同和信赖来影响潜在顾客，不断培养新的消费群体，继续扩大酒店品牌的影响力；其次，酒店应不断创新品牌传播方式，加大对不同细分市场的营销力度，进行品牌延伸，扩大消费群；最后，由于忠诚顾客和意见领袖在人际传播中的巨大影响力，酒店应更关注这部分消费群体的满意度，不仅在物质利益上给予他们更多的实惠，而且要与他们进行情感交流和沟通，提高其对酒店品牌的忠诚度。

4）品牌衰退期的传播策略

在酒店品牌衰退期，品牌传播的主要任务是对酒店品牌进行更新以延长品牌生命周期，同时采取必要措施扭转品牌衰退。酒店应对导致品牌退化的原因进行调查研究，主要原因可能有：酒店品牌经营管理不善导致品牌形象受损；市场竞争加剧导致酒店品牌占有市场份额下降。酒店应针对不同的情况采取针对性的策略来扭转品牌衰退。对于前者，酒店应加强酒店品牌维护，提高酒店产品与服务质量，给予顾客更多的利益优惠等来维护酒店品牌形象。对于市场竞争加剧导致的顾客流失，酒店可以创新、升级酒店产品与服务，创造出新的卖点来挽回客流，使酒店品牌进入新的生命周期，同时加大营销力度和新的市场开发力度，以延长酒店品牌生命周期。

总之，在酒店品牌生命周期的不同阶段应针对性地采取相应的品牌传播策略，在总体延长品牌生命周期的基础上，缩短导入期与成长期，延长成熟期，延后衰退期，使酒店获得最大利润收益。图 5.2 为酒店品牌生命周期各阶段的传播策略。

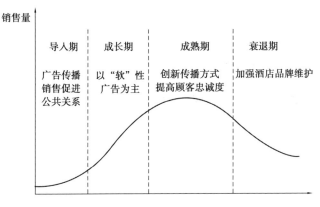

图 5.2　酒店品牌生命周期各阶段传播策略

【本章小结】

品牌传播在塑造酒店品牌过程中起着重要作用,品牌传播是塑造品牌的重要环节、品牌传播是提高顾客满意的重要方法、品牌传播是促进产品销售的重要渠道、品牌传播是提升企业形象的重要途径。酒店品牌传播的战略模式规定品牌传播的战略方向,它直接决定品牌传播的效果,主要包括单一品牌传播模式、分散品牌传播模式和捆绑品牌传播模式。酒店品牌传播方式主要有广告传播、销售促进传播、公共关系传播和人际传播;不同方式的特点、适用条件不同,应根据酒店品牌生命周期不同阶段的特征,采用相应的品牌传播策略。

【复习思考题】

1. 酒店品牌传播的概念与内涵是什么?
2. 酒店品牌传播的战略模式有哪些? 不同模式的优缺点是什么?
3. 酒店品牌传播的方式有哪些? 每种酒店品牌传播方式的特征是什么?
4. 在酒店品牌生命周期各阶段的品牌传播策略是什么?

第6章 酒店品牌竞争力培育

【内容导读】

在品牌竞争时代,缺乏品牌竞争力的酒店最终将被市场所淘汰。现代酒店应在观念上充分重视品牌竞争力的重要作用,用系统的品牌理论指导酒店不断提升品牌竞争力。本章主要介绍品牌竞争力的内涵与意义、影响品牌竞争力的因素、酒店品牌竞争力的构成与评价、制约酒店品牌竞争力的障碍、培育酒店品牌竞争力的策略。

【学习目标】

①熟悉品牌竞争力的内涵,了解品牌竞争力的重要意义;

②熟悉影响品牌竞争力的因素;

③掌握酒店品牌竞争力的评价指标与评价方法;

④熟悉制约酒店品牌竞争力的障碍和培育酒店品牌竞争力的策略。

6.1 品牌竞争力的内涵与重要意义

6.1.1 品牌竞争力的概念及内涵

市场竞争包括价格竞争和非价格竞争,品牌竞争就是非价格竞争中的重要方式之一。关于品牌竞争力的定义国内学者从不同角度进行了探讨。李光斗(2004)认为:"品牌竞争力是指企业的品牌拥有区别或领先于其他竞争对手的独特能力,能够在市场竞争中显示品牌内在的品质、技术、性能和完善服务,引起消费者良好的品牌联想并促进其购买行为[1]。"

沈占波(2005)认为:"品牌竞争力是品牌参与市场竞争的一种综合能力,是由于其特殊性或不易被竞争对手模仿的优势而形成的占有市场、获得动态竞争优势、获取长期利润的能力,具体体现在品质、形象、个性、服务等各个方面[2]。"

季六祥(2002)认为:"品牌竞争力是以企业形象为核心,关于企业战略、管理模式、技术路

---

① 李光斗.品牌竞争力[M].北京:中国人民大学出版社,2004.

② 沈占波.品牌竞争力的理论基础分析[J].商业研究,2005(22).

线、企业文化及信息化支持等形象要素的有效整合①。"

邴红艳（2002）认为："品牌竞争力是品牌在竞争的环境中，为谋求企业长远发展，通过自身可控资源的有效配置和使用，使其产品与服务比竞争对手更好、更快地满足消费者，为企业提供超额利润的能力。"②

本书将酒店品牌竞争力定义为：酒店在长期的市场经营与品牌管理实践中积淀下来的综合性的品牌市场力量和比较竞争能力。

正确理解酒店的品牌竞争力应从以下五个方面入手：

①品牌竞争力首先是酒店的一种品牌市场力量，它是一种比较能力，即品牌竞争力是以酒店之间的竞争为前提的；它有三种类型：强势品牌竞争力、均衡品牌竞争力和弱势品牌竞争力。

②品牌竞争力是酒店竞争力的重要组成部分，同时又是综合竞争力的集中体现。品牌本身是酒店发展的一项重要资源，它是形成并实现其可持续发展的动力源泉；品牌竞争力是酒店高效配置各种资源的结果，它体现酒店在资源、管理、技术、营销等方面的综合优势。

③酒店品牌竞争力是影响酒店市场占有率的深层次原因。它是酒店在长期的市场经营与品牌管理实践中积淀下来的，具有持续性的特点。因此，酒店只有通过各种资源的优化配置，加强品牌管理能力，才能逐渐形成品牌竞争力。

④品牌竞争力的培育与形成受多种因素的影响，包括外部宏观环境因素影响，例如制度环境、政策环境、市场环境、技术环境、法律环境、教育和文化环境等都影响品牌竞争力的培育；酒店内部因素例如发展战略、人力资源、经营资源、市场网络等都会影响品牌竞争力的形成。

⑤品牌竞争力是动态变化的，它随市场竞争形势的变化而变化，品牌竞争的优势和劣势不是绝对的、长期的，而是处于不断变化的，优势品牌与劣势品牌是可能相互变换的。因此，酒店要想保持长久优势品牌竞争力必须不断加强品牌经营管理。

总之，在品牌竞争时代，酒店品牌竞争力是酒店核心竞争力在市场上的物化和商品化的表现，由于其具有不可替代的差异性优势。因此，酒店品牌竞争力能够使酒店在动态的市场竞争中获得持续发展的动力。

6.1.2 品牌竞争力对酒店发展的重要意义

品牌竞争力是酒店优化配置企业各种资源所形成的综合竞争优势的体现，它是一种区别或领先于其他竞争对手并支持自身持久发展的能力。品牌竞争力对酒店的发展具有重要的意义，主要表现在以下三个方面：

1）品牌竞争力为竞争对手设置竞争壁垒

在激烈的市场竞争中酒店主要会面临两种竞争压力：新进入市场酒店的威胁和现有酒店之间的争夺。酒店进入一个新市场的门槛是酒店在除去为进入该市场支付的所有成本后仍可以获得的预期盈利。而如果优势酒店的品牌竞争力很强，这会导致生产资源在更大范围内向优势酒店品牌进行聚拢和整合，导致新进入酒店获取生产资源的成本更高。新进入酒店会花费更多的成本将消费者从优势酒店品牌争夺过来。这就意味着新进入酒店会有一个较长的过

① 季六祥.我国品牌竞争力的弱势及成因治理[J].财贸经济,2002(7):58-62
② 邴红艳.品牌竞争力影响因素分析[J].中国工程科学,2002(5):79-83,87.

渡阶段,增加新进入者的市场风险。新进入酒店会面临着更高的经营成本。因此,酒店的品牌竞争力为新进入市场的酒店设置无形的竞争壁垒,从而在一定程度上限制一些潜在竞争对手进入该市场。

2)品牌竞争力为酒店带来经济收益

品牌竞争力可以给酒店带来实实在在的经济收益,具体表现在:乘数效益、延伸效益和投资效益。乘数效益是指市场对酒店的品牌竞争力的认可会扩散为对企业形象的认可,从而使顾客忠诚度扩散到酒店的所有酒店品牌,为其带来综合收益。延伸效益是指酒店利用品牌竞争力优势推出新的酒店产品,进入新的市场,从而使品牌对市场的影响力和支配力持久延续。投资效益是指品牌竞争力有利于增强酒店对品牌资本运营的能力,从而提升酒店品牌价值,促使品牌资产驱动更多的有形资产运转,形成有形资产和无形资产之间的良性互动。

3)品牌竞争力为酒店增强综合实力

在现代市场竞争中,品牌竞争力处于酒店综合竞争力的核心地位。酒店培育和提升品牌竞争力有助于增强其市场开拓力、市场垄断力和可持续发展的能力。在市场开拓力方面,品牌竞争力强的酒店拥有更大的市场份额,更好的企业形象、更多的忠诚顾客等,这些都使其在开拓新市场时占有优势。在市场垄断力方面,品牌竞争力强的酒店拥有其他竞争对手所不具有的差异化的产品,这将会直接增强其垄断市场的能力。在可持续发展能力方面,品牌竞争力的提升有助于提高酒店品牌的价值,而品牌价值是酒店最重要的无形资本之一。总之,酒店品牌竞争力有利于增强酒店的综合竞争力。

6.2 影响酒店品牌竞争力的因素

品牌竞争力是在酒店在长期的市场经营与品牌管理实践中积淀下来的,它的形成与发展受多种外界因素的影响,主要包括环境因素、产业因素和企业因素。

6.2.1 环境因素

品牌竞争力是宏观环境的产物,即政策环境、法律环境、科技环境、社会文化环境等都在间接影响酒店品牌竞争力的培育。在政策与法律环境方面,酒店品牌竞争力的培育与提升在很大程度上依赖于健全的竞争立法和公正的执法体系。例如知识产权法、反垄断法等。健全的法律法规能够规范酒店市场秩序,保护合法经营的酒店品牌权益。在科技环境方面,信息技术的快速发展使得酒店以更快的速度、更高的效率进行品牌传播,从而极大地提高品牌的市场覆盖率和知名度。在社会人文环境方面,一个国家或地域的社会人文氛围会潜移默化地影响酒店的企业文化,而企业文化则是影响品牌竞争力的重要因素之一。因此,酒店在培育品牌竞争力的过程中只有动态地适应宏观环境的变化才能有效实现其战略目标。

6.2.2 产业因素

产业因素是指直接影响酒店生产经营活动的市场竞争环境因素,其主要内容是分析本行业中企业的竞争格局和本行业和其他行业的关系。产业因素对酒店品牌竞争力的影响主要表现在两个方面:行业竞争力量分析和产业组织规模。产业内的五种基本竞争力量(即潜在竞争对手、现有企业、替代竞争对手、供应商和买方)的状况及其综合强度,决定行业的竞争激烈程度(图6.1)。行业竞争越激烈,竞争对手的实力越强则会促使酒店采取有效的竞争对策以维持和提高品牌自身的竞争力。产业组织规模通常代表着酒店的竞争实力,并通过产业集中度来反映。产业集中度越高,酒店规模越大,品牌竞争力就越强。

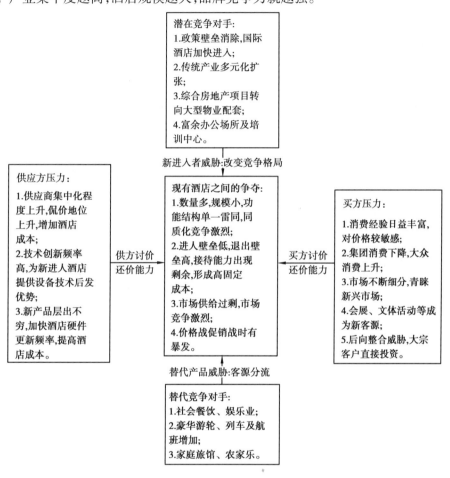

图6.1 酒店业"五种竞争力量模型"

6.2.3 企业因素

品牌竞争力是酒店优化配置各种资源形成的综合竞争优势的体现,企业因素对酒店品牌竞争力的影响最直接,它包括技术要素、人力资源要素、文化要素、信息要素。在技术要素方面,酒店依托先进技术为顾客提供独特性的产品和服务而形成品牌功能性差别优势。例如电脑预订系统为顾客提供更方便、快捷的预订方式;数据信息系统存储了大量的消费者个人信息,能为顾客提供更加个性化的服务。如前台部设置智能卡系统,能够自动识别VIP客人的智能卡,实现系统自动完成整个入住登记手续,无须人工操作;自助式入住机可以为客人提供自助办理入住登记手续服务,既在饭店业务高峰时段分流了客源,提高了顾客满意度,又减少了员工的工作量①。客房部的智慧客房导航系统、客房智能系统、自助入住退房系统②等提供迎送宾客服务、咨询服务、查房服务等工作。餐饮部的数字领位系统、智能点菜系统、智能机器人等承担宾客领位、菜品介绍、点餐、递送菜单、结账等工作,甚至传菜也可以由智能机器人来完成。知识经济时代,运用高科技提高酒店品牌竞争力已经成为世界著名酒店的普遍选择。在人力资源要素方面,酒店拥有高素质、训练有素的员工和管理人员能为消费者提供超值的产品与服务,例如个性化服务、VIP 服务等。在文化要素方面,酒店深厚的文化底蕴支撑着品牌。酒店塑造品牌的过程是伴随着企业文化形成过程的,品牌是企业文化的结晶。在信息要素方面,信息化水平是衡量酒店管理水平、效率水准和竞争力大小的重要准则。先进的信息设备和高水平的信息处理技术构成了酒店品牌竞争力的优势基础之一。国际著名酒店的品牌竞争力尤其依赖于信息化的强大支持,它始终保持企业处于信息技术的前端。

6.3 酒店品牌竞争力的构成与评价

6.3.1 酒店品牌竞争力的评价指标

酒店品牌竞争力的构成因子不仅数量繁多,有外在的、内质的、定量的、定性的、直接强相关的、间接弱相关的。在选取酒店品牌竞争力的构成要素时基于以下原则:

①全面性与主导性相结合的原则,即品牌竞争力的构成要素指标应能够涵盖影响品牌竞争力的各个方面的影响因子,以免遗漏重要信息,造成片面性;但全面性并不等同于面面俱到、不分主次,构成要素的选取也应兼顾典型性、主导性,对于影响较小的因素可以省略。

图 6.2 酒店品牌竞争力构成要素模型

②直接相关原则,即选取的指标都是与品牌竞争力直接相关的、定量的、外在的指标,通过对这些评价指标体系的分析,可以直接、全面、清晰地评价酒店品牌竞争力。酒店品牌竞争力的构成要素包括:品牌销售力、品牌盈利力、品牌形象力、品牌成长力和品牌创新力。这五个要

---

① 黄巧芬.基于物联网的住宿服务流程优化及评价[D].杭州:浙江工商大学,2011:48-50.
② 陈率.体验全球最智慧的酒店[J].浙商,2010(1):72-73.

素紧密联系、相互影响,系统性地构成了酒店品牌竞争力构成要素模型(图6.2)。

1) 品牌形象力

酒店品牌形象力是指酒店品牌形象在消费者心目中的综合描述与评价,它体现市场对品牌的认可程度,主要衡量指标有:品牌知名度、品牌美誉度和品牌忠诚度。品牌知名度主要指市场上知道该品牌的人数比例;品牌美誉度表明实际购买该品牌产品的顾客中对品牌持赞誉态度人数的比例;品牌忠诚度由再次购买率衡量,它反映顾客对品牌的情感量度。

$$品牌知名度 = \frac{市场上知晓本企业品牌产品的人数}{市场消费者总数} \times 100\%$$

$$品牌美誉度 = \frac{对企业品牌产品持赞誉态度的消费者人数}{实际购买本企业品牌产品的消费者总数} \times 100\%$$

$$品牌忠诚度 = \frac{回头客购买本企业品牌产品的人次}{购买本企业品牌产品总人次} \times 100\%$$

2) 品牌销售力

品牌销售力是指酒店品牌占有市场份额的能力,它的衡量指标是品牌市场占有率,它是衡量品牌竞争力的最直接、最重要的指标。市场占有率越高则酒店的品牌市场影响力越大,品牌的市场竞争能力越强,品牌竞争力越强。市场占有率包括绝对市场占有率和相对市场占有率。绝对市场占有率反映酒店的品牌销售量相对于整个行业或区域的关系;相对市场占有率反映酒店的品牌销售量相对于整个行业或区域中与第一位(前几位)企业的关系。相对市场占有率是对绝对市场占有率的有效补充。

$$品牌绝对市场占有率 = \frac{一年内消费本企业某品牌产品的消费人数}{该年度所有消费该品牌的人数之和} \times 100\%$$

$$相对市场占有率 = \frac{一年内消费本企业某品牌产品的消费人数}{该年度内该品牌售量第一的企业的该品牌产品消费人数} \times 100\%$$

3) 品牌盈利力

品牌盈利力是指酒店品牌获取利润的能力,它是衡量品牌竞争力的质量指标,包括品牌超值利润率、品牌利润增长率。品牌超值利润率是指酒店品牌销售利润高出行业平均水平的超额利润部分与销售收入净额之间的比例关系。品牌超值利润率越高则品牌竞争力越强。品牌利润增长率是酒店某品牌产品的本期利润与上期利润的差额与上期利润之间的比率。品牌利润增长率持续增长则表示该品牌的市场盈利状况良好,品牌竞争力强。

$$品牌超值利润率 = \frac{(某品牌税后利润 + 利息支出) - 行业平均销售利润}{销售收入净额} \times 100\%$$

$$品牌利润增长率 = \frac{某品牌产品本期利润 - 上期利润}{上期利润} \times 100\%$$

4）品牌成长力

品牌成长力反映了一段时期内酒店品牌在市场上规模扩张、延伸的能力,其衡量指标是品牌市场扩大率。品牌市场扩大率是企业品牌销售增长率超出市场平均销售增长率的部分。品牌市场扩大率越大,品牌对顾客的影响能力越强,品牌的竞争优势就越明显。

$$品牌市场扩大率 = 企业品牌销售增长率 - 市场平均销售增长率$$

5）品牌创新力

酒店品牌创新力是酒店利用新技术及相关知识和经验对品牌、产品的改进和创新的能力。它有利于提高品牌对未来市场的控制力,提高品牌竞争优势。衡量酒店品牌创新力的指标有新产品替代率,即新产品品牌占酒店所有产品品牌的比例。

$$新品牌产品替代率 = \frac{新产品品牌数量}{所有产品品牌数量} \times 100\%$$

总之,品牌销售力、品牌盈利力、品牌形象力、品牌成长力和品牌创新力这五个要素紧密联系、相互影响,共同构成了酒店品牌竞争力的评价指标体系(表6.1)。

表6.1 酒店品牌竞争力评价指标体系

系统	一级系统	二级系统
酒店品牌竞争力评价指标体系	品牌销售力	市场占有率和相对市场占有率
	品牌成长力	品牌市场扩大率
	品牌盈利力	品牌超值利润率、品牌利润增长率
	品牌形象力	品牌知名度、品牌美誉度和顾客忠诚度
	品牌创新力	新品牌产品替代率

6.3.2　酒店品牌竞争力的评价方法

酒店品牌竞争力大小由品牌竞争力指数确定,它是衡量某品牌竞争力的综合指标,竞争力指数越大则意味着品牌竞争力越大,具体计算公式表达如下[①]:

$$品牌竞争力指数 = 品牌销售力 \times 品牌盈利力 \times 品牌形象力 \times 品牌成长力 \times$$
$$品牌创新力 \times 100\%$$

其中,品牌销售力、品牌盈利力、品牌形象力、品牌成长力和品牌创新力的计算公式如下:

$$品牌销售力 = 市场占有率 \times 权重 + 相对市场占有率 \times 权重$$
$$品牌盈利力 = 品牌超值利润率 \times 权重 + 品牌利润增长率 \times 权重$$
$$品牌形象力 = 品牌知名度 \times 权重 + 美誉度 \times 权重 + 忠诚度 \times 权重$$
$$品牌成长力 = 品牌市场扩大率$$

---

① 李光斗.品牌竞争力[M].北京:中国人民大学出版社,2004.

品牌创新力＝新品牌产品替代率

公式中的指标权重分别代表各指标的相对重要程度,它是介于 0 和 1 之间的值,影响作用越大则权重值越大;在每一计算公式中,各指标的权重之和为 1。酒店可以根据企业实际情况采用头脑风暴法、专家意见法或层次分析法(AHP)等多种方法确定权重值的大小。层次分析法的主要步骤是:①构建比较判断矩阵,由专家对评价指标两两比较其相对于上一层所从属指标的重要性之比,由比值构成比较判断矩阵;②层次单排序,用方根法计算每个矩阵的最大特征根及相应特征向量,将特征向量归一化并对矩阵进行一致性检验;③层次总排序,自上而下分别用每一层的每个指标相应的归一化特征分量作权重,乘以下一层其支配的每一个指标的特征分量,便得到下一层指标的组合权重,最下一层的组合权重即为所求①。

6.4　制约酒店品牌竞争力的障碍

6.4.1　外部宏观环境缺陷

品牌竞争力的培育与提升与外部环境密切相关。国际著名酒店品牌的成长与其本国成熟的市场环境、规范的市场竞争秩序、政府政策支持等外部环境密切相关。而我国外部宏观环境缺陷导致本土酒店品牌竞争力的弱势。①在金融环境方面,西方发达国家的金融环境完善,资本市场、证券市场成熟,酒店能够顺利通过股票上市进行大规模融资,以实现低成本扩张。如雅高集团在后期的并购中,每次都能够从资本市场上筹集数亿美元资金。而我国资本市场欠发达,资本市场起步较晚、发育程度较低、融资规模较小,境外融资主渠道尚未有效开通,致使本土酒店品牌难以获得资本市场的强大支持。②在市场环境方面,我国酒店所有制结构复杂,多数国有和集体所有制酒店与各级政府部门有行政隶属关系,"政企不分"制约着本土酒店管理科学化进程,从而限制品牌竞争力的提高;我国尚未形成全国统一的规范有序的酒店市场竞争秩序,地方保护主义、条块分割、地区封锁的现象仍然存在,这不利于酒店品牌竞争力的提高。③在政策环境方面,市场经验表明政府在打造企业品牌的过程中具有重要的指导和扶持作用。西方发达国家对本国酒店品牌建设都有政策引导、资金支持、信息服务、市场宣传等方面的扶持政策。如雅高集团在发展初期获得法国政府 60% 的总投资支持,并获得减税等多种优惠措施。而我国尚未形成扶持本土酒店品牌成长的政策激励机制,从而使酒店在提升品牌竞争力的过程中缺乏社会资源的支持。

6.4.2　品牌形象定位模糊

品牌定位是指酒店为自己的品牌在市场上树立明确的、区别于竞争对手的品牌形象。品牌定位的关键是创造和渲染满足消费者需要的品牌个性化特色,例如品牌的档次、功能、品位、时尚等方面的个性化、差异性。清晰、准确的品牌形象定位有利于向消费者传递酒店产品个性化的价值信号和形象体验。因此,品牌形象定位是形成品牌竞争力的重要基础之一。国外著

---

① 杜纲.石油服务企业核心竞争力评价分析模型[J].经济理论与经济管理,2002(9):34.

名酒店均十分重视品牌定位,针对不同酒店产品"量身制作"相应品牌,向目标市场传递清晰的品牌形象信息,取得良好的市场效果。目前,我国本土酒店也开始不断加强品牌细分,打造针对不同档次、功能的品牌结构。如华住酒店集团(原汉庭酒店集团)打破原有单一品牌结构,针对奢华市场、高端市场、中高端市场、中端市场、经济型市场分别推出施柏阁大观、禧玥酒店、城际酒店、全季酒店、汉庭酒店。但是,从整体上看我国本土酒店大多仍然是单一品牌,没有进行系统的品牌细分,缺乏系列品牌体系,不利于塑造清晰的品牌形象。

6.4.3 品牌竞争手段不足

当前我国酒店数量的增幅明显高于市场需求的增幅,加上酒店档次结构不合理、区域分布结构不均衡等造成我国酒店市场总量相对过剩的局面,行业竞争激烈、经济效益低下,其直接后果就是导致了低层次的价格竞争。而较低的产品价格必然会影响酒店产品的质量,从而导致客源流失;客源流失又迫使酒店压低价格吸引顾客,于是价格竞争引发了恶性竞争循环。国外酒店在进入我国酒店市场时就走出一条品牌竞争的道路,以品牌为手段,通过品牌推广、品牌资本运营、品牌资产管理等各种品牌竞争手段迅速占领国内高端市场。面对日益激烈的市场竞争,价格竞争只会使我国酒店发展走入"死胡同"。

6.4.4 品牌扩张能力薄弱

酒店品牌扩张指酒店为了实现品牌战略目标,综合配置企业资源以发展、推广品牌向其他业务领域、市场区域延伸扩展的市场活动。在业务领域方面,酒店品牌扩张有四个方向可供选择:在原有业务领域内的深度扩张;联合同类型酒店的横向一体化扩张;向酒店业的上下游关联企业延伸的纵向一体化扩张;向其他行业渗透的多元化扩张。在市场区域方面,酒店品牌扩张有国际扩张、全国扩张和区域扩张。当前我国酒店的品牌扩张意识薄弱,品牌扩张能力薄弱。首先在意识上,很多本土酒店的管理者还没有形成以品牌扩张拓展市场网络、企业规模的理念;其次在市场实践上,我国酒店在业务领域扩张方面局限于酒店产业,而对上下游关联产业和其他多元产业扩展不足。在区域扩张方面,我国本土酒店大多是区域性的酒店,即酒店品牌均局限于同一地理区域;在全国范围内进行品牌扩张的酒店相对较少,而走向国际市场的酒店品牌则更少。总之,我国酒店品牌扩张能力薄弱是制约品牌竞争力提高的重要原因之一。

6.5 培育酒店品牌竞争力的策略

6.5.1 完善环境支撑体系

改善外部经营环境是提升酒店品牌竞争力的基本保障。建立完善的品牌竞争力环境支撑体系包括以下四个方面:①构建法律支撑体系。国家立法部门要适应经济全球化趋势,制定与修改涉及品牌方面的立法,对市场结构法、反垄断法等具体的法律、法规作出合理、全方位的论证与立法安排,力争与国际通行的竞争政策法规接轨,从而维护国内酒店市场竞争秩序公平与效率的统一。②构建金融支撑体系。政府相关部门应改善金融投资环境,积极培育成熟的资本市场,拓宽企业融资渠道,特别是鼓励我国酒店采取灵活多样的形式(如借壳上市、买壳上市、资产转换等)成为上市公司,以获得资本市场的强大支持。③构建市场支撑体系。在企业制度方面,加快现代企业制度建设,建立"产权清晰、权责明确、政企分开、管理科学"的现代企业制度,其中最为关键的是实现政企分开。在打破地方保护主义壁垒方面,政府、社会团体和企业共同协作,采取经济手段、行政手段、法律手段"齐抓共管",以形成有序、自由、公平竞争的环境,推动全国统一大市场的最终形成。④构建政策支撑体系。政府应在政策支持上向知名酒店品牌倾斜,对本土酒店品牌的成长提供政策优惠和资金支持,例如减少行政审批手续,取消相关政策性进出壁垒,加强信息服务,金融部门对优势酒店品牌加大资金投入力度,形成有利于品牌成长的良好社会激励机制。

6.5.2　明晰品牌形象定位

明晰的品牌定位是提升酒店品牌竞争力的关键环节之一。由于市场需求存在明显的差异,这就要求酒店对目标市场进行深入的调查研究,根据产品品牌特色和市场需求的差异,对酒店品牌形象进行清晰、准确的定位。①品牌档次定位。酒店产品品牌有三个档次,高档型品牌、中档型品牌、经济型品牌,三种类型的酒店品牌分别满足高、中、低三个等级的消费市场。酒店应针对目标市场消费水平的不同选用不同档次的品牌。②品牌功能定位。功能定位必须解决两个方面的问题:首先,要确定单一功能定位还是综合功能定位问题;其次,是如何开发酒店产品、服务项目支撑品牌功能定位问题。单一功能定位的酒店突出酒店产品与服务的专一化、特色化、主题化,以满足某一类型消费群体的消费偏好。综合功能定位的酒店强调酒店产品与服务功能的齐全与高级,餐饮、住宿、商务、会议、康体、休闲、娱乐和特殊消费等功能一应俱全,以最大限度地兼顾不同类型目标市场的需求。针对我国酒店市场的特征,酒店在品牌功能定位上应体现特色性与综合性的协调统一,即在重点突出某一主题特色功能(商务型、会议型、度假型、文化型、保健型、主题型)的同时兼顾其他综合功能,既能够有效满足特定细分市场的需求,又能够最大限度地扩大市场份额。以度假酒店为例,度假酒店的服务对象是以休闲、娱乐、保健为目的的度假旅游者,其消费需求关注休闲健康、自我完善与可持续发展。因此,对酒店产品的康体、休闲、娱乐功能要求较高,而对商务、会议等功能要求则次之。这明显与一般城市酒店产品特征不同。度假酒店应针对目标市场需求特征,在产品功能特色上突出康体、休闲、娱乐等主题功能,辅之以餐饮、住宿、商务、会议等一般功能。既做到突出度假酒店的产品特色,又兼顾酒店功能齐全的要求,以观光、会议、商务市场弥补度假酒店淡季市场需求不足。

6.5.3　升级品牌竞争手段

我国酒店要想在激烈的市场竞争中获得持续的比较竞争优势,升级品牌竞争手段,走品牌竞争的道路,这是提升我国酒店竞争力的必然选择。

①以质量奠定品牌价值基础。酒店品牌价值的根源在于酒店产品,质量是品牌创立的前提和基础,只有高质量的酒店产品与服务才能支撑起顾客对酒店品牌的认同。因此,酒店应下大力气提高酒店产品与服务的质量,以产品价值提升品牌价值。

a. 个性化的特色服务是塑造酒店品牌独特性的重要法宝。例如,香格里拉的亲情服务、假日集团的"热情式"服务、喜来登的"关怀体贴式"服务等。我国酒店应提高个性化服务水平,以塑造酒店的独特品牌形象。

b. 文化是提升酒店产品与服务附加值的重要手段。我国酒店应下大力气塑造高品位、特色化的文化氛围来提升酒店品牌内涵。

②实施品牌经营策略,以规模扩张塑造强势品牌。我国酒店应以品牌为纽带,采取品牌特许经营、管理输出、收购、控股、兼并等多种形式实现品牌资本的增值,以品牌等无形资本推动更多的有形资本运营,从而走上跨越式发展的道路,促进企业市场网络的拓展和品牌价值的提升。上海锦江集团国际管理公司是我国最早输出管理、管理酒店最多、影响最大的专业性酒店管理公司之一;"白天鹅""金陵"等著名酒店均通过无形资本所有权或使用权转让方式实施名牌发展战略,以保护和整合无形资本。

6.5.4 加强品牌扩张能力

品牌扩张是提升酒店品牌竞争力的重要手段之一。

①在品牌业务领域扩张方面,全国性酒店的实力雄厚,拥有丰富的生产经营资源和社会资源,可以考虑实施纵向一体化战略,通过新建或购买、控股、参股等方式实现酒店品牌向上下游企业(如旅行社、航空公司、旅游景区、旅游车船公司、航空公司、娱乐企业、餐饮企业等)的延伸扩张,以争取旅游产业价值链中更多环节的利润,扩大企业的业务范围和市场网络。区域性酒店的实力与资源均有限,可以考虑在本区域内联合同类酒店实现品牌的横向一体化扩张,以实现规模经济。对于地方性酒店,由于其实力与资源十分有限,其应在全面分析企业自身优势与劣势的基础上集中企业资源重点在原有业务领域内进行品牌扩张,力求在某一市场区域取得品牌的垄断市场地位。

②在品牌市场区域扩张方面,我国本土酒店应努力创造条件突破品牌扩张的地域限制;根据企业自身实际情况、战略目标和市场状况,分阶段、选择性地拓展在其他区域的市场网络。地方性酒店应拓展区域市场,区域性酒店应拓展全国市场,而全国性酒店则应走出国门,努力打造国际市场。唯有走出地域的限制,我国酒店的品牌竞争力才可能以跨越式发展的模式追赶国际酒店品牌。回首我国本土酒店的代表——锦江酒店集团的发展历程,正是由于其首先走出了品牌扩张的地域限制,在短短三十多年的时间里,锦江酒店集团由一个地方性的酒店迅速成长为综合性旅游企业集团,以"三级跳"的方式实现了品牌竞争力的快速提升。

6.6 案例——香港文华东方酒店集团品牌竞争力提升

文华东方酒店集团是一个屡获殊荣的国际酒店集团公司,拥有与经营着全球最为著名的商务及度假酒店。

6.6.1 文华东方酒店集团发展历程

文华东方酒店集团成立于 1926 年,当时该集团的股东是香港地产公司。香港地产公司买下了格鲁特酒店(Gloucester Hotel),成为文华东方管理的第一家酒店。1963 年文华东方酒店集团的旗舰店香港文华东方酒店开业,集团旗下共经营 18 家豪华酒店,遍布世界各地主要商业城市及旅游景点,拥有东方、文华东方和怡东多个品牌。1974 年,文华东方酒店集团根据香港文华东方酒店的管理模式,开始向亚洲酒店市场扩张[①]。1987 年 6 月 8 日,文华东方酒店集团以文华东方国际有限公司的名义在香港联合交易所正式上市,并将部分股权向公众出售,当时的资产净值为 2.77 亿美元。20 世纪 80 年代中期以后,文华东方酒店集团主要是通过并购方式拓展亚洲以外的市场网络,取得很好的业绩。2009 年 1 月 20 日,文华东方酒店集团将占有 50% 股权的澳门文华东方酒店出售;同年 8 月,海德公园文华东方酒店同米芝莲三星厨神布卢门撒尔(Heston Blumenthal)达成合作,在海德公园文华东方酒店开设餐厅,并为住客提供二十四小时送餐服务。21 世纪以来,文华东方酒店以设施投资和业务扩张战略实现盈利最大化。目前,文华东方酒店集团已在全球拥有 24 间顶尖奢华酒店,客房拥有量已逾 11 000 间,分布于全球 36 个国家和地区;文华东方集团的方针是以东方的独特魅力引领 21 世纪的奢华,立志成为当地市场的最佳。

6.6.2　文华东方酒店集团品牌竞争力塑造

1）追求完美产品质量

文华东方酒店集团始终坚持以完美的酒店产品与服务打造世界顶尖豪华酒店品牌的经营管理理念。在当今高档酒店市场竞争异常激烈的形势下,文华东方品牌能够在竞争中保持领先的奥秘是:不断更新、升级酒店设施设备;极具地域特色的酒店产品和高标准的服务水平。以泰国曼谷文华东方酒店为例,它为满足游客欣赏泰国丰富文化遗产的需求,设计很多极具泰国文化特色的产品,例如以烧制泰国传统菜肴闻名的泰国厨艺学校和著名的东方温泉,后者是泰国一种古老的治疗方法。为了实时跟踪市场需求变化,文华东方酒店不断完善客户关系管理。凡是到东方酒店入住过的客人,酒店都会有他详细的档案,包括他的各种喜好、习惯、特殊需求等,然后酒店就会为其提供完全个性化的服务。为了提高服务人员的个性化服务能力,东方酒店的职员都经过了东方酒店高标准、全方位的服务训练,这些训练计划由职员所在部门的专家实施。同时,酒店也十分注重职员个人发展,为其在技能训练和精神健康方面提供很多机会。优质的酒店产品与个性化服务奠定了文华东方世界一流酒店品牌的地位。

2）持续扩张品牌规模

文华东方经营的宗旨是"做到最好",为了保证其经营酒店的质量,文华东方崇尚"少而精"的规模扩张战略,不盲目追求酒店数量的增加,注重对酒店品质的塑造。因此,虽然文华东方酒店集团经营、管理的酒店虽然不多,但是每一家都是豪华酒店的典范,尤其是曼谷文华东方酒店多年来被评为全世界的十佳酒店之一。文华东方酒店集团品牌扩张的手段主要是通过购并和特许经营等方式。21 世纪在全球酒店市场竞争国际化的新形势下,文华东方酒店集团也加快其全球化扩张进程。2019 年和 2022 年文华东方酒店分别于北京、深圳新增 1 家酒店;另外成都等地也将陆续开设新酒店,在大中华区的酒店数量增至 11 家。文华东方酒店集团品牌规模不断扩张不仅迅速扩大了其市场网络,而且提升了其品牌知名度和市场影响力,从而增强品牌竞争力。

---

①　邓峻枫.国际酒店集团管理[M].广州:广东旅游出版社,2006:175-177.

3)加大品牌宣传力度

文华东方酒店集团十分注重对集团品牌的宣传,不仅通过多种传统的宣传媒体,包括传统的视广播、旅游杂志、宣传册、海报、户外广告等传统营销媒介上开展品牌宣传,例如大规模地在世界各大杂志的亚洲版上刊登广告,而且重视通过酒店网页、旅游网站等互联网媒介宣传酒店品牌。同时,集团大打"名人营销"牌,利用名人的知名度与公众对名人的信赖度来增强市场对文华东方品牌的认可度和忠诚度。例如香港文华东方酒店在其宣传单上强调"香港文华东方酒店一直被国际誉为世界最佳酒店之一,不少名人政要曾在此居住,包括已故英国戴安娜王妃、英国前首相撒切尔夫人、美国前总统尼克松、福特与老布什等"。酒店为纪念著名摄影大师Patrick Lichfield 专门推出只设一间的 Lichfield 套房,房间以黑、白、银及红为主,充满20 世纪六七十年代的色彩,墙上挂有他未发表过的香港相片和为多位英国皇室成员拍摄的作品,床头亦放有 Lichfield 最爱阅读的书及个人著作。同时,文华东方酒店灵活运用企业内部的营销媒体宣传酒店品牌,借助于酒店标识、各类办公用品、接客车或贵宾用车、宾客用品、店内广告等各种载体来传递品牌信息。总之,形式多样的品牌宣传极大地提高了文华东方酒店集团的品牌知名度,从而为其拓展市场、增强竞争力奠定了基础。

【本章小结】

品牌竞争时代,品牌竞争力对酒店发展的重要意义有:品牌竞争力为竞争对手设置竞争壁垒、品牌竞争力为酒店带来经济收益、品牌竞争力为酒店增强综合实力。品牌竞争力是酒店在长期的市场经营与品牌管理实践中积淀下来的,它的形成与发展受环境因素、产业因素和企业因素的综合影响。酒店品牌竞争力的评价指标主要包括品牌形象力、品牌销售力、品牌盈利力、品牌成长力和品牌创新力;酒店品牌竞争力的评价方法主要用品牌竞争力指数来衡量,竞争力指数越大则意味着品牌竞争力越大。制约酒店品牌竞争力的障碍主要有外部宏观环境缺陷、品牌形象定位模糊、品牌竞争手段不足、品牌扩张能力薄弱。培育酒店品牌竞争力的策略主要有完善环境支撑体系、明晰品牌形象定位、升级品牌竞争手段和加强品牌扩张能力。

【复习思考题】

1.品牌竞争力对酒店发展的重要意义是什么?

2.影响酒店品牌竞争力的因素有哪些?

3.酒店品牌竞争力的评价指标包括哪些?

4.酒店品牌竞争力的评价方法有哪些?

5.制约我国酒店品牌竞争力的障碍有哪些?

6.培育酒店品牌竞争力的对策有哪些?

第7章 酒店品牌扩张管理

【内容导读】

在市场经济高度发展的时代,品牌蕴含着酒店的知名度、商业信誉、顾客忠诚、市场等巨大商业价值;它是酒店开拓市场网络的核心要素。本章主要阐释酒店品牌扩张的动因、酒店品牌扩张的优势与风险、酒店品牌扩张的路径模型、酒店品牌扩张的路径选择。

【学习目标】

①理解酒店品牌扩张的动因;

②了解酒店品牌扩张的优势与风险;

③掌握酒店品牌扩张的路径模型;

④理解酒店品牌扩张的路径选择。

7.1 酒店品牌扩张的动因

酒店品牌扩张指酒店为了实现企业战略目标,综合配置企业资源以实现品牌资源的集聚和扩散,例如空间扩展、产业领域延伸等。

从经济学的角度来看,酒店的一切生产经营活动都是在努力实现企业资源的最优配置以获得最大的效益产出。酒店经过一定时期的发展积累一定的实力与优势,例如资金优势、技术优势、人才优势、品牌优势等。当品牌资源积累至一定程度,超过酒店内部能够配置与利用的限度时就出现品牌资源闲置的问题。资源优化配置的内在动力就会驱使酒店在企业外部寻找合理配置过剩品牌资源的空间,这就为品牌扩张提供了可能。品牌扩张可以充分发挥酒店的核心产品、品牌的形象价值,提高品牌的整体投资效益,从而实现收益的最大化。

7.1.1 利润驱动酒店品牌的横向扩张

由于酒店产品具有很强的同质性,这加剧了酒店之间的竞争。在酒店市场趋于饱和、过度竞争严重、行业利润率下滑的形势下,酒店通常会采用并购、控股、重组、新建等方式实现酒店的横向扩张以追求最大利润。酒店的横向扩张给其带来的利润收益主要体现在获得规模经济和增强市场实力两个方面。规模经济(Economies of Scale)是指酒店在技术状况和生产投入价格不变的情况下,通过扩大或缩小生产规模所能带来的平均成本的降低而获得更大的利润。

如图7.1所示,U形曲线在产量大于Q_1的情况下扩大生产规模和在产量大于Q_2的情况下缩小生产规模都能导致平均成本的降低。

根据经济学理论,因为酒店之间因生产经营模式、管理手段、设施设备等诸多方面具有相似性,从而使其能够在营销网络、信息、人才、品牌等方面资源共享,以降低生产成本;设施设备、原材料的集中采购可以使酒店从供货商获得更多的优惠和折扣,从而节约采购成本;在融资方面,酒店除了能够凭借品牌声誉从商业银行取得贷款或在资本市场上融资外,可以通过对资金的优化配置,使资金在酒店内部下属子酒店之间流动,降低资金使用成本。

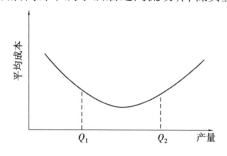

图7.1　U形曲线——典型的长期成本曲线

增强市场实力也是驱使酒店横向扩张的重要动因之一。根据经济学理论,行业中企业数量越多会导致行业利润水平下降,酒店业正是这样一个"低进入壁垒、高竞争强度"的行业。酒店通过横向扩张可以有效减少竞争对手数量。实力雄厚的酒店通过购并酒店的方式使行业内的酒店数量减少,优化酒店行业市场结构,降低行业竞争程度,提高酒店行业利润。

7.1.2　利润驱动酒店品牌纵向扩张

在纵向扩张方面,酒店控制上下游关联企业以延伸产业价值链,获得更大的利润。因为:
①酒店行业价值链的不同环节都包含着一定的利润,处于价值链中间环节的酒店在追求利润动机的驱动下,把不同而又相互联系的环节整合在自身的生产销售体系中就能获得价值链上不同环节的利润。②酒店将其上下游企业(例如旅行社、航空公司、旅游景区、旅游车船公司、娱乐业、餐饮业等行业)整合在酒店中,通过对企业资源的优化配置合理调节各环节之间的利益关系,降低生产成本,提高生产效率,从而提高企业盈利水平。③外部市场通常是不完全的,存在许多不确定因素。酒店与景区、旅行社、旅游车船公司和娱乐企业之间对产品的质量与价格经常进行谈判,旅游产品受原材料市场和季节性影响显著,谈判成本升高,应收账款成本和坏账损失在单个酒店的交易中比较高,从而使交易成本较大。酒店通过纵向一体化将酒店与其上下游企业之间的市场交易行为"内部化",以内部组织替代市场交换,将不稳定的市场交易关系转变为相对稳定的内部分配关系,从而大幅度降低各类交易费用,降低酒店经营成本。

7.1.3　利润驱动酒店品牌多元化扩张

在多元化扩张方面,酒店扩大业务范围,以巩固其市场地位,降低经营投资风险和获得财务协同效应。

①酒店通过多元化扩张增强市场地位,以获取产业垄断利润。从酒店要素市场来看,酒店一般采取集中采购的方式从供货商获得生产资料。酒店通过多元化扩张方式来购并与酒店业相关或无关企业使得酒店数量增多、经营领域扩大,对生产经营要素的需求数量和品种大幅增

加。这也能增强酒店与供货商讨价还价的能力,获得供货商更大的折扣,从而增强酒店的市场地位。

②减少经营风险和投资风险。产业发展的长期趋势决定酒店业发展到成熟时期必然进入低利润阶段;外部宏观环境变动,例如政治环境、经济环境、市场环境的波动都会对酒店业影响巨大。这都决定酒店业存在着较大经营风险。而多元化经营可以分散经营风险,将酒店由于环境变化而导致的经营风险损失减少到最低程度。

③财务协同效应。当酒店处于衰退阶段时,酒店市场需求增长低于国民经济平均增长速度,酒店行业投资就会流向其他行业以获得更高的投资回报率。通过兼并、收购其他行业的企业,酒店可以将其他行业的投资机会内部化,从而获得更大的利润回报。

另一方面,酒店产品都有一定的生命周期,当一种产品的生命周期处于成熟阶段或衰退阶段时,客源量将停止增长并开始下降,这时酒店应考虑推出新的产品或进入新的市场领域。品牌扩张战略能够借助市场对原有酒店品牌的忠诚度,以最少的营销成本推出新产品或转入新行业,从而使酒店在长期内保持一种良好的发展态势,获得最大的盈利。

7.2 酒店品牌扩张的优势与风险

7.2.1 酒店品牌扩张的优势分析

1) 有利于酒店拓展市场网络

品牌扩张实现酒店扩张方式的根本转变,传统的扩张方式依靠投入大量的资金兴建酒店,不仅需要占用大量的资金,降低企业的资金周转和投资回报率,而且在市场网络扩展的速度上也十分缓慢。而品牌扩张则不依赖于固定资产投资,酒店通过全权管理、特许经营、开业管理、顾问管理、租赁经营等多种方式输出品牌,以快速拓展酒店市场网络;依靠酒店的强势品牌,能促使其顺利地开拓新的地域市场,成功地实现低成本扩张,提高酒店的市场占有率,取得良好的品牌扩张效益。

2) 有利于酒店推出新的产品

一个新的酒店产品需要经过投入期、成长期然后才能成为成熟的酒店产品,这不仅需要经过漫长的过程,而且需要投入大量的广告宣传、促销费用等。而品牌扩张则能够利用酒店成熟品牌的影响力来加快新酒店产品成熟的进程。利用品牌延伸策略将酒店成功的品牌用于新开发产品系列,消费者出于对成功品牌的信任与偏好会把品牌忠诚延伸到新产品,从而使消费者在短期内消除对新酒店产品的排斥、疑虑心理而容易接受新产品。这极大地缩短了酒店新产品的市场成长周期,从而增加新产品取得市场成功的机会。酒店新产品能够借助原有知名品牌的知名度和美誉度来扩大市场影响力,从而以最小的广告费、市场推广费达到快速获得市场认同的效果。因此,品牌扩张有利于酒店缩短新产品的市场导入期而迅速成长为成熟酒店产品。

3) 有利于酒店实现最大效益

品牌扩张会促使酒店在扩大经营规模时高效配置各种经营资源,从而实现规模经济。规模经济能降低酒店的经营成本,因为酒店之间因生产经营模式、管理手段、设施设备等诸多方面具有相似性,从而使其能够在营销网络、信息、人才、品牌等方面资源共享,以实现资源的高效配置,降低生产成本;设施设备、原材料的集中采购可以使酒店从供货商获得更多的优惠和折扣,从而节约采购成本。规模经济能够增强酒店的实力,提高其在产业中的市场地位,增强其与上下游企业之间讨价还价的能力,提高了效益产出。因此,品牌扩张有利于酒店实现最大效益。

4)有利于酒店丰富产品组合

酒店消费者具有需求多变性和多样性的特点。一方面,随着顾客需求的不断变化,他们希望不断尝试使用新的酒店产品与服务。如果酒店品牌的内容一成不变,消费者就容易产生厌倦情绪,从而会寻找其他的酒店品牌,出现转移消费现象。品牌扩张可以通过新产品或产品更新、宣传新形象(核心价值不变)、增加品牌概念的新内涵,以满足消费者的需求变化。另一方面,随着旅游者的旅游动机变化,旅游者对酒店的功能需求也会出现变化,例如当旅游者是以商务旅游动机入住酒店的话,那么他就会关注酒店的商务设施与服务,如客房的宽带网络、高效率的商务中心、设施完备的会议室等;而当其以度假旅游者的身份入住酒店的话,他又会对酒店的康体、休闲、娱乐功能要求较高。因此,不同消费者,甚至是同一消费者在不同的时候对酒店产品的功能诉求会不同。品牌扩张可以丰富酒店产品组合,通过酒店产品线延伸推出差异化酒店产品品牌,以满足不同细分市场的需求。这些延伸品牌为消费者提供更多的选择余地。

5)有利于酒店分散市场风险

当酒店的品牌结构单一、产品结构单一时,一旦外部宏观环境变动,例如经济环境、市场环境的波动,或者危机事件会对酒店的经营产生巨大的影响,甚至影响其生存。品牌扩张使酒店由原来的单一产品结构、单一经营领域向多种产品结构、多经营领域发展,将"鸡蛋装在不同的篮子里",有效地分散经营风险;即使某一市场业绩下滑仍有其他市场支撑,从而将酒店的损失减少到最低程度。

7.2.2 酒店品牌扩张的风险分析

品牌扩张是一把双刃剑,一方面,它能促进酒店快速扩大企业规模和市场网络,获得高收益;另一方面,品牌扩张也给酒店带来潜在的经营风险,使用不当会使酒店陷入品牌扩张的陷阱,危及酒店的生存与发展。因此,酒店在运用品牌扩张战略时应"趋利避害",谨防品牌扩张风险。

1)品牌盲目扩张造成资源分散

酒店在品牌扩张过程中需要投入大量的经营资源,例如资金资源、人力资源等,而任何一个酒店的经营资源都是有限的。酒店的市场经营活动的最终目的就是实现有限资源的最优配置。国内外一些酒店在品牌扩张过程中容易陷入盲目扩张的误区,没有正确评估自己的经营优势、企业实力、品牌影响力等;盲目实施品牌扩张导致将酒店的战线拉得过长和过宽,使酒店的经营资源过于分散,从而容易造成资源短缺的经营风险。

2)品牌个性淡化产生形象模糊

一个知名酒店品牌在消费者心目中留下最深刻的印象,其所代表的产品与服务特色适应顾客某种需要和偏好。如果酒店在品牌扩张中将不同特色、性能各异的酒店产品使用同一品牌的话,则会模糊消费者对原有品牌的形象,造成品牌个性的稀释、淡化,从而不仅没有促使新的酒店产品取得成功,而且损害原有品牌的价值。因此,酒店在选择品牌扩张对象时,要选择与母品牌具有某种共同性和关联性的产品。例如对于商务型酒店品牌,它就可以向中档型商务型酒店品牌、高档型商务型酒店品牌延伸。延伸产品与母品牌关联度大则会对原有品牌起到强化感知的作用,使消费者产生良性的联想。

3) 品牌忠诚滥用影响产品质量

品牌忠诚是消费者在购买决策中,多次表现出来的对某个品牌具有偏向性的购买行为,它为酒店提供稳定的市场客源,保证该品牌的基本市场份额。品牌忠诚是建立在酒店对质量、利益、功能、信誉等承诺的基础上,能够满足消费者的综合价值诉求,例如产品价值、形象价值、情感价值等。正是基于以上条件,消费者才会形成对酒店品牌的顾客忠诚。但是一些酒店只是一味地利用消费者的品牌忠诚来推出新产品、扩张市场,而忽视提高酒店的产品和服务品质、缺乏顾客价值创新等,其结果是大量顾客流失,最终会降低酒店品牌的影响力。

7.3　酒店品牌扩张路径模型的构建

在选择酒店品牌扩张的路径时会涉及四个关键要素:业务领域、品牌结构、品牌档次和市场区域。在市场实践中,酒店在特定的战略目标指导下,结合外部环境和酒店实力,在不同时期选择这四种要素的优化组合,以构成酒店品牌扩张的路径组合。以品牌结构、品牌档次、市场区域、业务领域这四个关键要素为切入点,基于系统性原则构建了酒店品牌扩张路径的四维模型①(图 7.2)。酒店品牌扩张路径四维模型中的四个维度是紧密联系的,它们系统性地组合在一起共同形成了酒店在特定时期的品牌扩张路径组合。

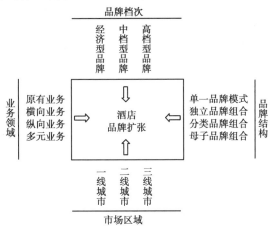

图 7.2　酒店品牌扩张路径四维模型

---

①　毛蕴诗.企业集团:扩展动因、模式与案例[M].广州:广东人民出版社,2001:123-182.

7.3.1 品牌结构维度

从品牌结构维度考虑,酒店品牌扩张有四个方向可供选择:单一品牌模式、独立品牌组合、分类品牌组合、母子品牌组合。①单一品牌模式是酒店在品牌扩张过程中对其生产经营的所有酒店产品均使用同一品牌名称。这种模式的优点在于能够集中酒店的财力、物力扩张某一品牌;其缺点是不利于与多种类型的产品品牌兼容,从而造成品牌形象模糊。②独立品牌组合是指酒店对每一种酒店产品都冠以各自独立的品牌,其优点是能够区分不同酒店产品的等级和功能差异。③分类品牌组合是指酒店对各种类型的酒店产品按照某一标准进行分类,对每一类别的产品冠以各自独立的品牌。这种模式的优点是既克服单一品牌组合经营模式所造成的品牌定位模糊的缺点,又克服独立品牌组合带来营销成本过高、不易管理等缺点。④母子品牌组合是指酒店对其酒店产品冠以两个品牌,即"母品牌 + 子品牌",母品牌代表酒店整体形象,传递酒店的经营理念,为子品牌提供信誉保证;子品牌对母品牌起增加个性和活力,丰富内涵,提升价值支撑的作用。

7.3.2 品牌档次维度

从品牌档次维度考虑,酒店品牌扩张有三个方向可供选择:高档型品牌、中档型品牌、经济型品牌,三种类型的酒店品牌分别满足高、中、低三个消费水平的顾客细分市场。酒店在产品线上增强高档次的酒店产品,使产品品牌进入高档市场,是向上扩张品牌档次的策略。目前,国内许多本土酒店纷纷建设五星级酒店、高档商务酒店和会议酒店均是这一策略的体现。酒店在产品线上增强低档次的酒店产品,使品牌向下发展,是向下扩展品牌档次的策略。这种策略主要利用酒店高档品牌的声誉吸引购买力水平较低的顾客。酒店开发经济型酒店品牌是这一策略的典型体现。还有一种情况是品牌档次的双向扩张,即同时向中档品牌的上下两个方向扩张。万豪国际集团针对销售人员、销售经理、中层经理和高层经理等不同档次的商务人员分别开发了 Fairfield、Courtyard、Marriott、Marriott Marquis 不同档次的酒店品牌,同时兼顾高端和低端商务人士的市场需求,准确的产品档次定位使其在各个细分市场均保持着很高的市场占有率。万豪国际酒店集团目前共拥有 30 大酒店品牌,旗下 8 000 多家酒店覆盖 139 个国家和地区。30 大品牌主要从三个维度进行分类:一是按照酒店等级分类,可以分为 LUXURY、PREMIUM、SELECT;二是按照酒店主题分类,可以分为 CLASSIC、DISTINCTIVE;三是按照酒店功能分类,可以分为 LONGER STAYS、NON-LONGER STAYS。不同档次类型的酒店品牌,可以兼顾各种商务人士的市场需求,提供更加丰富的选择。

7.3.3 市场区域维度

从市场区域维度考虑,酒店品牌扩张有三个方向可供选择:一线城市、二线城市、三线城市。具体到我国酒店市场而言,一线城市是指我国 1992 年允许合资试点的五个特区、六大城市,这些城市一般都是国际性大都市;二线城市是指 1999 年扩大合资试点的省会、直辖市和计划单列市;三线城市是指有战略意义的大中城市。一般而言,一线城市、二线城市、三线城市的经济发展水平、基础设施状况、地区消费水平、酒店市场容量、行业成熟度呈梯级递减,具有各自不同的特征。一线城市基础设施完善,经济发达,商务活动频繁,居民收入和消费水平很高,酒店市场容量很大;但是一线城市也同时是国内外酒店扩张的重点市场,产业集中度高,竞争激烈。二、三线城市的基础设施、经济水平、居民收入与消费水平和市场容量等都处于相对落后的状态,但是市场潜力大,产业集中度低,市场竞争相对缓和。酒店应根据自身的战略目标、企业实力,合理选择品牌扩张的市场区域。

7.3.4 业务领域维度

从业务领域维度考虑,酒店品牌扩张有四个方向可供选择:在原有业务领域内的深度扩张;联合同类型酒店的横向一体化扩张;向酒店业的上下游关联企业延伸的纵向一体化扩张;向其他行业扩散的多元化扩张。

①酒店在原有业务领域内进行品牌扩张的策略包括:加强酒店产品的营销力度以促进酒店品牌的市场渗透力;开发新的酒店产品,以新品牌产品满足顾客不断升级的需求;将原有酒店品牌打入新的市场。

②酒店以购并、控股、重组等方式实现其品牌的横向一体化扩张,不仅可以使酒店在营销网络、信息、人才、品牌等方面实现资源共享,降低生产成本,而且可以增强酒店的市场实力。

③酒店以品牌为纽带,将酒店上下游关联企业,例如旅行社、旅游景区、旅游车船公司、餐饮业等整合在一起,可以降低经营成本,获得酒店产业价值链上下游环节的利润,提高酒店的盈利能力。

④酒店品牌向其他行业扩散的多元化扩张可以借用酒店品牌资源,以较少的成本进入新的行业,扩大业务范围,降低经营投资风险和获得财务协同效应。例如,开元旅业集团"以酒店创品牌形象,以房产创经济效益,综合开发,互动发展",其品牌宣传口号为"美好感动你我!"

7.4 酒店品牌扩张的路径选择

目前,国际著名酒店纷纷全线进军我国酒店市场,其品牌扩张战略出现诸多新的特征,例如开始向二、三线城市大举扩张;豪华型品牌与经济型品牌共同发展。面对新的竞争形势,我国本土酒店必须应势而变,选择适宜的品牌扩张路径以扩展市场网络,增强核心竞争力。

7.4.1 品牌结构选择

目前,我国大多数本土酒店在品牌扩张过程中,品牌结构过于单一。因此,本土酒店在拓展多个目标市场时适宜采用多品牌模式。结合当前我国本土酒店实力不强、品牌价值不高而目标市场多元的特征,大多数本土酒店适宜采用分类品牌组合或母子品牌组合战略。例如,锦江国际在启动拓展全国市场网络的"全国攻略"时就使用七个集团系列品牌,包括五、四、三星级品牌各一个,经典型酒店品牌、度假村酒店品牌、酒店式公寓和锦江之星品牌,取得了良好的市场效果。锦江酒店(中国区)在2021年启动对旗下30 + 品牌的全面梳理,覆盖高端、中高端、中端、轻中端和经济型全品类的轨道品牌、赛道品牌构建起更具竞争力的主力品牌矩阵。锦江酒店(中国区)大胆尝试品牌发展新模式——BOD 模式(Brand-Operation-Development),即:打破原来单一化线性管理,变成区域和模型化交织管理、促使地域模块属性和专业化模块属性相结合的管理思路;从品牌、运营、开发等多维度协同作战,共同破局共创品牌新篇章。

7.4.2 品牌档次选择

随着我国经济快速增长、人民生活水平大幅提高、带薪休假制度逐步完善和旅游者消费观念的提升,我国酒店市场呈现大众化、家庭化特征。本土酒店在根据市场形势的变化,针对性地调整产品品牌的档次,确立"以中低档品牌为主,兼顾高档品牌"的策略。酒店的中档产品品牌应占主流,因为中等消费水平顾客所占的市场份额比重较大,且这部分市场的盈利空间相对较大。低端市场也是酒店不可忽视的重要市场,因为低端市场的基数最大,能够以薄利多销的形式实现规模经济。酒店应在产品线上增强低档次的产品品牌,利用酒店上游高档酒店品牌的声誉吸引购买力水平较低的顾客。高端市场虽然竞争十分激烈且市场空间较小,但是因为其利润空间十分大,因此,有实力的酒店可以尝试在产品线上增强高档次的酒店产品,使产品品牌进入高档市场以获取高额利润。图7.3为北京MOTEL268经济型酒店。

图7.3 北京MOTEL268经济型酒店

7.4.3 市场区域选择

目前,国外著名酒店品牌在垄断我国一线城市高端酒店市场的基础上开始启动新的品牌扩张战略:由一线城市向二、三线城市扩展。这一新形势对未来我国酒店业市场格局将产生深远的影响。

在一线城市,国外著名酒店品牌垄断了高端消费群体,且在中端市场也有很大比例的占有率,市场格局相对稳定。本土酒店没有实力改变在一线城市的酒店市场格局。因此,本土酒店在一线城市应力图保持企业目前的市场份额、市场地位,维持现有竞争格局;而将更多的资源用于在二、三线城市进行品牌扩张;同时,国内酒店也应重点拓展一线城市的经济型酒店市场。在我国经济比较发达的长江三角洲、珠江三角洲、"环渤海经济圈"的中小城市;中西部地区的省会城市(例如郑州、武汉、哈尔滨、兰州、银川等)、交通枢纽城市的酒店市场潜力巨大。在国外酒店品牌尚没有能力全线进入这部分市场时,本土酒店应抢占市场先机,积极实施在二、三线城市的品牌扩张战略,以抢占市场领导者的地位。

7.4.4 业务领域选择

根据企业实力规模和市场网络覆盖面划分,我国本土酒店可以分为三个级别:全国性酒店、区域性酒店和地方性酒店。全国性酒店实力雄厚,拥有丰富的生产经营资源和社会资源,可以考虑实施纵向一体化战略,通过新建或购买、控股、参股等方式实现酒店品牌向上下游企业(例如旅行社、航空公司、旅游景区、旅游车船公司、航空公司、娱乐企业、餐饮企业等)的延伸扩张,以争取旅游产业价值链中更多环节的利润,扩大了企业的业务范围和市场网络。区域性酒店实力与资源有限,可以考虑在本区域内联合同类酒店实现品牌的横向一体化扩张,以实现规模经济。对于地方性酒店,由于其实力与资源十分有限,其应在全面分析酒店自身优势与劣势的基础上集中资源重点在原有业务领域内进行品牌扩张,力求在某一市场区域取得品牌的垄断市场地位。

综上所述,我国本土酒店应根据自身实际情况和市场变化,在品牌扩张的进程中在品牌结构、品牌档次、市场区域、业务领域等方面选择正确的扩张路径组合,才能在激烈的市场竞争中把握先机,取得跨越式发展(表7.1)。

表 7.1 本土酒店品牌扩张路径组合

扩张维度	路径选择
品牌结构	分类品牌组合或母子品牌组合
品牌档次	中档品牌为主,兼顾高、低档品牌
市场区域	巩固一线城市、抢占二、三线城市
业务领域	全国性酒店:纵向一体化 区域性酒店:横向一体化 地方性酒店:原有业务领域发展

【本章小结】

在市场经济条件下,利润驱动酒店品牌的横向扩张、纵向扩张和多元化扩张。酒店品牌扩张的优势主要包括:有利于酒店拓展市场网络、有利于酒店推出新的产品、有利于酒店实现最大效益、有利于酒店丰富产品组合和有利于酒店分散市场风险。同时,酒店品牌扩张也存在着风险,主要有:品牌盲目扩张造成资源分散、品牌个性淡化产生形象模糊、品牌忠诚滥用影响产品质量。酒店品牌扩张路径的四维模型包括品牌结构、品牌档次、市场区域、业务领域,四者系统性地组合在一起共同形成酒店在特定时期的品牌扩张路径组合。

【复习思考题】

1. 酒店品牌扩张的动因是什么？
2. 酒店品牌扩张的优势有哪些？
3. 酒店品牌扩张存在哪些风险？
4. 酒店品牌扩张路径有哪些？

第8章 酒店品牌保护管理

【内容导读】
品牌是酒店重要的无形资产之一,它能为其带来巨大的价值和无限的商机。世界著名酒店都将品牌视为酒店的生命,十分注重品牌保护管理,以使其维持长久的市场生命力。本章主要介绍酒店品牌保护的内涵与必要性、品牌的法律保护、品牌的自我保护、品牌的经营保护等内容。

【学习目标】
①了解酒店品牌保护的内涵与必要性;
②熟悉酒店品牌的法律保护、品牌的自我保护、品牌的经营保护。

8.1 品牌保护的内涵与必要性

8.1.1 品牌保护的内涵

最早开展品牌保护(Brand Protection)活动的是"现代品牌之父"——乔赛亚·韦奇伍德,他于1730年出生于陶艺品闻名的英格兰史塔福德郡;他生产的陶瓷产品的质量、工艺、外观等都是一流的,因而受到市场的青睐;但很快就被很多人仿冒,于是他就将自己的名字"韦奇伍德"刻在每件陶瓷上以示区别。这可谓是最早的品牌保护活动。酒店品牌保护是指酒店在经营活动过程中所采取的一系列保护品牌市场地位的活动总称;品牌保护的概念比较宽泛,它包括受到《中华人民共和国商标法》(简称《商标法》)保护的商标名称、图形及其组合,也包括没有在商标管理部门登记注册的品牌名称和品牌标志,以及构成这些品牌名称和品牌标志的各种要素的保护。凡是有助于品牌识别的要素,酒店都应将其纳入保护的范畴。

品牌保护的内涵包括以下三点:

①品牌保护的目的是维护酒店品牌的市场权益,延长品牌的市场寿命,维持品牌与消费者的长期忠诚关系,使品牌资产不断增值。

②品牌保护的内容十分广泛,不仅包括显性的酒店商标名称、图形及其组合;而且包括对构成酒店品牌各种隐性要素的保护,例如品牌形象、品牌文化等。

③品牌保护是一个系统性的工程,不仅需要酒店投入大量的人力、物力、财力和各部门的

协调配合,而且需要长期的时间积累,任何"急功近利"的短期行为都是难以达到长期品牌保护效果。

8.1.2 品牌保护的必要性

菲利普·科特勒认为:"区别专业的营销者的最佳方式是看他们是否拥有对品牌的创造、维持、保护和扩展的能力。"品牌保护是酒店品牌经营管理的关键环节之一。它是酒店在品牌经营中获得长期效益的重要保障,它能使酒店的品牌权益得到有效保护,以促进酒店品牌的可持续发展。因此,品牌保护的意义十分重要。

20世纪90年代,广州东方宾馆到国家商标局注册东方宾馆品牌商标,结果遭到国家商标局的拒绝。原因是中国香港的文华东方酒店集团已经注册了"文华东方"品牌商标,注册的覆盖面包括整个中国内地在内,所以广州东方宾馆不能以"东方"品牌商标注册。于是广州东方宾馆请国家旅游局出面协调,最终协调的结果是采取一种变通的方式:文华东方作为驰名品牌注册,广州东方作为老字号注册。此事才算有一个圆满的解决。倘若广州东方宾馆不能以老字号方式注册品牌,则很可能不能再使用"东方"品牌,几十年历史的民族酒店品牌就会夭折①。我国很多老字号的酒店就是因为品牌保护意识薄弱,没有对酒店品牌商标进行注册,结果商标被他人抢注,多年来精心培育的酒店品牌不能使用,损失巨大。因此,品牌保护不仅关系到酒店直接的经济利益,而且是关系到其生存与发展的重大问题。

8.2 品牌的法律保护

酒店品牌的法律保护是以法律的形式保护品牌的商标权,防止不法个人或企业侵犯酒店的品牌商标权;品牌法律保护的内容包括受到商标法保护的商标的名称、标志及其组合。因为法律保护具有权威性、强制性,因此法律保护成为酒店品牌保护的最主要途径。

8.2.1 商标权的基本特征

商标是商品识别的标记,是品牌在法律上的重要表现形式;它是由文字、图形或二者的组合所构成,用以区别不同生产经营者所提供的产品或服务的显著标记。商标按注册与否可以分为注册商标和未注册商标;按照商标的知名度划分可以分为普通商标和驰名商标。

商标权是经过合法注册的商标在法律上拥有的权利,包括商标使用权、商标转让权、商标专用权、继承权和法律诉讼权等。商标权属于知识产权范畴,具有知识产权的共同特征,即独占性、时间性和地域性等。但由于商标权具有独特的经济利益,因此又别于其他类型的知识产权。商标权具有以下四个基本特征:

①商标权的取得以注册为前提,由国家依法授予。商标权必须经商标使用人向商标局提出申请,按照法定程序对商标进行核准注册后,才能依法产生,仅仅完成对商标的设计和使用是无法取得商标权的。对商标权的占有实际上是一种法律意义上的占有,而并不像有形财产那样能够直接控制,因此商标权更容易遭受侵害。

---

① 魏小安.中国饭店业品牌化发展的战略及思路[J].饭店现代化.2003(03):19-23.

②商标权具有专用性。商标权的专用性又称垄断性或独占性,即注册商标的所有权人有权在核定的商品上使用注册商标,同时可以禁止其他人在未经许可的情况下在相同或相似的商品上使用该注册商标。

③商标权具有地域性。地域性是指在一国核准注册的商标,只在该国领域内有效,在其他国家并不享受他国法律保护。因此,商标要获得某国的法律保护,就必须按照该国的法律申请注册,获得授权。这点对要进入国际市场的酒店品牌尤为重要。为了保护自己的品牌,酒店就必须预先在准备进入的国家逐一注册酒店品牌商标,符合条件的可以申请国际注册。

④商标权具有时间性。商标权是一种有期限的权利,商标经核准注册后,在正当使用的情况下,可以在某一法定期限内享有商标权,这一期间称为注册商标的有效期。我国《商标法》规定的有效期为10年,自核准之日起计算。注册商标在有效期满前六个月内申请续展注册,依法获得序展的商标有效期也是10年,且序展次数不限①。在此期间没有提出申请的,可给予六个月的宽展期,宽展期满没有提出注册的其注册商标将被注销。

8.2.2　商标侵权的原因与类型

由于商标侵权行为对市场经济秩序的巨大破坏后果,世界各国法律对商标侵权行为都有严厉的制裁措施。商标侵权方式也变得更加模糊、隐蔽,主要有以下两种:①商号与商标混淆。商号是指酒店的名称,而商标是酒店产品识别的标记。一些酒店将自己的商号设计成与某知名酒店商标相同或相近,利用知名酒店商标的市场影响力来扩大自己的市场影响力,从而牟取更大利益。②商标的域外抢注。很多酒店都具有一定的商标意识,往往会对酒店商标在本国进行注册,从而保护酒店在本国的品牌专用权;但是一些酒店缺乏商标的法律常识,忽略商标权具有地域性的特征,即一国注册的商标只在本国地域内有效。某些个人或企业利用法律的空子,在他国注册同一商标,从而使其在其他国家拥有品牌的专属权。因此,具有国际影响力的酒店品牌还要在其他国家进行商标注册,以使商标在其他国家获得法律保护的效力。

当前商标侵权的原因主要是经济利益驱动,其动机主要有两种:一种是通过抢注获得商标专用权,再将商标使用权或所有权出售以牟取利益;另一种是通过抢注获得商标专用权并得到法律保护,从而设置市场壁垒,迫使原商标使用者无法进入新的市场或退出已有市场。近几年来,我国很多历史悠久的餐饮企业品牌、酒店品牌被恶意抢注,酒店往往面临着两难选择:用重金购买本属于自己的商标使用权,或者放弃该品牌的商标,"改名换姓"培育新的品牌。无论哪种选择都使酒店蒙受了巨大的经济损失。

【案例】

据《工人日报》新闻报道,温州一位商人在一天之内抢注全国171个酒店商标,包括索菲特、东方之珠、天伦、阿波罗、索菲亚、宁波老板娘新光大酒店、新文等全国知名或地方知名的酒店商标。如此大规模地抢注酒店商标实属少见。据专业人士分析,随着商标价值的体现,越来越多的投资者嗅到商标转让的利润,由此诞生了一个新的职业——商标投资人,专门以注册商标、转让商标为职业。商标被抢注后,企业应该尽快委托商标事务所做商标监控;等商标一出公告马上在三个月的异议期内提出商标异议,一旦错过异议期,商标局就会核准注册,到时酒店就会面临更名的风险。

---

① 余明阳.品牌学教程[M].上海:复旦大学出版社,2005:177-178.

资料来源:曹鸿涛,李刚殷.温州一商人一天抢注 171 个酒店商标[N].工人日报,2006-7-15.

8.2.3　商标注册保护

商标注册是指商标使用人将其使用的商标依照法律规定的条件和程序,向国家商标主管机关提出注册申请,经国家商标主管机关依法审查,准予注册登记的法律事实。商标注册是商标所有人享有商标专用权,免受其他侵权行为损害、维护自身利益的前提条件。

1)商标注册的条件

根据《商标法》和《中华人民共和国商标法实施条例》(简称《商标法实施条例》)的规定,商标注册必须满足下列条件:

①商标注册申请人具备申请商标注册的资格。我国目前对商标主体资格的限制较少,按照《商标法》第四条和第十七条的规定,商标注册申请人可以是自然人、法人或者其他组织,外国人、外国企业根据我国法律或有关的国际协议及条约也可以成为商标注册申请人。

②按规定的途径提交商标注册申请。国内商标注册申请人可通过以下两个途径办理商标注册申请手续:一是商标注册申请人可委托商标代理机构办理商标注册申请事宜;二是商标申请人也可以持本人身份证、单位介绍信和营业执照副本或经发证机关签章的营业执照复印件,直接到商标局办理商标注册申请手续。

外国人或外国企业办理商标注册申请和其他有关事宜,必须委托国家认可的商标代理组织代理。

③商标注册申请书件完备。申请商标注册的,应当向商标局提交《商标注册申请书》及其他文件。

④按规定缴纳商标注册费用。申请商标注册需要缴纳费用,目前的收费标准是每件《商标注册申请书》在指定 10 种以下商品时收费 1 000 元人民币,超过 10 种后,超过的部分每种加收100 元。如果不缴纳费用,商标局将不受理其申请。

2)注册商标的法定构成条件

目前商标局每年收到 20 多万件商标注册申请,但并非全部核准注册,其中大约有 10% 的申请由于商标不符合注册的要求被驳回。《商标法》对注册商标的要求有:

①申请注册的商标应当具有显著性,不得使用禁用的文字、图形。《商标法》第九条规定:"申请注册的商标,应当有显著特征,便于识别。"要求商标必须有显著特征,是由商标的识别作用决定的。商标在市场上使用时应能很明显地让消费者辨别其为商标而非装潢或说明之类。因此,具备显著特征、便于识别是商标应当具备的必要条件。

②按照《商标法》第十条、第十一条的规定,商标不得使用下列文字、图形:

a.同中华人民共和国的国家名称、国旗、国徽、军旗、勋章相同或者近似的,禁用为商标。

b.同外国的国家名称、国旗、国徽、军旗相同或者近似的,禁用为商标。但该国政府同意的除外。

c.同政府间国际组织的名称、旗帜、徽记相同或者近似的。但经该组织同意或者不易误导公众的除外。

d.与表明实施控制、予以保证的官方标志或者检验印记相同或者近似的。但经授权的除外。

    e. 同"红十字""红新月"的标志、名称相同或者近似的。

    f. 带有民族歧视性的。

    g. 夸大宣传并带有欺骗性的。

    h. 有害于社会主义道德风尚或者有其他不良影响的。

    i. 县级以上行政区划的地名或者公众知晓的外国地名,不得作为商标,但是地名具有其他含义或者作为集体商标、证明商标组成部分的除外。

    除了以上内容外,《商标法》还要求申请注册的商标不得侵犯他人的在先权利,如著作权、外观设计专利权等,也不得抄袭模仿他人驰名商标。

【案例】

江西两酒店争抢"红军"商标

    据《信息日报》报道,2006 年 6 月江西赣州市中级人民法院终审宣判了一起商家为争夺"红军"商标权的诉讼案,法院以"红军"属专用名词,依法不能作企业名称使用,判决双方使用"红军"一词不应受法律保护,并建议取消注册。原来,李某于 2001 年 6 月在兴国县城登记开办了一家"红军酒店",2003 年,另一名业主未经登记取字号为"红军大酒店"。开业后,李某以对方误导顾客为由将其告上法庭。对此,兴国县工商局负责登记注册的一名李姓分局长表示,由于当时受办公条件限制,造成工作人员错误地核准红军酒店的字号。

    资料来源:李湖明. 兴国两酒店争抢"红军"商标[N]. 信息日报,2006-06-21.

    3) 商标注册的程序

    商标注册的法定程序包括以下四个步骤:

    ①注册申请。申请人在申请时提交申请书、商标图样、证明文件和申请费。

    ②注册审查。商标注册审查包括形式审查和实质审查。形式审查主要审查商标注册申请是否具备法定条件和手续。商标申请通过形式审查即进入实质审查程序。实质审查主要审查商标的构成要素是否符合法律规定、商标是否与他人在同一种商品或类似商品上已注册或申请注册的商标相同或相近。

    ③初步审定公告。商标申请通过实质审查后即进入初步审定公告程序;若不能通过实质审查,商标局将驳回商标申请或要求修正,修正合格后再进入初步审定公告。

    ④核准注册公告。商标自初步审定公告之日起三个月内,若无人提出异议或经裁定异议不能成立,进入核准注册公告程序和发证程序;若裁定异议成立商标局将驳回商标申请。

    4) 商标注册的原则

    酒店为了更好地维护企业自身的权益,在进行品牌商标注册时应坚持以下原则:

    (1)"注册在先"原则

    目前,世界上大多数国家都采取"注册在先"的原则,即谁先在该国注册商标,谁就拥有商标的专用权并得到该国的法律保护。我国《商标法》实行以注册为主,兼顾"使用在先"的原则。这一原则在某种程度上制止恶意抢注现象。酒店要想很好地维护自身品牌权益不受侵犯,对商标及时注册是明智之举。我国很多酒店,尤其是中小型的地方酒店的商标意识较淡薄,认为办理商标注册手续复杂,还要支付一定的费用,想等酒店商标名气大了以后再注册。这种认识误区给了抢注者以可乘之机,造成很多酒店品牌资产的巨大损失。

（2）宽类别注册

酒店对品牌进行注册时要包括纵向和横向全方位注册，不仅对相近商标进行注册，也对相近行业进行注册。酒店在注册服务商标时，也应考虑到将来企业可能延伸的业务领域，例如酒店可以向房地产、娱乐业、物业管理业、食品业等行业延伸扩张。只有提前对相近行业进行注册才能防止以后商标被抢注，维护自身商标专用权，就不会在品牌延伸时遇到法律麻烦。

（3）跨国注册原则

对于可能实施跨国经营战略的大型酒店集团而言，要同时在多个拟进入国家进行商标注册。因为商标具有地域性，商标专用权仅受其注册国或地区的法律保护。因此，酒店要想顺利进入国际市场，跨国注册是前提。商标跨国注册有两个渠道：对于《马德里协定》缔约国的企业或个人到该协定缔约国进行商标注册，可通过世界知识产权组织国际局进行商标国际注册；到非《马德里协定》缔约国进行商标注册，一般采用"逐一国家注册"方式。

（4）延伸注册原则

酒店品牌构成要素除了品牌名称、标志、商标以外，还有品牌标语、品牌包装、副品牌等构成品牌形象的重要元素。对于这些附属性的品牌要素，酒店也应对其申请专利保护，以维护品牌识别的完整性。

【案例】

宾馆月饼商标遭抢注，构成侵权损失大

月饼经营，每年使宁波的各大宾馆酒店赚得盆满钵满，但今年，宁波超八成的宾馆酒店都因忽略一个小小的不起眼的月饼商标，而蒙受巨大损失，据不完全统计，因无意中构成商标侵权，而被禁销的月饼，在宁波总价值高达200多万元。

意识淡薄遭抢注

经营月饼利润丰厚，又能打自家的品牌，这一举两得的美事，使宁波生产月饼的宾馆酒店达到30来家，仅去年就推出月饼逾40万盒，占全市月饼销量的大头（约占60%以上）。今年月饼大战打响后，宁波的一些宾馆酒店照例加班加点，制作大量自家品牌的月饼。然而，一场足以使他们铭记的惨痛正悄悄向他们袭来。在日前宁波市工商部门对月饼市场的检查中，80%的宾馆酒店因为商标意识淡薄，未对自己生产经销的、与宾馆酒店同名的月饼进行商标注册，而被他人捷足先登，无意之间构成商标侵权，不但被禁销侵权品牌的月饼，还被有关部门给予罚款处罚。宁波市区某星级酒店加工生产月饼万余盒，因该酒店知名度高，月饼非常畅销，一个月销售营业额就达70余万元，谁知，以该酒店名为商标的月饼，商标早被其他食品行业的企业在国家商标局核准注册。为此，该酒店被责令停止侵权，并处以25万元的高额罚款，剩余的价值60多万元的月饼被禁销后全要内部"消化"，使该酒店老总叫苦不迭。

据了解，宁波的宾馆酒店大多只用自己的名称注册了餐饮、住宿、娱乐等类别的商标，而这并不包括月饼商标。据初步统计，现宁波市约有80%以上的宾馆酒店未注册月饼商标，且与宁波大部分宾馆酒店名称相同的月饼或类似食品的商标，都已被注册。

亡羊补牢救商机

商标被抢注造成的巨大损失，使宁波各大宾馆酒店如梦初醒。南苑酒店在得知与自己同名的"南苑"商标，已被一文化传播公司在第30类糕点、月饼等商品领域抢先申请注册，并进入最后公告期后，赶紧提出异议。汉通大酒店、石浦大酒店等宾馆酒店，更是加紧申请注册与自

已同名的月饼商标。

痛定思痛,目前,宁波各大宾馆酒店正在尽力回避月饼商标风险,汉通大酒店已不再使用"汉通月饼"名称,而是改用"汉通月";石浦大酒店改用"石浦星月""石浦月涛"。而现正处于商标异议阶段或名称已被抢注的宾馆酒店,则干脆生产直呼自己全名的月饼,如"南苑酒店""向阳渔港"等,以便把损失降到最低点。

资料来源:宾馆月饼商标遭抢注构成侵权损失大[EB/OL].慧聪网,2005-9-13.

8.2.4　商标的侵权及解决途径

1) 商标侵权行为

常见的商标侵权行为有以下五种:

①未经商标注册人的许可,在同一种商品或者类似商品上使用与其注册商标相同或者近似商标的。

②销售侵犯注册商标专用权的商品(销售不知道是侵犯注册商标专用权的商品,能证明该商品是自己合法取得的并说明提供者的,不承担赔偿责任)。

③伪造、擅自制造他人注册商标标识或者销售伪造、擅自制造的注册商标标识的。

④未经商标注册人同意,更换其注册商标并将该更换商标的商品又投入市场的。

⑤给他人的注册商标专用权造成其他损害的。

2) 商标侵权解决途径

因侵犯注册商标专用权行为引起纠纷的,由当事人协商解决。不愿协商或者协商不成的,商标注册人或者利害关系人可以直接向人民法院起诉,也可以请求工商行政管理部门处理。

工商行政管理部门处理时,认定侵权行为成立的,责令立即停止侵权行为,没收、销毁侵权商品和专门用于制造侵权商品、伪造注册商标标识的工具,并可处以罚款。

进行处理的工商行政管理部门根据当事人的请求,可以就侵犯商标专用权的赔偿数额进行调解;调解不成的,当事人可以依照《中华人民共和国民事诉讼法》向人民法院起诉。

【案例】

雷茨饭店有限公司与××丽池公司商标专用权纠纷案

雷茨饭店是全球著名的酒店经营公司,由恺撒·里兹(Cesar Ritz)先生创立,"RITZ"作为其商业字号以及主要商标已经有近百年的历史,其在中国拥有第3098934号注册商标"RITZ"(国际分类第43类)和第3098933号注册商标"RITZ"(国际分类第44类)。2007年12月27日,雷茨饭店向上海市中级人民法院起诉××丽池公司侵犯其商标专用权。雷茨饭店(以下简称原告)诉称××丽池公司(以下简称被告)未经原告授权,在商业活动中擅自使用"RITS"商标,该"RITS"商标与原告的"RITZ"商标近似,且其服务项目与原告注册商标指定的服务类似,被告的行为构成侵权。

××丽池公司辩称,其公司在店招、物具等处使用包括"丽池、RITS及图"在内的服务标识与原告的"RITZ"商标既不相同,也不相似。被告使用的上述服务标识不会引起相关公众对服务的来源产生混淆或误认。该公司对其使用的服务标识享有在先权益,其使用是善意、合法的。雷茨饭店注册商标核定的服务与被告提供的服务不属于类似服务。因此,××丽池公司没有侵犯雷茨饭店的商标专用权。

上海市中院审理认为,原告经国家商标局核准在商品和服务国际分类第43类、第44类上取得"RITZ"注册商标,且尚在有效期内,因此,原告对上述注册商标在核定服务项目上享有的商标专用权,依法受到保护。未经原告的许可,任何人均不得在相同或者类似服务上使用与"RITZ"商标相同或者近似的商标。

《商标法》第五十二条第(一)项规定,未经商标注册人的许可,在同一种商品或者类似商品上使用与其注册商标相同或者近似的商标的,属于侵犯注册商标专用权的行为。本案中,原告的"RITZ"注册商标在第43类上核定服务项目为:"饭店;餐馆;带有烤肉房的饭店;快餐馆;茶室;鸡尾酒会服务;酒吧;旅馆预订。"在第44类上核定服务项目为:"美容院;理发室;疗养院;矿泉疗养院。"被告的经营范围为:"健身房,沐浴按摩,足底按摩,美容、美发,饭菜(不含外送),饮料。"可见,被告的服务内容、服务方式等与原告注册商标核定服务的项目均相类似。将被控侵权的"RITS"标识与原告的"RITZ"商标进行对比:两者读音相近,字体相同,从字形整体比对看,两者均由外文字母组成,除最后一个字母不同外,其余三个字母包括排列均相同。因此,被控侵权的"RITS"标识与原告的"RITZ"商标在同一种或者类似服务上构成近似。原告的"RITZ"商标在世界上多个国家获得注册,其商标在行业内享有较高的知名度,因此,本院认定原告的"RITZ"作为其商业标识的一部分在中国享有较高的知名度和较高的显著性。被告提供的宣传资料表明,被告以服务高端人士为目标,服务对象不仅包括中国人,也包括外国人。因此,被告在与原告注册商标核定使用的类似服务项目上将"RITS"标识与"丽池"组合使用,以及将"RITS"标识与"丽池"及图组合使用,相关公众对上述两个组合标识中与原告"RITZ"商标相近似的"RITS"标识的注意程度显然要高于其他部分,本院认定被告的上述两种使用方式亦与原告的"RITZ"商标构成近似。综上所述,被告在与原告注册商标核定使用的类似服务项目上使用被控侵权标识,且被告的这种使用方式容易使相关公众对服务的来源产生误认或者认为其来源与原告注册商标的服务内容存在特定联系。因此,被告的该使用行为侵犯了原告的注册商标专用权,被告依法应承担停止侵害、赔偿损失等民事责任。××丽池公司不服一审判决结果,上诉至上海市高级人民法院;上海市高级人民法院经审理驳回上诉,维持原判。

(注:雷茨饭店又称里兹饭店。)

资料来源:上海市高级人民法院审理雷茨饭店有限公司与××丽池公司商标专用权纠纷案民事判决书[EB/OL].中国法院网,2009-4-21.

8.2.5 网络域名的注册

随着信息技术的飞速发展改变了企业传统的经营模式,互联网成为酒店经营管理活动的重要工具,而企业的网址域名成为企业品牌资产的重要组成部分。域名就是网址,它在虚拟的环境中进行区分和查找线索和根据。每一个域名都对应着一个特定的企业或组织,都有一定的网络资源。因此,域名作为酒店在互联网上的身份号码,具有唯一性和绝对排他性的特点,使它已经从一个单纯的技术名词转变成为一个蕴藏巨大商机的标识,被众多网络营销专家誉为企业的"网上商标";它是联系酒店形象与网络形象的重要媒介,也是酒店在网络领域中品牌的体现,它能够使酒店的企业形象在网络虚拟世界中广泛传播。网络域名的注册实行"先注册先使用"原则,先注册者对其拥有专有权,而其他任何人不得使用。知名酒店的域名一旦被他人注册,将有可能承受因"网上品牌缺失"而带来的巨大损失。中国互联网络信息中心(CNNIC)早就表示,对于众多企业而言,及时注册CN域名等网络地址资源,不断增强域名保护意识,尽早建立完善的域名保护机制,才能有效地避免域名争议的发生及网络品牌损失的风险。因此,酒店尤其是知名酒店要想维护其品牌的网络权益必须及时注册网络域名,应选择有相应域名注册代理机构(目前国内有.CN 和.COM 两类域名代理机构)进行注册;酒店不仅要注册二级或三级.CN 域名,而且要将相关域名标识尽量一并注册,以防止恶意抢注行为。

8.3　品牌的自我保护

酒店作为品牌所有权人要积极开展一系列的自我保护行动,以维护自身品牌权益,促进品牌资产保值、升值,从而最终实现酒店的可持续发展。

8.3.1　商标权的保护

酒店可以通过以下三种方式加强企业商标权的保护:

①经常性地进行商标监察。要定期查阅《商标公告》,了解是否有与自己商标相近似的商标获得注册。一旦发现有侵权行为,及时提出异议或争议。

②经常进行市场动态调查,协助有关部门打假,一旦发现有不法企业或不法分子假冒、仿冒自己的注册商标,酒店应迅速采取行动,收集足够证据,诉请工商行政管理机关处理或向法院提起诉讼,同时应积极配合执法人员对商标侵权的查处工作。酒店应加强品牌实时监控网络的建设,由酒店品牌管理部门牵头,信息系统部门对信息网络技术提供支撑,通过信息网络及时发现侵犯注册商标专用权的行为和其他不正当竞争行为。

③运用高科技防伪手段。酒店对自己生产的一些价值较大、市场潜力大的商品使用不易仿制的防伪标志、防伪编码等技术防伪手段①。

8.3.2　商业机密的保护

商业秘密是不为公众所知悉,能为权利人带来经济利益,具有实用性并经权利人采取保密措施的技术信息和经营信息。商业秘密主要包括酒店的生产方法、技术、管理程序、菜肴设计与配方、销售和市场信息、客户名单等。商业秘密的保护方法有:

①申请专利。利用专利法律制度保护酒店所有的知识产权内容不被仿制或使用,制止、制裁专利侵权行为,从而保护酒店品牌不受侵害。例如,北京酒店对"谭家菜"申请专利权,享受谭家菜独特的烹制技术且秘不外传,"谭家菜"等商标成为北京乃至全国知名的服务商标,是我国餐饮业的老字号。

②制度保障。酒店应制订系统、详细的商业秘密保密制度规范,内容包括确定需要保密的对象,保密的等级、类别;保密责任人的职责;保密信息的保管、查阅程序;防止泄密的防护措施等。

---

①　冯晓青.试论企业创立驰名商标战略[J].湖南财经高等专科学校学报,2003,19(1):63-67.

8.4 品牌的经营保护

品牌的经营保护是指酒店在其经营管理活动中自觉地采取措施保护酒店品牌资产。品牌保护是一个复杂的系统工程,不仅包括法律保护、自我保护,而且包括酒店从自身经营层面对酒店品牌的保护,包括从生产层面、营销策略层面、组织制度层面等对酒店品牌进行保护。从本质上讲,酒店的经营管理活动是品牌得以生存和发展的源泉,因此酒店应从战略的高度认识经营保护对酒店品牌可持续发展的重要意义。

8.4.1 生产方面的保护

优质的酒店产品和服务是塑造和维系知名酒店品牌的重要法宝。实施严格的质量管理是酒店品牌经营保护的重要手段。首先,酒店要以市场需求为导向,加快产品更新换代,全面提高产品档次和服务质量水平,以满足市场变化的需求。其次,酒店要坚持全面质量管理和全员质量管理。卓越的酒店品牌是靠优异的产品质量创造出来的。最后,加强与顾客的互动沟通以提高顾客忠诚。酒店只有保持对顾客的忠诚才能换来顾客对企业品牌的忠诚,这是酒店品牌保护的基础。

8.4.2 营销策略方面的保护

在营销策略上,酒店应审慎开展品牌延伸经营、营销传播的一致性、避免恶性竞争等。

①营销传播的一致性包括纵向一致性和横向一致性。纵向一致性指酒店品牌营销传播在时间上应坚持统一性和一致性,而不能经常改变宣传主题。横向一致性指酒店在同一时期的品牌宣传上,应有统一的营销主题,广告、公关、促销等活动应围绕着共同的营销主题协调一致,而不能出现各自为政,混乱无序的状态。酒店应制订系统的整体营销计划来统一协调管理,以保证酒店品牌营销传播的纵向一致性和横向一致性。

②避免恶性竞争。在市场竞争十分激烈时,很多酒店往往使用一些不正当的恶性竞争手段,而恶性竞争手段是一把"双刃剑",既伤害竞争对手,同时也伤害自己。例如,恶性的价格战不仅会使酒店在经济上蒙受损失,而且会破坏消费者对酒店品牌的忠诚度,不利于维护良好的品牌形象。酒店行业内的相互诋毁攻击,不仅降低消费者的信任和好感,而且会引起系列的法律纠纷,最终两败俱伤。

8.4.3 组织制度方面的保护

1)设立品牌保护专职组织机构

在组织结构方面,酒店可以借鉴国外企业品牌管理的成功经验,设立酒店内部品牌管理专门组织,在品牌管理组织下设立品牌保护分支组织,专职负责酒店品牌保护的相关事宜,例如商标产权购买、转让和重大诉讼等;负责对侵犯知识产权的企业或个人采取措施的最终决定权;负责统一协调商标与公告、专利、专有技术管理;负责商标管理的日常事务,主要包括商标查询、申请、注册、变更、续展和商标许可。设立品牌保护专职组织机构,有利于保证酒店品牌保护决策的科学性、统一性,提高品牌保护工作的效率,从而使品牌维权落到实处。

2）建立完备的品牌保护制度体系

酒店设立专门的组织机构，还必须有相应的品牌保护制度与之配套。完备的品牌保护制度体系包括三个方面的内容：

①品牌保护实体规章制度。它明确地规定酒店各职能管理部门在品牌保护中所担任的职责与权限、管理内容、工作方式等。

②品牌保护管理程序。它就各种情况下酒店品牌保护工作开展的工作流程作详细的规定，以方便各部门有序开展品牌保护工作。

③品牌保护奖惩机制。对酒店品牌保护作出贡献的单位和个人进行奖励，对工作不力的部门和人员进行惩罚，只有赏罚分明才能调动酒店内部员工自觉的品牌保护意识。

8.5 案例——广州白天鹅宾馆商标管理战略经验浅谈

品牌战略是企业经营管理战略的重要组成部分，优秀的品牌意味着企业拥有强有力的核心竞争力。白天鹅宾馆自正式开业以来，就一直致力于品牌的建设与保护工作，并且立足于高起点、高定位，把目标锁定在与国际接轨的品牌战略上，通过对经营管理、公关营销等各方面的长期全面整合，使"白天鹅"服务商标成为一个在海内外都享有较高知名度和美誉度的优秀品牌。

"白天鹅"商标建设历程

宾馆的合作者霍英东先生对宾馆的商标建设非常重视，开业时就聘请美国著名的设计公司——标奇公司为宾馆设计了馆徽——至今一直使用的"白天鹅"服务商标。商标的设计意念源于原来的羊城八景之一的鹅潭夜月，由于此商标图案看似一只从一轮明月中游来的圣洁的白天鹅形象，象征着白天鹅宾馆冰清玉洁、优美高雅的企业形象；图案下配中英文宾馆名称，以锈红色为专用色，简洁高雅，独特耐看，多年来受到中外各界的好评，是商标设计中的精品。

开业之初，当时国家未有服务商标的注册，但"白天鹅"商标已正式使用在酒店备品、服装、汽车、旗帜、广告、印刷品等和白天鹅宾馆有关的物品上。这也就是多年后国内企业中热衷起来的CIS的一部分，说明企业商标很早就成为白天鹅宾馆企业形象视觉识别系统的重要组成部分。

20世纪80年代，白天鹅宾馆在国内外获得多项殊荣，品牌价值不断上升，同时也较早受到侵权之苦。白天鹅宾馆开始向国家工商部门寻求对"白天鹅"商标的保护，但当时中国仍未开始有服务商标的注册。

1987年，白天鹅宾馆为保护其生产的包点、面包等食品的商标专用权，在第①类注册了糕点、面包、茶食的"白天鹅"产品商标（注册证号302492），这个产品商标和宾馆一直使用的"白天鹅"服务商标完全相同。

1994年10月，国家工商局开始办理服务商标注册，白天鹅宾馆的"白天鹅"商标因为最早申请而光荣地成为中国第001号服务商标（第42类769001号）。

1998年2月，"白天鹅"服务商标被广东省工商局认定为广东省第一批唯一的著名服务

---

① 苏伟伦.危机管理--现代企业实务手册[M].北京：中国纺织出版社，2000.

商标。

2000 年 9 月 27 日,白天鹅宾馆注册并在宾馆服务上应用的"白天鹅"商标终于被国家工商局认定为驰名商标。为白天鹅人多年来的品牌之路再添光彩。

"白天鹅"品牌驰名中外

1983 年 2 月 6 日,白天鹅宾馆正式开业。根据霍英东先生的提议,白天鹅宾馆在全国第一家向普通市民开放,允许平民百姓入内自由参观消费。从党和国家领导人、外国元首到寻常百姓,都是白天鹅宾馆的贵宾。这个在当时极为大胆的做法使白天鹅宾馆在中国酒店业第一位向全世界的游客展示了中国改革开放的形象。此举被国内外传媒争相报道,白天鹅宾馆在全国甚至世界上一下子取得较高的知名度。"白天鹅"馆徽也随白天鹅宾馆的美名蜚声世界。

1986 年,白天鹅宾馆被"世界一流酒店组织"接纳为中国首家成员。自此,"白天鹅"店徽和宣传广告一直出现在"世界一流酒店组织"的成员酒店指南上,摆放在全球 68 个国家的 315 家世界一流酒店的客房内,作为国际旅游者选择优秀酒店的参考。该组织每年进行的全球巡回展销也使"白天鹅"的美名广为世界各地特别是欧美的旅游者所熟悉。

在经营品牌知名度的同时,宾馆也严格以世界一流酒店组织的服务标准为准绳,以优异的服务和一流的设施,为"白天鹅"品牌在海内外赢得较高的美誉度。宾馆开业 20 年来接待了包括英女皇伊丽莎白二世、美国总统尼克松、布什等在内的 40 多个国家和地区的元首和政府首脑,中国改革开放的总设计师邓小平和多位党和国家领导人都曾莅临白天鹅宾馆。众多国际上著名的跨国公司的总裁和来自全球一百多个国家的宾客都曾经下榻白天鹅宾馆。

1990 年中国国家旅游局首次评定国内的五星级酒店,白天鹅宾馆成为中国首批三家五星级酒店之一。

1996 年和 1997 年,白天鹅宾馆在由国家旅游局举办的全国百优五十佳星级酒店评比中连续两年名列榜首(之后再没有进行该评比)。使白天鹅宾馆的服务商标的知名度进一步上升。

1997 年白天鹅宾馆引领潮流,在全国酒店业中第一批建立了自己的互联网站,并与世界一流酒店组织总部网站建立了链接,向全世界旅游者宣传宾馆的设施和服务。标在宾馆网站主页显著位置的"白天鹅"服务商标,随着近 220 000 次的点击延伸到全球网络的每一个角落。

1997—2002 年,白天鹅宾馆连续多年被《亚洲华尔街日报》《商务旅行者》杂志和《职业投资者》杂志的读者评为国际商务人士到中国的首选酒店之一,使白天鹅商标赢得了巨大的国际声誉。

1999 年,以世界 500 强企业排名榜独步天下的权威经济杂志《财富》(FORTUNE)的读者评选为"中国最受赞赏的外资企业",白天鹅宾馆名列酒店行业第一名。

商标的管理和保护

在拥有良好的知名度和美誉度的同时,白天鹅宾馆也不忘致力于对"白天鹅"商标的管理和保护。1994—1995 年,白天鹅宾馆共在 16 个类别上注册了白天鹅商标,对"白天鹅"商标进行更全面的保护。

1996 年,国家工商局开始认定驰名商标,以加大对国家名牌产品和服务商标的保护。白天鹅宾馆于 1997 年在全国酒店业第一家向国家工商局申请认定驰名商标,寻求通过认定驰名商标加大对白天鹅商标的保护力度和范围,打击各种商标侵权行为。从 1996 年到 2000 年,前后近 4 年间,白天鹅宾馆不断加强商标管理和建设,认真准备和不断补充有关申请认证材料,多方收集有关对"白天鹅"商标侵权的证据,坚定不懈地走争创中国驰名商标的道路。

1997年白天鹅宾馆在全国酒店业中第一批建立了自己的INTERNET网站www.white-swan-hotel.com,当时一位香港人抢注了白天鹅宾馆域名www.whiteswanhotel.com,并要求白天鹅宾馆出5万元人民币买回该域名,白天鹅宾馆作了冷处理,并于2000年3月成功注册了www.whiteswanhotel.com。1987年白天鹅宾馆注册了第38类糕点等"白天鹅"产品商标。2001年在34个商品类别中申请进行全类注册。为了对"白天鹅"商标进行更全面的保护,宾馆组织专人对商标进行管理、监控、保护。

经过多年的不懈努力,宾馆已成功地把"白天鹅"服务商标塑造成一流服务水平、一流设备设施的代名词,使它蜚声海内外,成为宾馆最宝贵的无形资产和最有力的竞争武器之一。在竞争更趋激烈的全球化新经济年代里,白天鹅宾馆还将一如既往,与时俱进,不断变革、创新、发展,使"白天鹅"这一品牌的核心价值获得更大的提升,在国际竞争的舞台上创造出更大的辉煌。

资料来源:唐莉娜.步步领先:广州白天鹅宾馆商标管理战略经验浅谈[EB/OL].南方网,2003-9-28.

【本章小结】

品牌保护是酒店品牌经营管理的关键环节之一,它是酒店在品牌经营中获得长期效益的重要保障,它能使酒店的品牌权益得到有效保护,以促进酒店品牌的可持续发展。酒店品牌法律保护是以法律的形式保护品牌的商标权,防止不法个人或企业侵犯酒店的品牌商标权;法律保护是酒店品牌保护的最主要途径。酒店作为品牌所有权人要积极开展一系列的自我保护行动,通过商标权保护和商业机密保护以维护自身品牌权益。品牌的经营保护是酒店在其经营管理活动中自觉地采取措施保护酒店品牌资产,包括从生产层面、营销策略层面、组织制度层面等对酒店品牌进行保护。

【复习思考题】

1. 品牌保护的内涵是什么?为什么酒店要进行品牌保护?
2. 商标权的基本特征是什么?
3. 商标注册的原则有哪些?
4. 商标侵权行为有哪些?如何解决商标侵权?
5. 酒店品牌自我保护的方式有哪些?
6. 酒店品牌经营保护的方式有哪些?

第9章 酒店品牌危机管理

【内容导读】

当今的商业经营环境更加复杂多变,环境中诸多不确定因素使酒店处于"危机四伏"的境地,酒店品牌危机管理的重要性日益凸显。本章主要介绍酒店品牌危机的特征与形式、酒店品牌危机管理的内涵与原则、酒店品牌危机管理的内容。

【学习目标】

①熟悉酒店品牌危机的特征和品牌危机的形式;

②了解酒店品牌危机管理的内涵,理解酒店品牌危机管理的原则;

③掌握酒店品牌危机管理的内容。

在市场竞争日益激烈的今天,酒店塑造一个知名品牌越来越困难;而维护酒店品牌则更要小心翼翼,很可能因为一点小失误就使品牌的声誉一落千丈甚至退出市场。因为当今的商业经营环境更加复杂多变,环境中诸多不确定因素使酒店处于"危机四伏"的境地,危机随时可能发生。在信息时代,各种信息迅速在全球范围内传播,酒店的任何经营管理活动都在公众视角下。如果酒店在处理品牌危机方面措施不当,那么将对酒店品牌形象和企业形象造成巨大损失,甚至危及其市场生存。相反,成功的品牌危机管理可以使酒店品牌危机化"危"为"机",在品牌危机处理过程中反而能够提高酒店品牌的知名度和美誉度。因此,酒店需要建立一套完整的品牌危机管理机制,以有效预防危机、应对危机。

9.1 酒店品牌危机的特征与形式

9.1.1 危机的概念

关于危机的概念,中外学者从不同的角度给出不同的定义。福斯特(1980)认为:"危机具有四个显著特征:急需快速作出决策、严重缺乏必要的训练有素的员工、物质缺乏、时间紧迫。"

罗森塔尔和皮内伯格(1991)认为:"危机是指具有严重威胁、不确定性和有危机感的情景。"

巴顿(1993)认为,危机是"一个会引致潜在负面影响的具有不确定性大事件,这种事件及其后果可能对组织及其员工、产品、服务、资产和声誉造成巨大的损害"。

苏伟伦认为:"危机一词是中性的,它表示由于矛盾的激化,企业已经不能按照原有的轨道发展下去;同时新的秩序又没有建立起来。因此出现大量的失控、失范、混乱和无序。这在本质上是旧机制的危机,危机根植于旧机制中,使其运转失灵。"

9.1.2　品牌危机的内涵

在对危机认识的基础上,结合酒店业自身特点,可以这样定义酒店品牌危机:由于酒店外部环境的突变和品牌运营或营销管理的失常,而对酒店品牌整体形象造成不良影响并在很短的时间内波及社会公众,使酒店品牌形象受损的状态。酒店在品牌危机事件中所作的决策往往是在缺乏资源、信息、时间等情况下作出的。品牌危机的内涵应从以下三个方面理解:

①品牌危机发生前会有一个量变过程。即它是由众多细微变化所引起的,危机之所以让人们觉得是"爆发性"的,是因为人们往往忽略这些量变过程而直到危机来临才有所察觉。而只要能捕捉到品牌危机的前兆,危机就可以预防、控制。

②品牌危机是一种突发的极端冲突状态。一方面,说明其发生速度很快,往往让人来不及做充分的考虑;另一方面,说明危机的出现常常伴随着事务的混乱、无序和失控现象。

③品牌危机有所指向,即具有相对性。其必须相对于酒店品牌真正受到损害的酒店而言才能成为"危机"。例如,一家酒店因服务质量问题导致投诉而面临品牌危机,而这一状态对其他竞争对手而言就不是其品牌危机。①

9.1.3　品牌危机的特征

1)突发性

突发性是酒店品牌危机的首要特征,往往是危机事件突然发生,时间急、影响大,在短时间内酒店正常的经营秩序被打乱,人们还来不及反应的时候危机事件就已经对品牌形象和酒店形象造成危害。因此,酒店必须迅速采取措施应对突发性危机事件带来的损失,采取应对措施越早、越迅速则挽回损失的效果就越好。

2)破坏性

市场实践证明危机事件对企业品牌形象和企业形象的破坏效果是巨大的,有时候甚至能够让一个市场知名品牌在一夜之间"轰然倒塌"。这种破坏性包括有形破坏和无形破坏。有形破坏包括酒店利润下降、市场份额下降等;无形破坏包括酒店品牌声誉及形象损害、市场知名度及美誉度下降等。

3)蔓延性

信息时代高度发达的信息技术使得信息传播更加快捷、高效,多种信息载体,例如,电视、报纸、电话、互联网等使得任何信息都能够在短时间传播到世界任何地方。特别是知名品牌的负面消息在传播媒介的推动下迅速传播和蔓延,其破坏性也就随之被扩大。

4)被动性

由于品牌危机是非常态事件,往往是事发突然且表现形式多种多样,酒店往往只能够在危

---

①　马勇,周娟.旅游管理学理论与方法[M].北京:高等教育出版社,2005:190.

机发生后才仓促应战,带有较强的被动性。

5) 紧迫性

品牌危机一旦爆发,其蔓延的速度非常快,造成的损失也往往呈数倍地扩大。因此,留给酒店管理者反应的时间十分有限,对时间的充分把握决定着危机处理的效果。酒店管理者和相关职能部门只有尽早发现危机源头并采取有效的应对措施才能将损失降到最低。这就决定酒店在处理品牌危机时具有紧迫性的特点。

9.1.4　品牌危机的形式

酒店品牌危机的表现形式多种多样,主要有经营危机、形象危机、信誉危机、文化危机、质量危机。各种危机的表现形式虽然不同,但都会对酒店的品牌形象和企业形象产生危害,因此必须妥善处理各种品牌危机。

1) 经营危机

酒店品牌经营危机是指由于酒店品牌经营管理措施不当而引发的品牌形象受损,主要有以下几种表现形式:品牌盲目延伸,酒店为尽可能发掘品牌市场潜力而任意进行品牌延伸,不遵循品牌延伸规律,不仅新推出的产品和新进入的市场受到挫折,而且影响原有品牌的形象和酒店的实力;品牌销售对象扩大化,酒店为追求市场份额和销售量盲目扩大目标市场,从而失去其特有的品牌形象定位,逐渐失去原来消费群体的信任;过度的价格战,酒店为应对市场竞争采取价格战来提高市场销售额,这不仅使酒店盈利能力下降,失去拓展品牌的能力,而且影响酒店品牌形象;由于更换品牌名称与标识所引发的品牌危机。

2) 形象危机

形象危机是指因为宣传媒体的负面宣传事件而引发的突发性品牌危机。负面宣传一般有两种:一种是情况属实的负面宣传,另一种是对品牌歪曲失实的报道。对于负面宣传酒店要高度重视,及时采取有效措施加以挽回或澄清,否则对酒店的品牌形象损害很大。因为新闻媒体是公众了解事件的直接载体,它影响着公众对酒店品牌和企业形象的认知;它既可以是危机事件的宣传者和危机管理的妨碍者,但也可以转化为化解危机的协助者。因此,解决形象危机的关键在于酒店如何发挥宣传媒体的危机化解功能。广州有家百年老字号酒店就因为"蟑螂事件"的负面宣传而陷入停业整顿的困境。事件的起因是客人在用餐时发现汤中有蟑螂,对于消费者的赔偿要求酒店管理者漠然置之。消费者一怒之下找到当地有影响力的媒体要求曝光。当记者前往采访时酒店管理者态度粗暴,致使危机事件升级,这家报纸连续一个星期在头版报道"螳螂汤事件",从而使这家百年老店的品牌形象毁于一旦,酒店陷入停业整顿的困境。

3) 信誉危机

良好的品牌信誉是酒店品牌提高美誉度与顾客忠诚度的基础。而很多酒店在品牌经营和生产管理过程中的不当行为造成顾客对酒店品牌甚至是企业整体形象的反感,从而引发品牌信誉危机。例如,酒店缺乏诚信,在经营活动中搞合同欺诈,损害消费者利益;酒店发生重大安全事故,群体性食物中毒、大型火灾事故等造成恶劣的社会影响等。信誉危机会降低市场对酒店品牌的认同度,导致酒店无法建立起知名品牌。

4) 文化危机

品牌文化是指酒店在经营中逐步形成的文化积淀,代表酒店和消费者的利益认知、情感归属,是酒店的企业文化与企业个性形象的总和。品牌文化是支撑酒店品牌生命力的源泉。酒店品牌文化危机表现为:①忽视品牌文化的塑造,酒店管理者在经营理念上不重视品牌文化建设,在生产经营活动中没有将文化理念贯彻到员工的思想和行为之中,从而使其产品与服务不能体现酒店独特的文化特质;②品牌文化转型,酒店放弃原有的品牌文化定位,转而塑造新的品牌文化形象,但新的品牌文化不能体现酒店的特色,也不能得到顾客的认同。

5)质量危机

质量危机是指酒店向消费者提供产品和服务的过程中,由于外部环境影响、内部管理失误等原因引发的产品与服务出现质量问题,造成消费者不满,从而形成的品牌危机。质量危机最容易引发突发性品牌危机,它直接造成公众不信任感增加,酒店市场份额下降,酒店品牌美誉度下降等后果。质量危机在酒店的生产经营活动中经常发生,只是有的质量危机的后果很小,没有引起酒店管理人员的注意,例如酒店经常遇到的顾客投诉很大部分就是因为质量危机引起的。但是有的质量危机造成的影响会很大,例如群体性食物中毒事件、恶劣的治安事件等。因此,质量危机对酒店品牌的危害性应引起管理层的高度重视。

9.2 酒店品牌危机管理的内涵与原则

对于酒店来说品牌就意味着市场生命力。知名酒店品牌的塑造是一个系统的工程,需要长期投入大量的人力、物力。而在市场竞争日益激烈和经营环境复杂多变的环境下,各种形式的品牌危机威胁酒店品牌的成长。因此,酒店只有建立系统、科学的品牌危机管理机制来预防与控制品牌危机,将品牌危机损失降到最低程度甚至化"危"为"机",这对促进酒店可持续发展意义重大。

9.2.1 品牌危机管理的内涵

美国学者于20世纪60年代提出危机管理的概念,并首先被用于外交和国际政治领域。随着全球经济的发展,人们逐渐将"危机管理"理论引入企业研究。国内外学者对企业危机管理论题展开大量研究,例如格林(Green,1992)、米托夫(Mitriff,1993)等研究危机管理的主要任务,罗伯特·希斯(Robert Heath)撰写《危机管理》(2001)一书,结合大量案例对危机管理的理论及方法作了全面、系统的研究。在我国,苏伟伦、朱德武等学者先后著书对企业危机管理作了系统的研究。"危机管理"是企业为了预防、转化危机而采取的一系列维护企业生产经营的正常进行,使企业摆脱逆境、避免或减少企业财产损失,将危机化解为转机的一种企业管理的积极主动行为(何苏湘,1998)。

酒店品牌危机管理是指酒店在品牌经营过程中针对酒店品牌可能面临或正在面临的危机,而采取的一系列管理活动的总称,包括危机防范、危机处理和危机利用等。

9.2.2 品牌危机管理的原则

酒店在开展品牌危机管理必须遵循以下原则:

1)防范原则

品牌危机管理的最高境界是"疏"而不是"堵",即在危机发生之前就将危机化解,这依赖于酒店长期的品牌危机防范措施。事实上酒店的品牌危机虽然具有突发性的特征,但是危机还是有很多前兆症状的,关键是这些前兆症状容易被人们所忽视。例如,酒店整体服务质量大幅下滑就是质量危机的前兆,酒店品牌市场份额下滑也可能是形象危机的反映。酒店管理者必须具备品牌危机意识,采取系统的品牌危机防范措施和危机处理程序,培训酒店的管理人员应对危机的方法,培养消除危机的各种关系网络。总之,酒店只有高度重视品牌危机管理重要性,事前防范才能将危机损失降到最低限度。

2)迅速原则

酒店对品牌危机作出迅速的反应是避免危机扩散,减小危机损害的关键。一旦危机事件发生信息会很快传播从而引起新闻媒介和公众的关注。酒店应在第一时间迅速介入,迅速查明危机真相并研究应对措施,争取舆论导向和公众的理解,减少危机对酒店品牌与企业形象的损失。酒店在处理危机过程中要迅速发布信息,加强与各利益相关者(包括受害者、消费者、社会公众、新闻媒介)的沟通,集中酒店的人力、物力强化解决危机的力量。一般而言危机发生的第一个24小时是处理危机的最佳时间,在这段时间内消除品牌危机能够将危机损失降低到最小。

3)沟通原则

危机事件一旦发生会有各种负面宣传将酒店推至公众舆论关注的"风口浪尖",各种负面宣传铺天盖地,其中既有属实的负面宣传,也有歪曲失实的流言。面对种种不利的宣传报道,酒店应积极应对危机,加强与消费者、公众、媒体和政府部门的沟通从而阻断负面宣传的传播,挽救品牌生命。在与各利益群体沟通过程中,酒店应本着真诚的态度,一切以消费者、公众的利益为重,主动向消费者、受害者表示歉意,并主动承担应负的责任,从而取得消费者的认同。如果危机发生后酒店还死守企业利益,往往不利于危机的解决,从而造成更大的损失。在沟通方面要及时,在第一时间与公众、媒体沟通。在沟通方式上利用各种宣传媒体,包括加强与新闻媒体的合作,利用酒店网页或各大网站发布消息,对于酒店自身责任造成的危机要向社会公众发表致歉公告,主动承担责任,并采取补救措施,以显示酒店诚意和责任感,获得社会公众的理解和认同;而对于歪曲失实的流言报道,酒店更应加强宣传澄清事实,让公众了解事实真相,必要时采取法律手段以维护酒店的品牌形象。

4)真实原则

危机事件的初发阶段会有各种指责舆论、宣传、流言。而解决的最有效措施就是及时调查清楚事实真相并在第一时间内通过大众传播媒体向公众讲明事实的全部真相,流言、误解自然就会消失。如果在危机处理过程中遮盖事实、弄虚作假,不仅会引起公众的反感,而且会加深消费者与公众对酒店品牌和企业信誉的怀疑,反而扩大危机损失。因此,酒店应主动与新闻媒体联系,危机处理人员应真诚对待媒体,公布事实真相并说明酒店所采取的补救措施,尽量引导公众对危机形成正确的看法。

5)创新原则

虽然品牌危机事件都有其共同的属性、特点,企业在处理各种品牌危机的实践中也总结出很多处理危机的经验,这些都可以为酒店所借鉴。但是由于各酒店面临的品牌危机事件的情况千差万别,因此在处理危机过程中既要借鉴成功的危机处理经验,又不能因循守旧,要具体情况具体分析,运用新思维、新技术、新方法处理具体的品牌危机,从而取得事半功倍的效果。

6）统一原则

酒店在处理品牌危机过程中涉及多个部门协同合作，因此有序、统一的指挥与协调十分重要。酒店应成立专门的品牌危机处理小组，由专人负责指挥、各部门各司其职，有序开展应对危机的工作。在对外宣传时应注意"统一口径"，酒店要保证发布信息内容的一致性和信息发布形式的一贯性，采用新闻发言人制度，从而保证信息的权威性和一致性。

9.3　品牌危机管理的内容

酒店品牌危机管理是一个系统的管理过程，它的主要内容包括：品牌危机预防、品牌危机处理和品牌危机恢复。

9.3.1　品牌危机预防管理

在当今商业经营环境更加复杂多变的形势下，任何酒店都面临着危机事件的威胁。酒店管理者应有危机防范观念，只有时刻绷紧危机防范这根弦，实施系统的危机预防措施，那么很多品牌危机事件就能"防患于未然"，从而真正实现将危机损失降到最低程度。

1）树立品牌危机预防意识

当今市场经营环境、竞争态势瞬息万变，在激烈的市场竞争中任何知名的酒店品牌都可能陷入危机事件的困扰。因此，面对随时可能发生的品牌危机，酒店管理者和全体员工树立品牌危机意识十分重要。只有酒店全体员工在思想意识上认识到品牌危机的紧迫性、危害性、多样性和现实性，那么他们在日常的经营管理工作中会主动减少品牌危机发生的诱因。要提高酒店全员的危机意识和危机防范水平关键是对员工进行危机意识的灌输和危机管理工作的培训。培训的内容包括：危机意识培训，提高全员危机管理的意识和自觉性；危机防范技能培训，通过对员工应变能力的培训和一定的处理突发事件的授权，提高危机管理水平。经常对酒店管理人员和基层员工开展品牌危机管理教育和培训，增强员工危机管理的意识和技能，一旦发生危机，员工具备较强的心理承受能力就不至于不知所措，从而能够有条不紊地开展危机处理工作。因此，树立品牌危机预防意识是品牌危机管理的第一步。

2）制订危机处理计划

虽然危机事件爆发具有不确定性的特点，但是有些常规类型的危机还是可以预见的，而且虽然不同危机的处理方法不同，但是大多危机的处理程序却是相同的。因此，酒店在危机预警系统中应制订品牌危机管理计划方案，它既是危机发生时的处理程序，也是危机处理的行动纲领。

（1）品牌危机计划的特点

品牌危机处理计划具有备用性、一般性和动态性的特点。品牌危机事件并不会经常发生，若不发生危机则无须实施和执行危机计划，因此品牌危机计划具有备用性。由于酒店可能面临潜在品牌危机很多，不可能根据具体的危机事件逐一制订计划，因此计划具有一般性、通用性的特点，它主要为品牌危机管理提供指导性的行动原则，并具有很大的弹性，因此品牌危机计划具有一般性的特点。随着酒店内外经营环境的变化，其面临的潜在危机也发生着相应的变化，因此，品牌危机计划要根据环境变化作出相应地调整。

（2）品牌危机计划的内容

酒店品牌危机处理计划主要内容应包括：品牌潜在的危机类型；制订预防危机的方针、对策；处理危机的程序及各部门、人员的分工、职责（例如新加坡的酒店在防火预案中规定：在火灾发生时，楼层员工必须先引导客人尽快疏散，而后认真将清房情况填入清房卡，保证客人安全）；建立有效的信息沟通机制。计划的制订既要考虑危机处理的常规机制，例如酒店各部门在处理危机中的职责和协调配合机制、危机处理步骤等；而且要考虑计划的权变性，因为各种危机性质不同，因此危机处理计划应针对具体情况灵活处理。

3）开展危机演习和培训

品牌危机管理中的演习和培训是指通过对一定品牌危机情境的模拟，使酒店员工得到训练，以达到提高其处理危机所需要的技能和心理素质的目的。

品牌危机演习和培训的意义一方面可以提高酒店员工对危机前兆的识别和处理能力，从而能有效降低危机发生的概率；另一方面，通过接触各类危机情景，酒店员工能够增强对各种危机的感性认识，减少危机发生时的恐惧，从而保持冷静清醒的头脑；通过对处理危机技能知识的积累，不仅节省危机处理的反应时间，而且会使得决策和行动更为合理，从而提高酒店对品牌危机事件的反应能力。

品牌危机演习和培训的步骤包括以下五点：

①确定演习和培训的任务、目的。

②选择适当的演习和培训方式，如授课法、案例法、角色扮演法、行动模拟法等。

③制订演习和培训计划，包括演习和培训的时间、地点、所需资源等。

④进行演习和培训。

⑤对演习和培训结果进行评估。

4）建立品牌危机预警系统

品牌危机预防意识是酒店品牌危机预防管理的软件，为了有效开展品牌危机防范还必须要品牌危机预警系统的配合。品牌危机预警系统是指酒店为了防止和控制危机事件爆发，对酒店运营状态进行全面监测以收集信息，运用科学的技术方法和手段进行信息处理，对可能的危机进行预测与分析的系统。品牌危机预警系统主要包括四个子系统：信息收集子系统、信息加工子系统、决策子系统和警报子系统。

①信息收集子系统。该系统的主要任务是收集各种有关品牌危机风险源和危机征兆的信息。该系统关键是要能保证信息搜集的全面性，不可遗漏任何显示危机发生的信息。

②信息加工子系统。该系统具有信息整理、信息识别及信息转换三大功能。信息的整理使原本杂乱无章的信息清晰化和条理化；信息的识别过程能够有效地排除那些可能存在错误和虚假的信息；信息的转换使信息转换成简单、直观的信号或指标，直接供决策使用。

③决策子系统。该系统根据事先预定好的决策依据和标准，将整理后的信号和指标与危机预警的临界点进行比较，对是否发生危机警报和警报的级别作出判断。

④警报子系统。该系统的主要任务是根据决策子系统的判断，及时明确地向酒店发出警报信号，并促使相关部门采取应对措施。

在品牌危机的预防阶段，品牌危机的各种前兆会不断地出现，只要对其采取及时的预防措施就能有效防止危机的发生或者减少危机造成的损失。但在实际工作中，对品牌危机预防管

理往往效果不佳,这是因为:

第一,品牌危机的各种前兆属于细微的量变过程,容易被人忽视。第二,即使品牌危机的前兆被人们察觉,但是由于无法提前验证,人们会怀疑这些征兆是否在预示危机或认为征兆不会带来危害而没有采取及时行动。当确认危机会发生时往往为时已晚。第三,如果酒店管理者对危机征兆给予足够的重视并采取有效的措施避免危机的发生,那么这些征兆是否会导致危机便无从验证,是否有必要耗费资源实施避免危机的行动? 这会成为人们的疑问。另一方面,因为危机预防阶段的损害较少,因而成功预防品牌危机远远没有成功的危机反应和恢复管理的成效显著,管理者也缺乏成就感,即对危机预防阶段管理的激励效应远不如其他阶段的管理。

9.3.2　品牌危机处理管理

虽然酒店为预防危机发生采取预防措施,但是有些危机还是会不可避免地发生。而一旦危机发生,酒店就应立即启动危机处理程序,针对突发性品牌危机事件的特征,根据危机处理计划和危机处理决策迅速采取应对措施抑制危机事件蔓延,从而降低危机的危害性,甚至抓住时机化"危"为"机",提高酒店品牌知名度和美誉度。

1)品牌危机处理的程序

酒店品牌危机处理的基本程序包括以下步骤:

(1)成立危机处理组织

品牌危机处理必须要有相应的组织保障。由于品牌危机事件的发生使得酒店各个部门正常的经营管理秩序被打乱,因此酒店应根据危机处理的需要对组织机构进行调整以渡过难关。

一般而言,酒店品牌危机管理中的组织机构由三大系统组成,即信息系统、决策系统和操作系统(图9.1)。

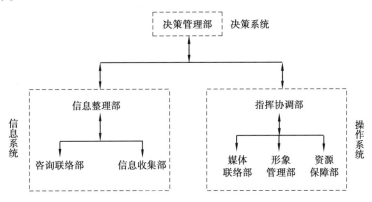

图 9.1　品牌危机管理中的组织结构

信息系统包括信息收集部、咨询联络部和信息整理部。信息收集部应配有专门训练有素的信息收集人员,提供翔实、快速、准确的信息收集服务;咨询联络部主要为危机管理决策收集专家意见和获得社会支持;信息整理部负责将危机信息进行识别、分类和记录,供决策者使用。

决策系统主要为管理决策部。由一名首席危机管理者和若干名危机管理者组成。首席危机管理者应由酒店高层管理者担任,一方面其对酒店有全面的了解,另一方面有决策的权威。危机管理者应经过一定的危机培训,具有在高度压力和信息不充分条件下作出科学决策的能力。

操作系统包括指挥协调部、媒体联络部、形象管理部、资源保障部等。指挥协调部负责危机现场指挥和与决策系统的全面沟通;媒体联络部负责对媒体的协调管理;形象管理部负责组织形象的推广;资源保障部负责为危机处理提供资源支持。

（2）危机调查与评估

酒店在处理危机时首先要找出危机的根源。在科学、全面调查的基础上找出危机发生的根本原因和整个危机事件的真实情况。只有找到危机的根源才能为制订针对性的解决对策提供依据;而公布危机事件的真实情况不仅是社会公众关注的焦点,他们会以此评价酒店是否有解决危机的诚意,而且酒店在承担相关责任时也要以危机事件的真实情况为基础,归酒店承担的责任要有诚意地承担责任,以高姿态赢得受害者和社会公众的谅解,而对不归酒店承担责任的事件应加强与各方的沟通,澄清事实、消除误解,以挽回酒店品牌形象。

另一方面,酒店需要对危机事件的影响作全面评估,不仅包括现实的危害影响,而且包括潜在的危害影响。在得出全面的危害评估之后,酒店最高管理层就要根据评估危害的级别,并制订采取相应的危机处理方案。错误地估计危机的危害程度会对酒店品牌和企业形象带来灾难性的后果。

（3）建立信息传播渠道

酒店在品牌危机事件发生后建立畅通的信息传播渠道是解决危机的重要措施之一。危机发生使得酒店处在社会舆论与公众关注的焦点,社会公众迫切想知道危机的真相和酒店处理危机的态度与措施;而且在信息沟通不对称的情况下在社会公众中很容易滋生误解、猜疑的情绪,从而加深危机对酒店形象的危害。酒店应通过多种信息渠道,例如酒店网站,与报纸、电台、新闻网站等媒体合作,建立高效的信息传播渠道。特别要密切与新闻媒介的沟通,因为他们在引导社会舆论方面具有重要作用。酒店应指派专门的新闻发言人或新闻中心负责处理媒体关系,以统一口径回答有关新闻媒体和公众的访问,以真诚的态度表达歉意和酒店处理危机的诚意;掌握舆论主导权,通过多种信息传播渠道让公众了解危机的进展情况。遇到暂时弄不清楚的问题应承诺尽快提供相关信息,而对于不能提供的信息则应诚恳地说明原因,取得对方谅解,防止激怒新闻媒体。在危机事件处理过程中,酒店只有建立畅通的信息传播渠道,才能澄清歪曲失实的流言报道,让公众了解事实真相;而酒店对于自身的过失能够主动承担责任,并采取补救措施,以显示酒店诚意和责任感,获得社会公众的谅解,从而最终减小品牌危机事件的危害。

（4）运用危机处理技巧

酒店在处理品牌危机的过程中应结合危机的特点采取一些危机处理技巧,从而有助于危机的解决。①危机隔离策略。危机暴发所产生的危害性往往具有辐射效应特点,它对酒店某个品牌形象的损害可能引起消费者、公众对酒店其他品牌甚至是酒店整体企业形象的误解。因此,当某一品牌危机事件发生后,酒店应迅速采取措施切断危机对酒店其他品牌的联系,将爆发的危机隔离以防止造成更大的损失。②危机利用策略,是指利用危机事件造成社会公众对酒店高度关注的机遇,通过成功化解危机让社会公众认识酒店以顾客利益为重的企业形象,提升酒店品牌知名度和美誉度,从而变"危机"为"机遇"。③借助公正性和权威性的机构来帮助解决危机,在处理危机的过程中酒店可以邀请公证机构、政府机构或专业权威人士参与,这样可以提高公众对危机调查结果的信任,从而促进危机事件解决。

2）品牌危机处理的对策

酒店品牌危机事件发生对不同公众产生的影响不同,不同公众对事件的关注点也不同,因此应针对不同公众的特点采取不同的应对措施。

（1）针对酒店员工的对策

酒店在发生危机事件以后,首先,要采取有效措施稳定员工情绪,恢复酒店内部有序经营秩序;其次,要加强与员工的沟通,让其了解危机发展情况,并收集和了解员工对危机处理的建议和意见;按照危机处理总体方案布置各个部门在危机处理中的职责;对伤亡员工,酒店要做好抢救治疗和抚恤工作,及时通知家属和做好慰问及善后处理工作。

（2）针对受害者的对策

酒店应派专人和受害者接触,了解受害者的情况和其对赔偿损失的要求;对于受害者提出的合理要求酒店应本着诚意的原则承担责任,尽快制订损失赔偿方案并尽快兑现;对于受害者或家属提出的不合理要求酒店要掌握处理技巧,既要坚持立场,又有要表现风格,争取双方达成谅解。

（3）针对新闻媒体的对策

新闻媒体是一个庞大而复杂的体系,包括电视、广播、报刊、网络等。在品牌危机事件中,新闻媒体扮演着重要角色。首先,新闻媒体可能是导致或扩大危机的因素。新闻媒体在传播信息上具有垄断优势,可以使信息在短时间内被广大公众所知晓,媒体对公众的态度有很强的引导作用。同时,新闻媒体对信息还起着放大作用,使原本可能局限于一定范围内的信息被广大公众所知晓。这些都可能使酒店对危机事件失去控制。其次,新闻媒体也可以被酒店所利用,成为良好的信息传递工具,促进危机的解决。

酒店在处理危机的过程中和新闻媒体建立良好的关系,争取新闻界的理解、合作将十分有助于解决危机事件。首先,要建立新闻中心或指派专门的新闻发言人,他们专职负责发布有关酒店危机事件的信息。新闻发言人应慎重选择,最好安排酒店高层领导且善于沟通的人担任;新闻发言人要有亲和力、善于沟通;新闻中心或发言人在向媒体提供信息时应本着合作、自信、主动、诚意等态度,表明立场,说明事实真相。其次,确定与新闻媒体的保持联系和沟通的方式,通过召开新闻发布会、互联网、电话、传真等形式向新闻媒体传递信息,掌握新闻报道的主动权。最后,注意引导新闻媒体和公众的舆论导向,提供公众关注的信息,例如危机处理进展、善后措施等。对于不符合事实的报道,酒店应采取补救措施,加强与媒体的沟通,指出其失实的地方并要求更正,从而减少误传对酒店形象的损害。

（4）针对政府部门的对策

危机事件发生后,酒店要与政府相关部门保持密切联系,应定期报告事态发展情况并争取政府主管部门的支持;危机处理后,酒店应将完整的处理报告汇报给主管部门,包括事件发生的原因、处理的经过和防范措施。

（5）针对社会公众的对策

酒店应根据具体情况对社区公众、相关社会组织、相关机构通报危机事件的情况、处理危机的措施和防范措施;如果对社会公众造成损失,酒店应主动承担责任、赔偿损失,消除危机事件对社会公众的负面影响。

9.3.3 品牌危机恢复管理

1）危机恢复管理的目标

酒店在平息品牌危机之后应启动品牌危机恢复管理，全面恢复酒店品牌形象。品牌危机恢复管理一般在危机基本得到控制时全面展开，其应实现以下两个目标：

（1）维持酒店的生存

品牌危机造成的损失一般会使酒店经营的连续性遭到破坏，严重的会直接对酒店的生存构成威胁。因此，恢复管理的首要任务是维持酒店生存，而有些损失无法在短期内得到恢复，酒店管理者应集中资源重点恢复与酒店生存相关的业务。

（2）促使酒店获得新发展

品牌危机给酒店带来的不仅仅是损失，也可能带来发展的机遇，例如通过危机加强酒店内部的凝聚力，提高酒店的知名度，以及正确的品牌危机处理获得更多的社会支持等。在危机恢复阶段应充分把握这些机会，使酒店获得新的发展。

2）重塑酒店品牌的措施

酒店要做好危机后酒店品牌形象的调研、分析和评价，了解品牌形象受损程度，包括品牌美誉度、忠诚度和市场受损情况。针对存在的问题提出酒店品牌形象重塑方案。重塑酒店品牌形象的措施包括：①加强酒店公关弥补品牌形象缺陷，加大品牌促销力度，进行品牌更新等。②继续与新闻媒体合作，通过新闻媒介宣传酒店危机后的新形象，及时向外界传递酒店品牌恢复的进展，发掘有积极意义的新闻；或者邀请业内的专家、新闻记者来酒店进行实地考察。③要通过与消费者的沟通过程了解顾客对酒店的综合评价、意见等，酒店应在酒店网站及时更新有关品牌危机过后的概况，并及时发布那些显示危机过后酒店恢复正常经营的正面信息，并在显著位置注明发稿时间和地点，使酒店的消费者与潜在消费者能够第一时间了解酒店近况，从而提升酒店品牌形象。④酒店要加强与政府、社区公众、社会组织的经常性沟通，争取他们对酒店发展的支持。

3）品牌危机管理评价

品牌危机管理评价是品牌危机管理工作的全面综合考察，旨在通过总结提高酒店处理品牌危机的能力和危机管理水平。

（1）品牌危机管理评价的原则

品牌危机管理评价的原则包括：①真实性原则。品牌危机管理评价应以全面的信息资料为基础，不要怕暴露品牌管理中的问题，因为及时发现问题是品牌危机管理评价的重点之一。因此，信息的收集也需要采取一些特殊的方式，例如匿名调查等，以确保信息的真实性。②客观性原则。品牌危机管理评价应实事求是地反映危机管理的绩效和问题，而不是为了对责任人进行追究。因此，一定要把品牌危机管理评价和责任调查区分开来。为了保证评价的客观性，在评价中除了酒店内部成员以外，还应邀请一些与评价结果没有利害关系且不受酒店组织观念影响的人参加。例如品牌危机管理咨询机构的专家等，使之能以"旁观者"的角度作出更客观的评价。

（2）品牌危机管理评价的内容

①对品牌危机预防管理的评价内容：①

a. 品牌危机中，酒店组织沟通是否顺畅有效，存在哪些问题，如何改进？

b. 沟通设备是否足够或者运作是否正常，是否需要维修或更新？

c. 沟通方式抗干扰性如何，还需要进行哪些改善？

d. 品牌危机计划的指导作用有多大，与其制订成本相比是否合算？

e. 演习和培训对品牌危机处理是否起到了作用，作用有多大？

f. 演习与实际的品牌危机情景存在哪些差别，如何改进演习？

g. 根据危机的经验和教训，决定演习和培训中哪些项目需要增加，哪些需要加强，哪些需要删除。

h. 人们是否对预警系统的警报给予了足够的重视并采取了正确的反应？如果没有，原因是什么？需要采取什么措施改进？

②对品牌危机处理管理的评价内容：

a. 什么导致了品牌危机？如何避免？

b. 品牌危机在预防阶段是否被识别？如果没有，如何加强识别能力？

c. 识别品牌危机后的反应措施是否有效地阻止或延缓了危机的爆发？经验和教训是什么？

d. 品牌危机爆发后，酒店各部门反应是否迅速合理，有哪些经验和教训？

e. 品牌危机处理中的资源供给是否及时、充分？配置是否合理，如何改进？

f. 品牌危机中酒店成功避免或减少了哪些损失？还有哪些损失可以避免而没有避免，如何改进？

g. 品牌危机中组织设置是否合理，组织运作是否高效，如何改进？

h. 对新闻媒体的管理是否合理，新闻发言人是否合格，是否需要更换或再培训？

i. 向新闻媒体传递的信息是否充分、合理，酒店形象、品牌形象维护效果如何？

j. 危机中信息获取和沟通是否有效，如何改进？

k. 品牌危机恢复管理措施是否有效，还存在哪些问题，如何解决？

总之，酒店通过品牌危机预防管理、品牌危机处理管理和品牌危机恢复管理最终是为了实现有效消除危机对酒店品牌和企业形象的损害，提高品牌竞争力，实现酒店的可持续发展。

9.4 案例——桂林 A 酒店中毒事件

案例经过

广西桂林 A 酒店是一个全国连锁酒店，以泉水加秘方烹饪鸡鸭和桂林家常菜为特色。由于顺应绿色消费潮流、味道鲜美和定位中低档消费而颇受顾客欢迎。

某日，A 酒店在广西南宁的一个分店遭到消费者投诉。一个消费者来到该分店，说昨天他们一行 8 人在此店吃饭，6 人发生腹泻。到医院看病，医生说是食物中毒，并开了药。消费者要

---

① 马勇，周娟.旅游管理学理论与方法[M].北京：高等教育出版社，2005：207-208.

求该分店赔偿昨天的餐费,否则给予曝光。当时,主持工作的是分店经理助理,他说食品卫生绝对没有问题,要来人出具证明。消费者对这种处理不满,于是告到《××日报》。记者从南宁打电话到桂林A酒店总部,说如果再不妥善处理,将予以曝光。总经理接到电话,意识到曝光对于一个连锁店的严重性,当即告诉记者第二天到达南宁市亲自处理。记者同意在没有与总经理面谈之前不报道。但是第二天由于有教授来公司讲学,A酒店总经理没有去南宁市。第三天,《××日报》即以醒目标题报道此事件,也就是在同一天,酒店总经理派助理去了南宁市,向受害者表示赔礼道歉并赔偿了损失费。《××日报》决定跟踪报道此事的处理结果。

但是,A酒店总经理认为记者言而无信,报道失实,给公司造成名誉损失,使得公司赔了夫人又折兵,要起诉该记者。当时日报社给予A酒店的答复是:

如果酒店不起诉,《××日报》答应免费进行后续报道,以挽回酒店的形象。

危机处理

A酒店管理层经过讨论,认为对于酒店来讲,重要的是公众形象。与记者打官司,胜败并没有谁去关注,反而浪费自己的精力。所以,当时决定不起诉,要求《××日报》写出公司的连续报道,以挽回酒店的形象,同时与媒体搞好关系。A酒店意识到加强卫生的重要性,改变过去由分店经理负责食品卫生的做法,成立了卫生质量检查部,制订食品卫生标准和检查程序,定期对所属二级分店进行检查,使酒店更加正规化。

【本章小结】

在商业经营环境复杂多变的时代,酒店需要建立一套完整的品牌危机管理机制,以有效预防危机、应对危机。酒店品牌危机的形式主要有经营危机、形象危机、信誉危机、文化危机、质量危机。各种危机都会对酒店的品牌形象和企业形象产生危害,必须妥善处理各种品牌危机。酒店品牌危机管理应遵循防范原则、迅速原则、沟通原则、真实原则、创新原则和统一原则。酒店品牌危机管理是一个系统的管理过程,它主要包括品牌危机预防、品牌危机处理和品牌危机恢复。

【复习思考题】

1. 酒店品牌危机的形式有哪些?
2. 酒店品牌危机管理的内涵是什么?
3. 酒店品牌危机管理的原则有哪些?
4. 酒店品牌危机管理的内容是什么?

第 10 章 酒店品牌国际化管理

【内容导读】
  在世界经济全球化、一体化趋势下,酒店品牌国际化已经成为世界酒店业发展的趋势。本章主要分析酒店品牌国际化的内涵与动因、酒店品牌国际化的模式选择、酒店品牌国际化的障碍和推进酒店品牌国际化的策略。
【学习目标】
  ①了解酒店品牌国际化的内涵,理解酒店品牌国际化的动因;
  ②掌握酒店品牌国际化的主要模式;
  ③了解酒店品牌国际化的障碍和推进酒店品牌国际化的策略。

纵观世界著名酒店的发展历程,它们都有着非常相似的品牌国际化战略:首先建立一个强势的本土酒店品牌,在品牌具备一定的实力后就开始向国际市场扩张,利用品牌逐步向其他国家市场渗透。进入新世纪,国外酒店品牌加大对在中国市场的扩张步伐。"国内市场国际化、国际竞争国内化"的竞争压力迫使国内本土酒店必须创建国际酒店品牌以应对国际竞争。品牌国际化已经成为中国酒店业发展的必然选择。

10.1 酒店品牌国际化的内涵与动因

10.1.1 品牌国际化的含义

关于品牌国际化(Global Branding)的概念,不同学者站在不同的角度给出不同的定义:韦福祥(2001)认为"品牌国际化,又称为品牌的全球化经营,是指将同一品牌以相同的名称(标志)、相同的包装、相同的广告策划等向不同的国家、不同的区域进行延伸扩张的一种品牌经营策略,以实现统一化和标准化带来的规模经济效益和低成本运营"。宋永高(2003)认为"当一个企业用相同的品牌名称和图案标志,进入一个对本企业来说全新的国家,开展品牌营销,就是品牌国际化。通常品牌国际化的目的是在异国他乡建立起本品牌的强势地位。因此,品牌国际化简单地说就是品牌跨国营销"。苏勇(2005)认为"品牌国际化是一个隐含时间与空间的动态营销和品牌输出的过程,该过程将企业的品牌推向国际市场并期望达到广泛认可和企业特定的利益"。张华容(2006)认为"品牌国际化概念本身是针对地域问题而提出来的。当一个企业用相同的品牌进入一个对本企业来说全新的市场,创建企业的用户资源,让品牌在全球范围内与不同区域市场消费者发生良性的互动关系,就是品牌国际化。因此,品牌国际化的目的就是要在本土以外的市场建立品牌的强势地位"。

本书综合以上定义,将酒店品牌国际化概括为:酒店将其所属的品牌向不同的国家或地区进行延伸扩张,以期获得广泛认可和体现酒店特定利益的过程。

酒店品牌国际化的内涵包括以下几个方面:

①酒店品牌国际化是酒店品牌由本土向国外延伸的过程。首先,酒店品牌国际化在地域上强调酒店品牌由本土向世界其他国家或地区的扩张、延伸,以占据一定的国际市场份额,具备一定的品牌国际知名度。其次,酒店品牌国际化强调酒店品牌输出是一个时间过程,它需要酒店长期坚持系统的品牌国际经营战略。纵观世界著名酒店的品牌国际化进程,每一个成功的国际酒店品牌都是经过几十年的漫长积累才取得很高的国际品牌知名度和广泛的国际市场网络。例如,洲际酒店集团在 20 世纪 50 年代开始其全球化扩张,经过 50 余年的积累发展,最终成为世界上最具全球化并拥有客房数最多的酒店集团。截止到 2022 年集团旗下拥有、管理、出租或托管的酒店达 6 032 家,共有客房 885 706 间,分布全球 100 多个国家和地区。图 10.1 为深圳洲际酒店大堂一角。

图 10.1 深圳洲际酒店大堂

②酒店品牌国际化的目的是获得广泛认可和体现企业特定的利益。酒店开展品牌国际化经营行为是为了实现特定利益的行为:首先,获得酒店品牌广泛的国际认可,提升酒店品牌在国际上的知名度和美誉度,为打造国际酒店品牌打好基础;其次,在塑造国际品牌的基础上,酒店在品牌国际化过程中会进一步地实现拓展市场网络、获取国际资源、攫取经济利润等特定利益。

③酒店品牌国际化是系统的企业经营活动。酒店开展品牌国际化就是在东道国开展投资、市场经营、品牌营销等系列活动,不断强化酒店品牌对当地市场的影响,促使消费者对酒店品牌由认知、偏好到形成购买并最终成为品牌忠诚顾客,以达到树立酒店品牌形象,扩大品牌

国际影响力的目的。因此,酒店品牌国际化是由一系列复杂的企业经营活动组合体。

酒店品牌国际化的衡量标准用国际化指数来评价,"国际化指数＝进入国家数×本国之外客房数比重。"公式中进入国家数表示酒店进入国外其他国家或地区的数量,酒店的品牌在国际上的市场覆盖面越广,则其国际认可度越高、品牌影响力越大、品牌国际化程度越高;本国之外客房数比重指酒店在其他国家或地区拥有或经营的客房数占其总客房数的百分比,它反映了酒店经营业务国际化水平。

10.1.2　酒店品牌国际化的内外动因

1)经济全球化宏观环境驱动品牌国际化

20世纪80年代以来,各国之间经济联系日益紧密,经济全球化成为世界经济发展的重要趋势。金融自由化和各国外资管理政策更加趋于自由,酒店通过直接投资、购并、战略联盟和合资经营等多种形式进行品牌国际扩张日益频繁。特别是20世纪90年代以来,世界范围内的产业重组掀起酒店新一轮的兼并和收购浪潮,催生一大批跨国界的超级酒店集团。经济全球化趋势极大地推动世界酒店品牌国际化进程,世界各主要酒店在推进其旗下品牌国际化进程中瓜分全球酒店市场。与此同时,世界著名酒店品牌进入中国市场的步伐也不断加快。

2)酒店发展需求微观环境驱动品牌国际化

进入品牌竞争时代,品牌国际化已经成为酒店在短时间内实现跨越式发展的重要途径之一。酒店股东、业主、高层管理者等内部利益相关者迫切希望通过品牌国际化来实现利润最大化的目的。

(1)品牌国际化是降低品牌营销成本的途径

酒店在品牌国际化过程中能够迅速地统一配置企业的营销资源(例如营销渠道、营销信息、营销系统等),在全球各区域市场开展统一的广告宣传、促销活动等,从而大大减少酒店的重复性品牌营销工作,降低营销成本,提高酒店的盈利能力。

(2)品牌国际化是扩大市场网络的方式

通过品牌国际化快速扩大市场网络已经成为世界著名酒店发展的必由之路。它们通过特许经营、管理合同、购并、战略联盟和合资经营等多种形式进入东道国酒店市场,然后通过旗舰酒店迅速拓展市场网络,扩大酒店的品牌影响力,获得更多的收益。

(3)品牌国际化是利用国际资源的手段

市场实践证明,酒店通过品牌国际化能够不断获取和整合优化国际范围内的生产资源,例如资金资源、人力资源、技术资源、市场资源、信息资源等,在企业全球化战略视角下整合各种资源,使其实现最大效益产出。

(4)品牌国际化是提升品牌形象的方法

酒店通过品牌国际化向各国消费者传达统一的品牌形象。旅游者在世界各地都能够享受到同样品质的酒店产品与服务;同时,酒店品牌能够在世界范围内广泛扩张也说明品牌强大的市场影响力,从而孕育大批世界范围内的忠诚顾客。良好的品牌形象又有助于酒店品牌在全球范围内推广,从而形成一种良性循环。

10.2 酒店品牌国际化的模式选择

酒店实施品牌国际化的首要问题就是选择创建国际品牌的模式,各个酒店的情况、品牌国际化战略和处理方式不同,从而也导致品牌国际化的不同模式。酒店应依据科学的品牌管理理论,结合自身的战略目标和实际情况,选择最为合适的品牌国际化模式。

10.2.1 酒店品牌国际化基本模式

酒店品牌国际化模式主要有三种:原创品牌模式、联合品牌模式、并购品牌模式。不同品牌国际化模式的适用条件和优缺点不同。

1)原创品牌模式

原创品牌模式是指酒店通过对自有品牌的经营与管理,循序渐进地逐步扩大酒店品牌的市场范围、拓展品牌影响、提高市场占有率,逐步树立国际品牌形象,最终建立国际品牌的一种形式。这种模式的发展轨迹是:地方品牌、省内品牌、国内品牌、国际品牌的滚动上升式发展;市场扩张的顺序:本地市场、地区市场、全国市场、海外相邻市场、全球市场。采用原创品牌模式的酒店必须具备雄厚的实力,拥有大规模开展国际营销活动的资源;同时,对东道国的法律、市场运行机制、市场网络等都必须有充分的了解。原创品牌模式的优点有:①酒店可以在东道国市场建立销售渠道,有利于酒店更加及时地掌握目标市场信息,拓展国际市场网络。②酒店可以有效控制海外经营的风险。③有利于酒店逐步积累国际市场运作经验,储备跨国经营人才,熟知跨国经营规则,提高建立国际品牌的成功率。同时这种模式也存在经营周期长、资金投入量大等缺点①。许多著名酒店品牌都是通过这种模式成长为国际知名酒店品牌。例如,1971年香格里拉集团在新加坡成立第一家酒店后积极向亚太地区各大都市扩张;1984年香格里拉集团进入中国大陆市场,在杭州开设第一家旗舰酒店,采取原创品牌模式,逐步开拓中国市场。

2)联合品牌模式

联合品牌模式是指酒店与准备进入国家的酒店进行合作,通过品牌联合的方式来丰富自身的品牌内涵,实现品牌认知,引发品牌联想,从而共同创造世界知名酒店品牌。它的优点表现在:①有利于实现优势互补,推进市场网络开拓进程。酒店通过与东道国酒店进行品牌联合,可以依靠对方的优势来弥补自身对市场环境陌生、市场网络不足,以推进开拓新市场的进程。②有利于节省营销费用。酒店可以利用当地酒店的营销资源,例如营销渠道、市场网络、信息系统等,从而大大降低营销费用,节省资金投入。③有利于提高品牌价值。双方品牌的联合使得酒店产品与服务的质量得到更强的保障,消费者通常愿意为高质量保证的酒店产品支付更多的钱,从而使酒店品牌获得溢价收益。④有利于打破地区保护主义,顺利开拓海外市场。通过联合当地品牌能够最大限度地减少地区保护主义的阻力,容易获得当地消费者的认

---

① 李钊.国际品牌创建模式与我国企业的实践经验[J].集团经济研究,2006(7):158-159

同,从而顺利地开拓海外市场①。近年来,联合品牌模式受到越来越多的酒店所青睐。1982 年中国第一家中外合资酒店——建国酒店开业并首家引进境外酒店管理公司(香港半岛管理集团),拉开我国酒店集团化、品牌化进程的序幕。半岛酒店集团利用其先进的管理理念与方法、灵活多样的营销手段、广泛的市场网络等优势获得经营上的巨大成功,开业当年前 7 个月就盈利 110 万元。随后,假日、喜来登等其他国际知名酒店管理公司纷纷在中国抢滩登陆。表 10.1 为 2022 年全球酒店品牌十强,图 10.2 为香港半岛酒店外景。

图 10.2 香港半岛酒店外景

表 10.1 2022 年十大最有价值酒店品牌

排名	酒店品牌名称	所属集团
1	Hilton	希尔顿希尔顿酒店集团
2	Hyatt	凯悦酒店集团
3	Holiday Inn	假日酒店洲际酒店集团
4	Hampton Inn	欢朋希尔顿酒店集团
5	Courtyard	万豪酒店集团
6	Double Tree	希尔顿逸林酒店集团
7	Shangri-La	香格里拉酒店集团
8	IHG	洲际酒店集团
9	Embassy Suites	华盛顿大使馆套房酒店
10	Crowne Plaza	皇冠假日酒店

资料来源:Brand Finance 发布的"2022 全球酒店品牌 50 名"。

3) 并购品牌模式

并购品牌模式是指酒店通过收购拟进入国家酒店品牌的所有权,进而获得该品牌背后各

---

① 王其中.企业创立国际品牌的三种模式[J].浙江工商职业技术学院学报,2004(2):5-10.

种资源的方式。它的优点有：①有利于缩短拟进入国际市场的消费者对酒店品牌的认知和接受时间，在短时间内迅速提升品牌市场占有率，获得高利润。②可以获得当地酒店品牌所蕴含的各种资源，例如营销渠道、销售网络、人力资源等，节省时间和资本投入。③收购当地酒店品牌可以减少竞争对手，扫清其进入市场的障碍。它是一种简便快捷的品牌国际扩张方式，世界上一些著名酒店经常使用该方式快速进入其他国家的酒店市场。例如，圣达特、雅高、希尔顿、洲际、凯悦、精品国际等主要国际酒店品牌都是在兼并收购其他国家酒店品牌的基础上迅速发展壮大起来的。

综上所述，三种品牌国际化模式的适用条件不同，优缺点也不同。酒店应根据自身的实际情况选择最符合其战略利益的品牌国际化模式。

10.2.2 酒店品牌国际化的路径

我国本土酒店经过三十余年的发展壮大，已经初具规模与实力；面临国外酒店品牌的大举进入和国内市场竞争日益激烈的形势，我国酒店应把握市场机遇，依据自身实际情况选择适宜的品牌国际化发展模式以创建国际品牌，占领国际市场。图 10.3 为酒店品牌国际化的路径选择。

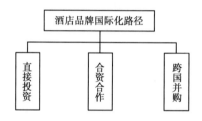

图 10.3　酒店品牌国际化的路径选择

1）路径一：直接投资

实力雄厚的本土酒店可以选择在海外直接投资建设酒店、自主经营的形式实施跨国经营，逐步增加海外市场网络布点，以提高品牌国际影响力和市场占有率。本土酒店可以与资金雄厚的金融机构或业务联系紧密的旅游集团合作共同开拓海外旅游市场。在东道国的选择上，我国酒店应采取先进入不发达国家，然后进入中等发达国家，最后才进入发达国家的逐级递进模式。因为发达国家的市场进入门槛最高，其拥有的国际知名酒店品牌多、实力强、市场地位稳固；相比之下不发达国家或中等发达国家的进入门槛低，其拥有的国际酒店品牌数量较少、市场尚未饱和、市场竞争较缓和。因此，先进入不发达国家市场有助于我国酒店积累海外品牌经营的经验，企业投资少、见效快，能够在短时间内提升品牌国际影响力，从而增强企业创建国际酒店品牌的信心。因此，我国酒店可以选择市场需求大、酒店业发展程度较低的发展中国家和地区，例如印度尼西亚、马来西亚、菲律宾、墨西哥等国作为海外经营的主要市场。这类国家的市场需求增长迅速，消费者主要青睐酒店产品与服务中等、价格适中的酒店。同时，我国与亚太地区国家有地缘上的联系，亚太地区又是我国出境旅游市场的主要目的地；在国内出境旅游市场日渐庞大的形势下，出境旅游客流流向的主要目的地国家也应成为我国酒店海外直接投资的重点。一方面，出境旅游的国内游客会把国内酒店品牌作为首选消费对象；另一方面，亚洲国家在文化背景、风俗习惯、消费水平等方面具有相似性,中国酒店的产品与服务比欧美国家酒店更适应顾客的消费习惯。总之,我国本土酒店在选择直接投资的国家时应综合考虑东道国酒店市场的各种因素,本着"先易后难、循序渐进"的原则逐步扩张其海外市场网络,扩大品牌国际影响力,塑造国际知名品牌。

2)路径二:合资合作

本土酒店可以采取与东道国的酒店合资或合作的方式拓展海外市场,提升品牌国际影响力和市场网络。合作的对象是当地经营业绩好、市场占有率高、品牌形象好的酒店。合作方式可以是合资参股、品牌输出、租赁经营等灵活方式。我国酒店应充分发挥自身产品优势、管理优势、文化优势、资金优势等长处,与当地酒店的营销网络优势、市场优势等有机结合起来,共同打造能很好适应当地市场需求的酒店品牌。

很多国外旅游者对中国文化十分好奇,他们渴望了解中国。我国酒店可以与国外酒店联合开发中国文化主题酒店;例如设计开发具有浓郁东方文化主题的酒店产品和服务,古色古香的客房、中式主题餐厅、东方膳食和东方民族歌舞等。差异化、特色化、文化性的酒店产品能够突出酒店的比较竞争优势。我国的"首旅如家酒店集团"在品牌国际化进程中采取的就是合作经营的方式,目前已与法国雅高集团在欧洲合营多家酒店,以出境旅游的中国人为主要服务对象,收费相对较低。

3)路径三:跨国并购

在欧美等西方发达国家,消费者比较成熟且要求很高,国际知名酒店品牌很多,市场竞争激烈等因素决定在这些国家通过原创品牌或联合品牌模式来进入市场需要很长的市场培育期,而且操作难度很大。而品牌并购模式则加速外来酒店进入发达国家市场进程。我国酒店可以通过兼并、控股等方式收购拟进入国家酒店品牌的所有权,从而控制其市场网络、营销渠道、人力资源等。很多著名的酒店普遍以兼并、收购、重组等资本运营手段实现由地区性酒店品牌向国际酒店品牌的飞跃。例如1953年假日酒店集团创始人凯蒙斯·威尔逊开创酒店集团"特许经营"先河,至1957年售出特许经营权18个,实现特许经营在酒店扩张中的初步成功,此后希尔顿、喜来登等引入这一方式迅速实现酒店低成本、高利润扩张;20世纪60年代希尔顿酒店集团首创"管理合同"经营方式,1964年其在纽约交易所成功上市,成为世界酒店业中第一家上市的集团公司,1998年在其年度财务报告中正式提出"公司专心于经营酒店业,通过兼并、购买、连锁经营等方式扩大集团拥有酒店数";英国福特酒店集团为了进入世界豪华酒店市场,1994年收购子午线酒店集团(Le Meridien),迅速加快了其全球扩张步伐,1995年为了集中全力经营子午线品牌而卖掉旅游客栈联号在美国的490家酒店。

2014年11月,上海锦江集团以12.90亿欧元,约合人民币102亿元的价格收购了法国知名旅游酒店集团卢浮集团,并获得卢浮集团100%的股权。2016年9月,万豪国际集团用价值199亿美元的股票以及3.4亿美元的现金收购喜达屋酒店与度假村国际集团。整个收购于2016年9月完成。这次收购对世界酒店业的影响将是长久而深远的,万豪酒店集团因此成为全球第一大酒店集团。2017年2月,华住酒店集团与以美国投资基金凯雷集团为首的投资人签署股权收购协议,以36.5亿元人民币的价格全资收购桔子水晶酒店集团100%股权。

我国本土酒店要成长为国际性酒店品牌,跨国并购将是重要的途径。当然,跨国并购对酒店的资金实力、资本运作能力等要求十分高。在当前我国本土酒店规模实力还很有限的情况下,可以小范围试点,逐渐积累跨国并购的经验,等待条件成熟时再大规模地实行跨国并购。

10.3 延滞酒店品牌国际化的障碍

虽然我国酒店品牌经过30多年的积累与发展,不论在品牌的数量规模上还是在品牌的质量效益上均取得很大成绩,但与国际著名酒店品牌相比差距仍然很大。我国酒店品牌国际化道路仍然任重而道远。当前,在我国酒店品牌国际化进程中存在着诸多障碍。

10.3.1 品牌国际化战略意识不强

我国本土酒店在品牌国际化进程中犹豫不前的主要原因是酒店高层管理者的思想认识误区,主要表现在以下四个方面:

①畏难心理。在当今世界酒店集团300强中绝大多数是欧美国家的酒店品牌,它们经过几十年的积累、扩张,已经形成庞大的市场网络、成熟的管理体制、高效的营销渠道、良好的品牌形象、很高的品牌知名度与美誉度等。相比之下我国的本土酒店在品牌国际化进程中处于刚刚起步阶段,品牌的国际信誉度低、市场网络没有形成、缺乏品牌国际扩张的经验等。很多国内酒店更喜欢在国内市场"偏安一隅",而没有勇气跨出"走出去"的第一步。国内酒店高层管理者的畏难心理成为阻碍品牌国际化进程的第一道鸿沟。

②短视心理。国内酒店在实施品牌国际化战略时缺乏品牌经营和品牌战略规划意识,往往会过分注重短期利益而忽视品牌的长期发展,从而导致品牌国际化进程受挫。很多酒店虽然也有品牌国际化战略规划,但在执行过程中受急于求成的短视心理影响,希望在短时间内就达到明显的经营成果,这使得酒店的品牌国际决策和经营行为出现严重的短视化现象,严重制约酒店的品牌国际化建设和发展。实际上,成功的国际品牌运作需要漫长的运作周期。因为品牌的背后必须有技术、资本、人力资源、服务、管理和文化等诸多资源的支撑,酒店积累这些资源需要很长的时间;而且拥有这些资源以后还必须将这些资源进行优化配置与组合。积累资源与配置资源需要很长的时间,这就决定了塑造国际品牌是一个循序渐进的漫长过程。因此,急于求成的短视心理也会阻碍酒店品牌国际化战略的实施效果。

③品牌经营表面化。很多酒店的高层管理者存在着错误的品牌战略观念,将品牌国际化误解为酒店品牌宣传、品牌包装等片面内容,而忽视品牌运营的系统性、复杂性,从而既使企业耗费资源,又没取得效果。

④法律意识不强。由于政治、经济、文化等诸多因素的差异,我国与其他国家在法律上存在着很多差异,尤其是欧美等国家法律体系则更为完备、苛刻。国内酒店在他国开展市场经营活动时如果不深入了解当地的法律、法规,则很可能在无意之中就侵犯当地的法律而陷入法律诉讼,不仅要支付高昂的诉讼费用,而且会延迟其品牌国际化进程。

10.3.2 品牌国际化运营水平不高

品牌国际化运营是酒店对品牌的国际扩张进行的一系列控制、管理措施,包括品牌国际化模式选择、酒店经营方式、企业内部管理模式与制度、产品与服务的标准与流程、财务监督和控制、外派人员管理等方面①。当前我国本土酒店仍然处于走出国门的起步阶段,在"摸着石头过河"的过程中逐渐积累经验,逐步提高品牌国际化运营水平。我国酒店品牌国际化运营水平不高主要表现在以下两个方面:

①品牌管理落后。西方发达国家的酒店在品牌管理方面经历了品牌职能管理、品牌经理制、品牌资产管理、全球品牌策略几个阶段,目前正处于品牌领导模式阶段。这种模式有一套科学的滚动渐进式品牌管理流程,将品牌管理流程划分为建立专门的品牌管理组织、品牌战略目标及投资预算的制订、品牌承诺、品牌识别系统建立、品牌架构、品牌整合传播与沟通、品牌资产评估、持久一致投资品牌七个阶段,为其品牌国际化打下良好的管理基础。而我国大部分酒店的品牌管理水平比较落后,仍然停留在品牌职能管理阶段,没有突出品牌建设在企业战略中的重要地位,从而制约酒店的品牌国际化进程。

②跨国资本运营能力低。在品牌国际化过程中,酒店会经常运用合资合作、跨国并购等模式,而具体的操作方式则是以资本的流通、收购、兼并、重组、参股、控股、交易、转让、租赁等各种资本运营方式。我国酒店业在资本运营道路上虽然已经走过了以单一合资经营形式为特征的萌芽阶段和小范围内少数酒店试点综合运用资产重组、酒店购并、股权上市、产权多元等多种资本运营形式的起步阶段,但尚没有大规模进行跨国资本运营的经验。这涉及国际经济运行规则、特定区域的政治、法律规则(例如投资、融资、税收、会计、进出口、就业、外汇管理、消费者权益保护等方面的法律法规)等诸多因素。

10.3.3　品牌国际化经营人才缺乏

酒店品牌国际化经营需要大批熟悉国际经济运行规则与法律法规知识、通晓品牌国际经营专业知识、掌握外国语言、具有实践经验的复合型人才。世界著名酒店能够顺利推进其品牌国际化进程,人才是关键中的关键。例如,希尔顿集团十分重视人才培养,集团不仅建立人才培养学院以培养酒店人才,而且设立系统的酒店人才库。当希尔顿集团在世界某个国家新开一家连锁店时,总公司就能从人才库中挑选合适的人选组成管理团队。正是这种人才培养与选拔机制为希尔顿的品牌国际扩张提供源源不断的人力资源保障。目前,我国酒店不仅缺少品牌国际化管理人才,而且没有成熟的培养品牌国际化管理人才的机制,直接制约国内酒店的品牌国际化进程。

10.3.4　品牌国际化文化冲突严重

文化差异是影响酒店品牌国际化非常重要的因素之一。而文化障碍常常是阻碍许多酒店品牌国际化进程的"拦路虎",主要表现在以下两个方面:

①地域文化差异。每个国家都有自己独特的语言、宗教信仰、社会文化、民族风俗等;酒店的员工、客人都深受当地文化氛围熏陶。这就决定酒店的企业文化与当地社会的文化差异会形成矛盾、冲突,从而阻碍其品牌国际化进程。因此,酒店首先要协调当地社会文化的平衡,既

---

① 戴斌.酒店品牌建设[M].北京:旅游教育出版社,2005:131.

使酒店本土化,同时又保持其固有特色。

②企业文化差异。酒店在品牌国际化过程中会兼并、收购当地的酒店;而不同酒店的发展历史、企业价值观、企业哲学、企业精神、企业道德等企业文化要素是存在差异的,这就很容易造成酒店购并后品牌间的文化冲突。如何协调酒店母公司的企业文化与当地酒店的企业文化的融合性成为决定企业兼并是否成功的关键。图10.4为御温泉景区酒店门庭。

图 10.4　御温泉景区酒店门庭

10.3.5　品牌设计缺乏国际适应性

酒店品牌形式包括品牌名称(中英文)、品牌标识或符号及品牌形象载体等。我国本土酒店在设计品牌名称、品牌标志、品牌文化内涵时往往只有中国元素,而缺乏国际适应性,不适合国际推广。例如品牌名称,很多酒店的品牌名称只有中文名称,或者有英文品牌名称就是简单的中文名称的汉语拼音,不便于国外旅游者识别;品牌标志不被国外消费者理解,不利于品牌国际传播;品牌文化内涵过于狭窄,缺乏与西方文化的兼容性,甚至与其他国家的文化、价值观相背离,不利于酒店品牌的全球推广①。

10.4　推进酒店品牌国际化的策略

品牌国际化是世界酒店业发展的必然趋势。我国本土酒店只有顺应产业发展趋势,更为积极地参与国际酒店品牌国际化进程,不断推动我国酒店品牌向国际扩张,才能在激烈的国际市场竞争中立于不败之地。而推进酒店品牌国际化的主要策略(图10.5)有以下几个方面。

10.4.1　策略一:政府政策支持

旅游主管部门和地方政府应当为本土酒店品牌国际化发展提供更多的政策、法律支持。

---

① 黄静.品牌管理[M].武汉:武汉大学出版社,2005:355.

首先,政府应把民族品牌国际化战略纳入国民经济发展的总体规划,通过贷款、减税、发展基金等多种扶持性政策来激励和引导一些有实力的国内酒店走品牌国际化发展道路。其次,政府要当好服务角色,为酒店实施品牌国际化战略提供信息服务。政府部门可以通过相关部门,例如各级外经贸主管部门、驻外机构、进出口商会等收集国外酒店市场行业信息,将这些信息提供给国内酒店作为参考依据。最后,政府应健全法律法规,完善市场制度环境。通过营造良好的资本市场环境,鼓励酒店采取灵活多样的形式(如借壳上市、买壳上市、资产转换等)成为上市公司,以拓宽融资渠道。

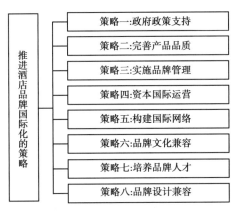

图 10.5　酒店品牌国际化的策略

10.4.2　策略二：完善产品品质

品牌是酒店产品与服务的质量、信誉和形象的集中体现,高品质的产品与服务是酒店品牌形象和国际竞争力的象征,也是我国酒店品牌国际化的最基本保证,只有适应国际市场需求的优质酒店产品与服务才是塑造国际酒店品牌的基础。我国酒店在海外经营酒店时要牢固树立质量、品质观念。首先,酒店在科学市场调查的基础上了解当地市场需求,尤其是在海外市场需求与国内市场需求差异很大的情况下,科学的市场调查十分重要。其次,酒店应实施全面质量管理,建立与 ISO 9001 质量管理体系、ISO 14001 环境质量认证等国际质量标准接轨的质量标准体系和质量监督机制;在保证酒店产品与服务的标准性、国际性的同时融入中国元素,提供差异化、个性化的酒店产品与服务。最后,要注重加强对当地市场的客户关系管理,通过访谈、座谈会、联谊会等多种形式加强与当地顾客的沟通,了解市场对酒店品牌的评价,不断提高品牌的市场适应性。当然,塑造优质的酒店产品与服务是一个长期的工程,这就需要酒店高层管理者从长远的战略高度认识到产品品质对塑造国际品牌的重要基础作用。

10.4.3　策略三：实施品牌管理

品牌国际化是一个系统工程,这就要求酒店制订系统的品牌国际化战略,从全局的观点优化配置酒店资源,对品牌国际运营的全过程进行系统管理,不断提高品牌的国际影响力。品牌国际化管理系统包括建立专门的品牌管理组织、品牌定位、建立品牌识别与维护系统、品牌整合传播与沟通、品牌跟踪与诊断、品牌资产评估、持久一致投资品牌等几大管理模块(图10.6)。每一个管理模块都是品牌国际化管理系统的重要组成,它们紧密联系、相互配合,共同推动着酒店的品牌国际化进程;同时每一个管理模块下面又包含着若干更为细化的品牌管理分工,例如品牌传播就包括对信息、媒介、目标受众、环境等诸多因素的管理。因此,酒店只有实施系统的品牌管理,才能保障品牌国际化工程的有序开展。

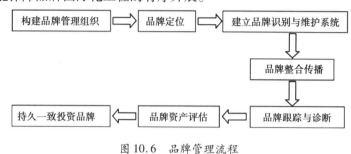

图 10.6　品牌管理流程

10.4.4　策略四:资本国际运营

资本运营被认为是酒店品牌国际化最为有效的方式之一。我国酒店应借鉴国际著名酒店资本运营的成功经验,整合酒店所有的有形和无形资本,在国际资本市场灵活运用流通、收购、兼并、重组、参股、控股、交易、转让、租赁等多种资本运营手段来优化配置酒店资产,推动品牌国际化进程。

①股票上市,即酒店通过在海外公开发行股票募集社会闲散资金,这有利于酒店一次性筹集大量资金以迅速推进品牌国际扩张。例如,雅高集团在后期的并购中通过股票上市从资本市场上筹集数亿美元资金用于集团的品牌国际扩张。

②兼并联合,即酒店以收购、控股、兼并等方式并购弱势酒店,它有利于促使低效益酒店的生产要素向高效益企业流动,实现产业结构和产品结构的调整与优化,提高资源利用率和规模资本效益。

③租赁,即鼓励某些基础好但目前经营效益一般的酒店,将其部分资产或股权招标转让出去,将不动资产转换为可用资金,用于投资开发更有潜力的其他项目或用于自身更新改造,以盘活酒店不良资产。

④托管,即在不改变酒店产权归属的前提下,通过订立委托营运合同,将酒店资产委托给提供一定财产抵押或担保的企业法人或自然人经营。

⑤吸收股份式联合,即酒店可将部分或全部产权作为股金投入并购方,以换取并购方更大规模的资本投资,并购后酒店的法人主体地位不复存在。

10.4.5　策略五:构建营销网络

国际化营销网络是酒店品牌国际化的重要媒介。世界著名酒店一般都拥有庞大的市场网络体系和先进的营销网络技术。而这两点却是制约我国酒店实施品牌国际化的瓶颈。我国酒店只有构建自己的国际营销网络才能顺利推进其品牌国际扩张。

①国内酒店可以将自己的品牌产品委托国外有影响力的酒店经销商全权代理,就可以借国际经销商的营销网络进入国际市场,品牌的国际影响力和知名度会逐渐上升。

②以产权置换的形式与国外有相当知名度和品牌影响力的跨国酒店品牌进行合作,借助于跨国公司在国际市场的网络推动品牌的海外扩张。例如北京首旅集团与法国雅高集团合作

就属成功之例。

③自建营销网络。我国国内酒店至今还没有自己的全球网络化预订系统,从而在市场网络开拓、成本控制、完善服务、客户反馈等方面都落后于国外著名酒店品牌。因此,打造国内酒店自己的全球网络预订系统已经迫在眉睫。

10.4.6　策略六：品牌文化兼容

我国酒店在国外经营管理酒店时要注重品牌文化的国际兼容性,既强调中国民族文化特色,同时又要与东道国的传统文化、风俗习惯、价值观相融合。我国有自己独特的文化传统与风俗习惯,这种文化和风俗对于其他国家、民族而言则充满新鲜感和异国情调。因此,品牌文化的民族色彩越浓,就越能吸引那些追求新鲜感、异国情调的消费者。例如,我国在海外经营的酒店开发具有中国特色的历史文化主题客房、楼台亭阁式的中式主题餐厅、东方风味的膳食和民族歌舞等,这些都是吸引客源的重要卖点。同时,在强调中国民族文化特色的同时,酒店也要寻求酒店文化与当地社会文化的契合点,通过品牌文化本土化融合来实现酒店品牌民族文化与东道国传统文化相融合,从而容易被东道国的消费者所接受、认同。世界著名酒店在品牌国际化过程中都十分注意品牌本土化,例如,2012 年 3 月洲际酒店集团专门推出针对中国市场打造的新品牌——华邑酒店及度假村,从而使其品牌具有很强的本土市场适应性。例如,进入中国市场后,希尔顿欢朋酒店在其产品设计上进行了多项本土化调整。譬如在设计希尔顿欢朋品牌全球一贯的免费热早餐时,别出心裁地加入了本地的特色餐点元素,如广州店的粤式点心、兰州店的牛肉拉面、武汉店的热干面等。

10.4.7　策略七：培养品牌人才

当前培养一批擅长国际品牌管理的人才队伍是推进我国酒店品牌国际化进程的重要环节。政府主管部门、行业协会、企业、院校、科研机构等应紧密合作,加强对酒店品牌管理人才的培养。政府主管部门与行业协会应扮演倡导者和协调者的角色,号召各种社会力量共同参与到品牌管理人才培养工作中来。院校与酒店应"紧密合作,联合办学",酒店将学校作为企业人才培养的基地,根据企业需要培养"订单式"人才;学生毕业以后优先被这家酒店录用。学校将酒店作为学生实习场所,能够深入开展实习教育,从而实现双赢。国外著名酒店如希尔顿集团、雅高集团、假日酒店集团等纷纷与高校合作,成立希尔顿学院、雅高学院、假日大学等作为酒店人才的培养基地,确保酒店在品牌竞争中的人才优势。洲际酒店集团与香港理工大学酒店及旅游业管理学院达成合作,共同为快速发展的中国酒店业培养更多高素质优秀人才。总之,培养酒店品牌管理人才是一个系统工程,需要社会各方力量的协调与配合。

10.4.8　策略八：品牌设计兼容

我国酒店要想走向世界,在品牌设计方面首先要国际化,主要有以下两个方面:

①品牌名称国际化。酒店品牌名称既要独特、有内涵、寓意美好,同时又要简单;名称由英文字母或阿拉伯数字构成,因为英文字母与阿拉伯数字是世界通行的符号,便于品牌的国际传播;品牌名称不能是简单的中文名称的汉语拼音,因为其不具国际通行性,增加了品牌国际传

播的难度。

②品牌标识国际化。设计一个好的品牌标识有利于激发顾客美好的联想,增进顾客对产品的亲和感和信赖感,推动品牌国际传播。世界知名酒店都拥有自己独特的品牌标识。我国酒店的品牌标识应简洁醒目、国际通用性、富有美感。同时,我国酒店应对自己独特的品牌名称、品牌标识等进行国际注册,以防止被其他企业冒用品牌或抢注,侵害其权益。

【本章小结】

在经济全球化宏观环境驱动和酒店发展需求微观环境驱动的内外动因作用下,品牌国际化已经成为世界酒店业发展的趋势。世界酒店品牌国际化模式主要有三种:原创品牌模式、联合品牌模式、并购品牌模式;不同品牌国际化模式的适用条件和优缺点不同。我国本土酒店品牌国际化的路径主要有直接投资、合资合作和跨国并购。当前我国本土酒店品牌国际化存在的主要障碍有:品牌国际化战略意识不强、品牌国际化运营水平不高、品牌国际化经营人才缺乏、品牌国际化文化冲突严重和品牌设计缺乏国际适应性。而推进本土酒店品牌国际化的主要策略有:政府政策支持、完善产品品质、实施品牌管理、资本国际运营、构建国际网络、品牌文化兼容、培养品牌人才和品牌设计兼容。

【复习思考题】

1. 酒店品牌国际化的动因是什么?
2. 酒店品牌国际化的模式有哪些?
3. 延滞酒店品牌国际化的障碍有哪些?
4. 如何推进我国本土酒店品牌国际化进程?

第11章 国内外著名酒店品牌案例

【内容导读】

国内外著名酒店品牌在长期的市场经营实践中积累大量成功的品牌建设与运营管理经验,这成为其获得长久竞争优势的重要法宝。本章选取十个国内外著名酒店品牌作典型案例研究,对万豪国际集团、希尔顿集团、洲际酒店集团、温德姆酒店集团、雅高国际酒店集团、最佳西方酒店集团、凯悦酒店及度假村集团、香格里拉酒店集团、锦江国际酒店管理有限公司和建国酒店管理有限公司十家国内外著名酒店的品牌建设历程与品牌经营管理经验进行系统的总结。

【学习目标】

①了解国内外著名酒店品牌的发展历程;

②熟悉国内外著名酒店品牌;

③理解国内外著名酒店品牌的经营管理策略。

11.1 万豪国际集团

万豪国际集团(Marriott)又译为"马里奥特",是目前世界上最大的酒店集团,从 2015 年始位居世界酒店集团 300 强榜首。2021 年,万豪国际集团在全球酒店集团排名中名列第一,其在美国和其他 70 多个国家及地区拥有或管理 7 795 家连锁酒店,客房数

图 11.1 万豪国际集团品牌标识

1 446 600 间;集团的总部设于美国首都华盛顿,雇用约 133 000 名员工,连续六年被《财富》杂志评为 100 家员工最喜欢的公司之一。万豪国际集团是世界上最早创建豪华酒店的酒店集团,是全球酒店豪华设施和优质服务的典范。图 11.1 为万豪国际集团品牌标识。表 11.1 是万豪国际集团在全球酒店集团 300 强中的排名。

表 11.1 万豪国际集团在全球酒店集团 300 强中的排名

年份	排名	酒店数	客房数
2018	1	6 906	1 317 368

续表

年份	排名	酒店数	客房数
2 019	1	7 163	1 348 532
2020	1	7 642	1 423 044
2021	1	7 795	1 446 600

资料来源:2018—2021 年《HOTELS》。

11.1.1　万豪国际集团发展概况

1)集团发展历程

（1）历史背景

万豪国际集团的创始人是约翰·威拉德·马里奥特（John Willard Marriott）。"马里奥特"是以其创始人的名字命名的一家美国家族式公司。马里奥特先生的一生充满传奇,他 1900 年 9 月出生于美国西部盐湖城附近威伯县（Weber）的一个小山村,在很小的时候他就承担家里的重任,读大学时就趁暑假经商赚钱,大学一二年级时他的业务就遍及美国的七个州,他不仅是一个实干家(他和他的夫人早年就常常每天工作 16 个小时),还是一个富有开拓精神的实业家,一生都奋斗在马里奥特公司的事业上,在他创业过程中曾遇到过无数困难和挫折,但他总是持乐观积极的态度面对。

1919 年,时年 19 岁的马里奥特在任迈尔金泽德克教士长老（Elder of Melchinzedek Priesthood）云游说教届满还乡,途经华盛顿时,大街上熙熙攘攘的人群中卖柠檬水、苏打水的小贩几分钟卖掉一车的情景给他留下了深刻的印象,这是他在 1927 年开第一家菜根汽水店的重要原因,也成就了全球酒店业的巨头万豪国际集团。

（2）发展历程

1927 年马里奥特和朋友买下根汁啤酒（Root Beer）在华盛顿、巴尔的摩、里士满市的特许经营权,他的朋友负责出资,而他负责经营。1927 年 6 月,马里奥特和夫人一起经营第一家菜根汽水店,他们每天工作 16 个小时,次年增加热快餐,建起马里奥特第一家"路边快餐店"。1937 年,马里奥特发现民用航空领域餐饮服务的市场机会,遂加入美国和东部航空公司,并建立"马里奥特航空服务公司",为美国 50 家航空公司和 19 家国际机场提供航空食品。1957 年,马里奥特开创第一家万豪双桥汽车旅馆（Twin Bridge Motor Hotel）。1959 年,第二家万豪基桥旅馆（Key Bridge Hotel）开业。1967 年,马里奥特公司买下加利福尼亚的大人物咖啡馆联号（Big Boy）和法雷尔冷饮店公司（Farrell Ice-cream Parlors）。次年又买下 Roy Rogers 快餐联号。1969 年,万豪旅馆公司（Marriott Inn Corporation）正式成立①。20 世纪 70 年代,马里奥特又买下太阳航运公司（Sun Lines）的游艇。20 世纪 80 年代,他又买下了吉诺快餐联号（Gino）、豪斯特国际公司、居民客栈公司,通过公平客栈品牌成功进入中低档酒店业。20 世纪 80 年代中期,

---

① 谷慧敏.世界著名饭店集团管理精要[M].沈阳:辽宁科学技术出版社,2001:206-210.

公司股票在美国纽约、中西部、太平洋等股票交易所上市。1993年,公司分为万豪国际公司和豪斯特万豪有限公司。1995年,万豪国际集团收购里兹·卡尔顿酒店公司49%的股份。1997年,其购得复兴酒店集团并拥有该集团旗下的城镇套房、公平套房等品牌,同年成功地进入中国内地市场。1998年,第1500家酒店开业,拥有里兹·卡尔顿酒店公司99%的股份。1999年购得商务公寓住房建筑公司。2000年,第2000家酒店在美国佛罗里达州坦帕市开业。2002年,万豪国际集团在北美市场上的份额增加到8%。2005年10月初,温德(Wyndham)(原名圣达特Cendant)酒店集团购买万豪国际集团在全球范围内的华美达品牌。2008年,万豪国际中文网站推出,为进一步加快在大中华地区的市场扩张提供了有力支持。2009年,万豪国际集团联手维萨卡推出两项优惠活动。2010年,万豪国际集团推出虚拟会议服务,进一步扩大在商务市场的份额。2016年,万豪斥资130亿美元完成对喜达屋的收购之后升级成为全球最大的酒店企业。2018年,万豪国际集团在印度迎来了第100家酒店开业的里程碑。2022年10月,万豪国际集团计划以1亿美元的价格从墨西哥酒店管理公司Hoteles City Express手中收购其子品牌City Express,此次交易将包括5个品牌的152家酒店。2022年底,万豪国际集团市值突破500亿美元。2023年3月,万豪国际亚太区第1 000家酒店墨尔本丽思卡尔顿酒店开业,这是丽思卡尔顿品牌在墨尔本的初次亮相。

2)全球市场分布

(1)全球扩张

万豪国际集团的主要经营业务最早是冷饮店和快餐店,1953年万豪餐饮服务公司的股票成功上市,直到1957年第一家万豪双桥汽车旅馆(Twin Bridge Motor Hotel)成功开业,万豪国际集团才开始正式涉足酒店业。截至2022年,其业务遍及全球139个国家和地区。随着亚洲经济,尤其是中国经济不断地崛起,万豪国际集团逐渐重视在中国市场的发展。

(2)在中国的扩张

1997年,万豪国际集团通过兼并新世界酒店集团正式进入中国市场。同年,万豪国际集团通过与重庆方面的合作,接管重庆万豪大酒店,成为重庆首家五星级酒店,此后,万豪集团正式进军中国内地市场,在大连、上海、武汉、南京、广州等城市布点,截至2002年,内地加盟的酒店数已达24家,平均一年新开业近5家。2005年万豪国际集团在中国的业绩比2004年增长15%左右,酒店平均入住率是80%以上,在中国管理酒店收入占其在亚太地区全部酒店收入的40%。2014年12月,顺德美的万豪酒店盛大开业,至此万豪在华已经营业的酒店有76家酒店,涵盖其6个品牌。截至2022年,万豪国际集团旗下的酒店品牌已达30个,在中国拥有25个品牌,开设酒店数量超过400家。

11.1.2 万豪国际集团旗下品牌

万豪集团通过自主经营及特许经营的方式共管理着全球近30个酒店品牌,涵盖奢华、高级、精选、长住等不同档次的酒店品牌,奢华型包括JW万豪(JW Marriott Hotels & Resorts)、艾迪逊(EDITION)、里兹·卡尔顿(Ritz-Carlton)、豪华精选酒店(The luxury Collection)、瑞吉(St. Regis)、W酒店(W Hotels);高级型有万豪酒店(Marriott Hotels & Resorts)、喜来登(Sheraton)、万豪度假会(Marriott Vacation Club)、德尔塔酒店(Delta Hotels &

Resorts)、威斯汀(Westin)、艾美酒店(Le MERIDIEN)、万丽酒店(Renaissance Hotels & Resorts)、傲途格精选(Autograph Collection Hotels)、臻品之选酒店(Tribute Portfolio)、设计酒店(Design Hotels)、盖洛德酒店(Gaylord Hotels);精选酒店包括万怡酒店(Courtyard by Marriott Hotels)、福朋酒店(Four Points)、Spring Hill Suites by Marriott、万枫酒店(Fair field Inn & Suites by Marriott)、Protea Hotel、万豪AC酒店(AC Hotels by Marriott)、雅乐轩(Aloft)、Moxy 酒店(Moxy Hotel);长住型酒店包括 Homes & Villas by Marriott International、万豪居家(Residence Inn)、Town Place Suites by Marriott、万豪行政公寓(Marriott Executive Apratment)、源宿(Element)。旗下部分酒店品牌介绍如下。

1)JW万豪酒店

1984年,第一间为纪念集团创始人J. Willard Marriott 的JW万豪酒店在华盛顿开业。这个品牌主打品质,从用芭蕾舞培训员工,冠军巧克力师到厨房只选用上乘当地食材,每个细节都精心打磨,装修风格高贵典雅,这个品牌就是万豪集团最形象化的缩影。图11.2是JW万豪酒店品牌标识。

图11.2　JW万豪酒店品牌标识

2)里兹·卡尔顿

里兹·卡尔顿品牌是以其创始人恺撒·里兹的名字命名的酒店品牌,于20世纪90年代被万豪国际集团收购。恺撒·里兹在1898年与合伙人创立的巴黎里兹酒店开创豪华酒店之先河,其豪华的设施、精致而正宗的法餐、优雅的上流社会服务方式和最高档的价格使其成为酒店之中的精品,并将整个欧洲带入全新的酒店发展时期。1993年,亚洲第一间里兹·卡尔顿酒店在香港开业;1998年被万豪收购。如今里兹·卡尔顿酒店已成为世界其他豪华酒店评判自己的标准。图11.3为里兹·卡尔顿品牌标识。

图11.3　里兹·卡尔顿品牌标识

3)豪华精选酒店

豪华精选酒店(The Luxury Collection)原为喜达屋(Starwood)集团旗下酒店,现为万豪旗下奢华品牌。精美的装饰、豪华的陈设、优质的服务和先进的现代化便利设施共同打造出独特而丰富的入住体验。发展至今,璀璨夺目的豪华精选已荟集跨越30余个国家的超过75家世界一流酒店及度假酒店。图11.4为豪华精选酒店品牌标识。

图 11.4　豪华精选酒店品牌标识

4）万豪酒店

万豪酒店是万豪母牌,历史部分主要参考上文中的万豪发家史。现代精致的装潢,主打现代时尚轻松的旅行方式,不奢不贵却舒适现代。图 11.5 为万豪酒店品牌标识。

图 11.5　万豪酒店品牌标识

5）喜来登

喜来登的历史可追溯到 1937 年,其酒店型态有许多种,从一般的商业旅馆到大型度假村都有。喜来登品牌一直企图维持高品质形象,在世界上的喜来登酒店多半被当地机关评选为五星级酒店。1998 年喜达屋集团收购喜来登。2012 年拥有 3 896 间客房的澳门喜来登开业,成为喜达屋旗下最大以及全球最大酒店。2016 年,喜达屋被万豪收购。图 11.6 为喜来登酒店品牌标识。

$$S$$

SHERATON

图 11.6　喜来登酒店品牌标识

6）威斯汀酒店

1930 年,两家互为竞争对手的酒店展开谈判,最终结成强大联盟,威斯汀酒店就此诞生。1969 年率先推出 24 小时客房服务。1987 年威斯汀针对酒店常客推出尊荣威斯汀服务,让常光顾的客人可以享受酒店内更进阶的服务。威斯汀是喜达屋集团下历史最悠久的酒店品牌,而其据点分布是第二多的,仅次于集团中另一个国际连锁品牌喜来登,现为万豪集团下高级品牌。图 11.7 为威斯汀酒店品牌标识。

WESTIN

图 11.7　威斯汀酒店品牌标识

7）万怡酒店

万怡酒店是 20 世纪 80 年代初万豪国际集团在对商务市场进行深度细分的基础上产生的。1983 年第一家万怡酒店在亚特兰大开业,专门服务于商务出差旅客。1989 年,香港万怡酒店开业。作为万豪(Marriott)集团下的精选酒店它的环境非常干净清洁,而且宽敞舒适,它的大部分客房都朝着室外游泳池和有公共露台的主要风景区,在设计风格上与周围环境相互融合。图 11.8 为万怡酒店品牌标识。

COURTYARD®

图 11.8　万怡酒店品牌标识

8)万枫酒店

万枫缘起位于美国弗吉尼亚州的万豪家族农场——万枫庄园,占地近 4 200 亩,坐落于美国弗吉尼亚州的蓝岭山脉脚下,曾属于英国国王。万枫酒店房间内多采用木制家具装饰,并且突出大玻璃窗采光,贴近前身农场主题。2016 年 9 月 13 日,万豪国际集团与东呈酒店集团进行特许经营合同和管理合同签约,首批 5 间万枫酒店,分别位于南宁、重庆、东莞、梅州以及佛山五座城市。2017 年 7 月 6 日,南宁南湖公园万枫酒店开业,成为万豪国际集团旗下万枫酒店品牌在大中华区的首家酒店。2021 年 10 月,上海南虹桥万枫酒店开业。图 11.9 为万枫酒店品牌标识。

Fairfield®

图 11.9　万枫酒店品牌标识

9)雅乐轩

同样针对年轻一代市场,同样大量使用粉红色,但不同于 W 着力的时尚元素。雅乐轩强调科技,包括礼宾机器人、无卡解锁房间等。雅乐轩酒店倾覆传统的酒店气势派头,以时尚、灵动、新空间,打造全新感官体验,专为热爱开放式空间、开放式思维和开放式表达的全球旅行者而设。设计彰显个性与不同;价格实惠,为喜爱旅行的新生代提供非传统生活方式的新的地点灵感,以张扬的态度,睿智的方法,展示时尚都市新空间。图 11.10 为雅乐轩品牌标识。

aloft®
HOTELS

图 11.10　雅乐轩品牌标识

10)万豪居家酒店

万豪居家酒店以为客人创造"家外之家"为宗旨,试图为客人提供家一样温馨的环境和充满关怀体贴的优质服务,该旅馆特别适合长住型旅客。典型的万豪居家酒店一般有 120 间客房,每间客房提供单独的工作室和起居室,厨房设施齐全,宽敞的工作间以及免费高速因特网。该酒店提供多功能的设备设施和温馨体贴的服务,使每一位住店客人都能获得工作满足和生活享受。图 11.11 为万豪居家酒店品牌标识。

图 11.11　万豪居家酒店品牌标识

11) 万豪城镇套房

万豪城镇套房主要为顾客提供一种别具风味的生活体验,舒适、高品质的服务和优惠的价格是其突出特点。万豪城镇套房主要为讲究实用的旅游者提供家一样的服务和便利的设施,价位适中,比较适合顾客长期入住。万豪城镇套房内设有各自分开的工作室和起居室,有完整设施的厨房,宽敞、明亮的工作室内有高速因特网设备,并且声音和数据传输线各自分开,为顾客提供全面、周到的服务。图11.12为万豪城镇套房品牌标识。

图 11.12　万豪城镇套房品牌标识

12) 源宿酒店

源宿(element)酒店的灵感来自威斯汀,是一家与众不同,主打宽敞明亮,自然和谐的空间,环保特征明显,还提供健康餐饮和定制房间布局的服务。源宿旨在通过以自然为本的环境和可持续的环保理念,造就无与伦比的时尚舒适体验。亚太地区第一家源宿酒店——苏州科技城源宿酒店,树立了绿色环保酒店国际标杆的中国典范。图11.13为源宿酒店品牌标识。

图 11.13　源宿酒店品牌标识

11.1.3　成功的经营管理策略

1) 成功的品牌运营

万豪国际集团旗下共拥有30个酒店品牌,其中很多著名的品牌都是购买独立的中小酒店品牌。品牌的快速扩张和延伸不仅加强了万豪国际集团的综合竞争力,同时也使万豪国际集团在短时间内很快扩大市场份额,形成规模经济效益。万豪国际集团的多元化品牌扩张主要体现在以下几个方面:

（1）高度的品牌市场细分

万豪国际集团从1957年最早的双桥汽车旅馆开业至今,通过各种方式创建和拥有近30个酒店品牌,这30个品牌囊括从经济型到超级豪华型各种档次,涵盖奢华、高级、精选、长住等不同档次的酒店品牌,以奢华型酒店为例,旗下有JW万豪、艾迪逊、里兹·卡尔顿、豪华精选酒店、瑞吉等;高级型酒店还有万豪酒店、喜来登、威斯汀等;精选酒店如万怡酒店、福朋酒店、万枫酒店、雅乐轩等;长住型酒店也拥有如万豪居家、万豪行政公寓、源宿等品牌。万豪旗下每一个品牌都有自己的目标市场,这是万豪国际集团多年来成功经营的重要保障。

（2）多元化的品牌运作方式

万豪国际集团规模的快速扩张源于品牌的成功运作,而品牌的成功运作离不开多元化的品牌运作方式。归纳起来万豪国际集团品牌的运作方式主要有收购兼并、特许经营、管理合同等多种。其中,以收购兼并为其最主要的品牌运作方式。万豪旗下的酒店品牌大多数是通过收购兼并获得的。由于创始人马里奥特先生厌恶借贷,因此,旗下的大多数酒店品牌都是全资或收购与兼并的方式获得,直到1953年万豪国际集团才开始向公众出售股票。多元化的品牌运作方式是推动万豪国际集团后期快速成长的重要因素。

(3)以中高档品牌为主要优势

纵观万豪国际集团的所有品牌,可以发现中高档的酒店品牌占主导。万豪旗下主要拥有里兹·卡尔顿、JW万豪、艾迪逊、豪华精选酒店、瑞吉、W酒店、万豪酒店、喜来登、万豪度假会、德尔塔酒店、威斯汀、艾美酒店、万丽酒店、傲途格精选、臻品之选酒店、设计酒店、盖洛德酒店等中高档酒店;相比起来,经济型酒店品牌则逊色很多。自1995年万豪收购里兹·卡尔顿酒店公司,豪华酒店和中高档的商务度假酒店成为万豪国际集团的主要优势,其对中高档酒店品牌的成功经营运作也为世界很多经营豪华酒店品牌的酒店集团所效仿。

2)领先的技术支撑

万豪国际集团的成功与其在网络科技上的领先是分不开的。万豪国际集团是第一家提供在线交互式地图和定位系统的酒店集团。这项独特的服务是围绕一个庞大的数据库设计开发的。该数据库有酒店、健身俱乐部、画廊、高尔夫球场、旅行代理商、购物中心等信息。上网浏览的宾客可以利用这种地图系统,确定美国国内任何一家万豪成员酒店的具体位置。一旦确定位置,宾客可以任意放大或缩小所需的画面①。1995年美国《酒店》杂志评选出的全球十佳酒店网站中,万豪名列第五。在2001年,万豪已与主要航空公司和旅行社的全球分销系统相连接,建立世界领先的住宿业万豪网址,并发展成为世界上最大的旅行网址之一。它一个月可获得800万次网上访问量,带来万豪国际集团80%的互联网收入。另外,万豪国际集团预订系统MARSHA可以借助全球电子系统,包括全球分销系统(GDS)、免费电话号码、电传、传真以及互联网等,实现信息实时互通。这个系统的定房量占万豪国际集团所有业务的25%～30%。万豪网站的成功,得益于因特网商业的迅速发展,但更重要的是网站"顾客至上"的设计理念以及万豪国际集团对网络营销和预订的不断创新。目前,万豪国际集团紧跟B2B行业趋势,为会议策划者提供一系列网站和工具,例如万豪亚太区会议网站Marriott Events Asia,该网站为会议策划者提供一站式服务、最新的行业趋势和活动建议;手机会议服务App(Meeting Services App)则是万豪国际集团推出的又一会议数字创新,此款APP使会议策划人能与酒店方实时沟通,并且提供20种语言,适用于万豪国际集团在亚太区的100多家酒店。

3)人性化的HR管理

万豪国际集团的创始人马里奥特先生很早就认识到,酒店业的竞争归根到底是人才的竞争,尤其是酒店一线服务人员素质的竞争。万豪国际集团秉承马里奥特先生的人才管理思想和观念,一直对集团内的员工进行人性化的管理。万豪国际集团把酒店的员工看作自己最重要的资源,特别注重充分发挥员工的积极性,留住优秀的人才,并通过提拔、表彰等激励手段肯定员工的工作;尊重员工的个人价值,马里奥特善于倾听员工的心声,使每一位万豪旗下的员

---

① 谷慧敏.世界著名饭店集团管理精要[M].沈阳:辽宁科学技术出版社,2001:221.

工都有发表个人意见和想法的权利,并注重对员工的感情投资,给予员工优厚的待遇,使每一位员工无论是在物质生活上还是在精神生活上都能得到满足。万豪国际集团始终坚信,只有善待自己的员工,员工才会对顾客奉献最好的服务,这种信念成为万豪国际集团成功的重要原因之一。万豪国际集团在2022年美国100家最适宜工作的公司排行中位居第23位,已连续26年入选《财富》杂志(Fortune)评选的"100家杰出工作场所"榜单。2023年4月,万豪国际集团推出的全新人才品牌"Be"将于全球分属30个品牌的超8300家酒店正式上线,以开始、归属感、成为(begin,belong,become)为三大核心支柱。

4)营造一流文化

万豪国际集团的企业文化融入其经营哲学、核心价值观、对员工的服务精神、对顾客的服务精神以及对社会的服务精神等许多方面。万豪服务于社区的经营哲学被万豪人称为"服务精神",其核心是真诚地希望社区成员的生活有所不同,真诚地为改善员工和社区的生活而不懈努力。万豪的经营之路建立在为员工、客人和社区服务的基本理念之上,这些基本的服务理念是万豪员工实现"服务精神"的基石。万豪国际集团的核心价值观就是其"以人为本"的服务理念,万豪长期以来一直坚持员工是企业最大的资产,并用实际行动将其表现出来,从而使整个集团有大家庭式的气氛和团队精神,具有非同寻常的凝聚力。对员工的服务精神和对顾客的服务精神是对万豪经营哲学和以人为本的核心价值观的完美体现。万豪对客服务的格言是"顾客永远是对的",特别关注细节、创新服务意识是万豪国际集团的一贯作风。服务社会的精神体现在万豪积极承担社会责任并履行自己的承诺。

万豪国际集团的成功经验对我国酒店业发展的启示主要体现在如下几个方面:其一,其人性化的HR管理理念和以人为本、顾客至上的经营管理思想,万豪国际集团对员工的重视和关怀是导致其成功的最重要的因素,堪称全球酒店业人力资源管理的典范。其二,万豪国际集团不断追求改革和创新的服务意识。万豪国际集团不断追求完美服务,"顾客永远是对的、不遗余力地为顾客服务,特别关注细节、用创新精神发现满足顾客需要的新方法"等,这些都是值得我国酒店业借鉴和学习的。其三,其对网络技术的使用。技术的支撑是在新世纪推动酒店集团全球化发展、不断提升产品和服务品质的必要途径。我国酒店集团要跟上全球酒店业发展的步伐,必须要掌握最新的网络技术,加大酒店业的信息化程度。其四,在创造社会效益方面,万豪国际集团有很强的社会责任感,并通过全体员工用实际行动表现出来。万豪残疾人基金会、万豪家庭服务、万豪家庭服务基金会、儿童保育和家庭服务、国际人道主义避难所、保护环境、社区服务日精神等,都充分体现了万豪国际集团对员工、顾客、对整个社会和环境等各方面的奉献。

11.2　希尔顿集团

希尔顿集团是国际著名酒店集团之一,2021年其拥有或管理6 777家酒店,客房1065413间,排名世界酒店集团300强的第三位。其旗下品牌众多,而且都是久负盛名的世界品牌。表11.2为希尔顿集团的世界排名。图11.14为希尔顿集团品牌标识。

Hilton

图 11.14　希尔顿集团品牌标识

表 11.2　希尔顿集团在全球酒店集团 300 强中的排名

年份	排名	酒店数	客房数
2018	3	5 685	912 960
2019	4	6 110	971 780
2020	3	6 478	1 019 287
2021	3	6 777	1 065 413

资料来源:2018—2021 年《HOTELS》。

11.2.1　希尔顿集团发展概况

1)集团发展历程

(1)历史背景

康拉德·希尔顿于 1887 年生于美国新墨西哥州,1919 年开始经营旅馆业。他善于经营管理,充分挖掘酒店每一处空间的价值,例如,关闭餐馆以增加客房数量;通过降低无效经营面积,如将服务台缩小一半,用节约的空间出售报纸和香烟。希尔顿在其经营的第一家旅馆获得高额回报,不断扩大投资,由此踏上建造希尔顿酒店帝国的征程。凭着满腔的热情、精确的投资眼光以及良好的管理,康拉德·希尔顿的事业一步一个脚印逐渐壮大。1945 年他购入芝加哥的世界最大旅馆——拥有 3 000 间客房的史蒂芬斯大旅馆;同时,他建立希尔顿酒店公司集团,自此成为美国酒店业大王。经过近百年的发展壮大,希尔顿集团成为世界排名第二的酒店集团。

(2)发展历程

1919 年康拉德·希尔顿用 5 000 美元在美国的得克萨斯州买下他的第一家旅馆莫布雷(Mobley)旅馆;1925 年,希尔顿在达拉斯建立第一家以"希尔顿"命名的酒店;从 1925 年开始,希尔顿逐渐以自建(租赁)的方式拓展高档酒店市场。

20 世纪二三十年代在美国经济不景气的宏观背景下,美国大部分旅馆破产倒闭。希尔顿以其精确的投资眼光和良好的管理使酒店渡过难关。希尔顿开始通过并购、租赁、管理输出等方式扩大其市场网络。1939 年希尔顿在加利福尼亚州、纽约、伊利诺伊州及其他各地兴建、租赁和购买一批旅馆;1943 年在加利福尼亚、纽约、芝加哥以及华盛顿买下几家酒店,从而使希尔顿成为第一家沿海岸线城市的酒店联号。1945 年他购入芝加哥的世界最大旅馆——史蒂芬斯大旅馆。1946 年他建立希尔顿酒店公司集团。

1948 年希尔顿国际酒店公司建立,它是希尔顿酒店公司的一个独立子公司;1964 年希尔顿国际酒店公司从希尔顿酒店公司脱离出来,拥有除美国以外的全球范围内"希尔顿"商标的使用权;

而希尔顿酒店公司则拥有并管理美国境内的希尔顿酒店以及品牌使用权。希尔顿酒店公司与希尔顿国际酒店公司共同使用覆盖遍及世界各地 400 多家酒店的希尔顿预订系统。1953 年,马德里 Castellana Hilton 开业。希尔顿成为第一家在欧洲拥有酒店联号的美国酒店公司。1966 年 Hilton Inns Inc 成立,希尔顿成为首家发展连锁经营的高档酒店。1971 年希尔顿购买拉斯维加斯希尔顿酒店,成为第一家进入博彩业的酒店公司。1995 年希尔顿酒店公司与美国运输公司合作,成为第一家联合发行免费酒店信用卡的酒店公司。1999 年希尔顿收购 Promus 酒店集团,将逸林(Double Tree)、欣庭(Homewood)、安泊(Embassy)和欢朋(Hampton)等几个品牌纳入希尔顿的品牌大家庭,酒店数量迅速超过 1 700 家。2006 年希尔顿酒店公司斥资 4.75 亿欧元接管希尔顿国际酒店公司,通过本次并购,希尔顿品牌已成为一个统一的实体。

2007 年 3 月,美国黑石集团以约 260 亿美元收购希尔顿集团。在此之前,黑石集团在美国和欧洲拥有 10 万间客房。

2)全球市场分布

(1)全球扩张

根据企业之间的协议,"希尔顿"品牌由希尔顿国际(Hilton International)和希尔顿酒店公司(Hilton Hotels Corp.)共同使用。希尔顿国际的总部设于英国,拥有在全球除美国以外地区使用希尔顿品牌名称的权利,旗下有 Hilton、Scandic 和 Conrad 等品牌,运营有 403 家酒店,其中 261 家的品牌名为希尔顿,另外 142 家则是针对中档市场的 Scandic 品牌。2012 年,希尔顿全球新开业 171 家酒店,新增客房总计达 28 000 多间,在世界各地区均保持快速增长势头。目前,希尔顿集团 60% 以上的酒店筹建项目和近 80% 的在建酒店都位于美国之外。2021 年希尔顿在全球拥有或管理酒店数 6 777 家,客房 1 065 413 间,排名世界酒店集团 300 强的第三位。2022 年,希尔顿集团全球新开业 355 家酒店,包括 58 200 间客房,实现了 48 300 间客房数量净增长,累计在 118 个国家和地区筹建酒店总数超过 2 820 家,迎来了希尔顿集团全球第 7 000 家酒店开业的里程碑。

(2)在中国的扩张

1988 年上海希尔顿酒店开业,它标志着希尔顿集团开始进入中国市场。20 世纪 90 年代由于希尔顿发展战略主要在北美和欧洲市场,因此希尔顿集团在中国市场扩张步伐明显落后于其他国际酒店集团。进入 21 世纪,随着中国酒店市场日渐庞大,希尔顿集团发展战略重点开始转向亚洲市场,尤其是中国市场,希尔顿集团加速其在中国市场的扩张步伐。2014 年,希尔顿集团在中国经营管理着 56 家酒店。中国成为希尔顿集团在美国之外的第二大市场。为更好地服务中国消费者,希尔顿集团宣布在 12 个国家 50 家酒店推出"欢迎"计划,专门针对中国旅客,旨在让游客能够快速便捷地预订酒店。2011 年希尔顿集团分别在北京、象山、株洲兴建 3 家酒店。2012 年,希尔顿集团根据市场和消费者消费倾向的变化,对中国战略进行重大调整,一方面加速奢华酒店品牌在华密集布点,另一方面开始二三线市场扩张,并筹划引入旗下中端品牌——希尔顿花园酒店品牌;希尔顿集团 2012 年在中国新开 6 家酒店。2019 年 5—6 月,希尔顿集团在中国新开 8 家酒店,涉及杭州、成都、合肥、苏州、汕尾等多个城市,涵盖希尔顿旗下的嘉悦里、逸林等不同酒店品牌。希尔顿集团大中华区及蒙古总裁钱进表示,根据希尔顿的计划,要在 2025 年实现在华管理酒店 1 000 家;希尔顿荣誉客会会员数量突破 5 000 万的目标。截至 2022 年一季度末,希尔顿在中国拥有的筹建项目最多,共 675 家酒店,128 550 间客房。2022 年 8 月,深圳光明希尔顿花园酒店正式开业,标志着希尔顿在华的又一里程碑,是其在大中华区的第 450 家酒店。目前,希尔顿旗下已有华尔道夫、希尔顿逸林、希尔顿欢朋等 10 个品牌入驻中国。

11.2.2 希尔顿集团旗下品牌

希尔顿已经成为世界杰出酒店品牌的代名词,目前共有 18 个品牌,旗下主要品牌有希尔顿酒店及度假村(Hilton Hotels & Resorts)、华尔道夫酒店及度假村(Waldorf Astoria Hotels & Resorts)、康莱德酒店及度假村(Conrad Hotels & Resorts)、希尔顿嘉悦里酒店(Canopy by Hilton)、格芮希尔顿精选酒店(Curio-A Collection by Hilton)、希尔顿逸林酒店及度假村(DoubleTree by Hilton)、Tapestry Collection by Hilton、希尔顿安泊酒店(Embassy Suites by Hilton)、希尔顿花园酒店(Hilton Garden Inn)、希尔顿欢朋酒店(Hampton by Hilton)、Tru by Hilton、希尔顿欣庭酒店(Homewood Suites by Hilton)、希尔顿惠庭酒店(Home2 Suites by Hilton)和希尔顿分时度假俱乐部(Hilton Grand Vacations)、Signia by Hilton、Tempo by Hilton、Motto by Hilton、Tru by Hilton 等。旗下部分酒店品牌介绍如下。

1)希尔顿酒店及度假村

在过去的一个世纪,希尔顿酒店及度假村足迹遍布 6 大洲,拥有超过 570 家酒店及度假村。作为希尔顿的旗舰品牌,希尔顿酒店及度假村是具有前瞻性的全球领导者,延续了品牌的创新传统,积极开发新产品与服务,满足全球旅行者不断提高的品位与需求。屡获殊荣的希尔顿荣誉客会面向希尔顿酒店及度假村,其会员可在希尔顿官方渠道直接预订客房,享受免费高速无线网络和电子设备,通过希尔顿荣誉客会专属应用进行登记入住、选择房间、使用电子门卡自如出入酒店并可享受最大优惠力度,会员还可灵活使用积分加付款的灵活组合兑换酒店入住。图 11.15 是希尔顿酒店及度假村品牌标识。

图 11.15 希尔顿酒店及度假村品牌标识

2)华尔道夫

华尔道夫是全球最具代表性的卓越酒店品牌,属于希尔顿旗下的高端品牌,为宾客提供无与伦比的酒店服务。从豪华水疗中心和卓越美食,到世界一流的高尔夫球场,宾客可在此享受精致住宿和特色设施,领略精致典雅的真谛。华尔道夫的目标是,将华尔道夫酒店及度假村打造成为奢华酒店及度假村品牌,让宾客在每个富有传奇色彩的酒店内感受卓越服务。纽约华尔道夫酒店位于美国纽约曼哈顿派克大道,堪称世界上最豪华、最著名的五星级酒店之一;2014 年 10 月 6 日希尔顿酒店集团以 19.5 亿美元的价格将其出售给中国安邦保险集团。2017 年 7 月,希尔顿集团宣布成都华尔道夫酒店正式开业,这是希尔顿集团在亚太区的第 200 家酒店,也是华尔道夫酒店在全球的第 27 家、中国的第 3 家酒店。截至 2022 年 6 月,华尔道夫酒店目前共计 30 家,遍布纽约、马尔代夫等地标城市和目的地,在中国市场已开业 4 家,另有 4 家在建中。图11.16是华尔道夫酒店品牌标识。

图11.16 华尔道夫酒店品牌标识

3）康莱德酒店及度假村

康莱德是希尔顿品牌家族中的豪华品牌,主要为商务和休闲旅游者提供一流的服务和豪华的环境与设施;酒店专门选址在欧洲、亚洲、大洋洲、南美洲和中东地区的国家首都和极具异国情调的旅游胜地的主要商务和休闲地区建立豪华酒店、度假村[①]。图11.17为康莱德酒店品牌标识。

图11.17 康莱德酒店及度假村品牌标识

4）逸林酒店

1993年位于波士顿的宾客中心和位于菲尼克斯的逸林酒店合并,成立当时第一家逸林高档连锁酒店。1999年11月逸林酒店、套房、度假村和俱乐部成为希尔顿酒店家族一员,它定位为高档型酒店品牌,主要目标市场是商务和休闲旅游者;主要设在大都市和休闲旅游区,每一家逸林品牌酒店都反映当地独特的环境或民俗风情。图11.18是逸林酒店品牌标识。

图11.18 逸林酒店品牌标识

5）安泊酒店

安泊酒店建于1983年,定位高端,其所有客房皆为套房,目标客户群是商务客与家庭,其创造了酒店业全套房酒店概念,并在该领域的系统规模、地理位置、品牌识别等方面保持着领先地位,是全美最大的高档、全套房酒店品牌,套房总数超过其他任何竞争酒店的全部套房之和。图11.19是安泊酒店品牌标识。

图11.19 安泊酒店品牌标识

---

① 奚晏平.世界著名酒店集团比较研究[M].北京:中国旅游出版社,2004.

6)格芮精选酒店

希尔顿集团的全球品牌中,格芮精选酒店作为高端品牌扛起"个性化"大旗。格芮精选酒店理解当今旅客追求的是令人难忘的独特酒店,并在其中领略与众不同的地道体验。格芮精选酒店希望自己即是旅行目的地。正因为希尔顿酒店集团希望这个品牌能够满足极具探索欲的人,理解他们会不由自主地被独立且独特的酒店所吸引,并将其视为旅行体验不可分割的一部分。所以格芮精选酒店应运而生。图11.20是格芮精选酒店品牌标识。

图11.20 格芮精选酒店品牌标识

7)欣庭酒店

欣庭酒店诞生于1988年3月,是一个全套房住宅式高档酒店品牌。它主要接待长期住宿旅游者,例如外出几日或多日的旅游者,参加研讨会、年会或是企业培训和休闲度假或参加家庭活动的人员,向他们提供家一样的舒适、方便和隐私,而只需花费传统酒店客房的价格。图11.21为欣庭酒店品牌标识。

图11.21 欣庭酒店品牌标识

8)花园酒店

花园酒店的品牌定位是一流的中等酒店品牌,旨在为商旅人士和休闲游客提供优质的专注式服务、先进的设施和适中的价位。花园酒店的特色是满足顾客的需求和减少他们不用的服务设施,提供高水平的服务、节约成本,而不会降低服务质量。目前,花园酒店在北美酒店业中已经成为发展最为迅速的品牌之一,备受寻求高住宿质量和合理价格的旅客们推崇,其客户满意度在同类竞争对手中也享有崇高的地位。图11.22是花园酒店品牌标识。

图11.22 花园酒店品牌标识

9)欢朋酒店

欢朋酒店是希尔顿品牌家族中的中档酒店品牌,为追求价值的旅游者提供舒适、设备完善的客房,友善的服务和其他额外的努力,会使旅游者每一次在这里逗留都更加快乐。创新服务是其服务宗旨,它保证客人100%满意,如果在这里不完全满意,就不用付款。它主要位于乡间、郊区和城市中。图11.23是欢朋酒店品牌标识。

图 11.23　欢朋酒店品牌标识

10）希尔顿分时度假俱乐部

希尔顿分时度假俱乐部是一个创新的积分制预约和交流系统,为俱乐部会员提供全方位的休闲度假服务和灵活的休闲旅游机会。俱乐部会员可以享受在俱乐部度假村系统交流,世界范围内 3 700 多处度假胜地的假日交流、希尔顿荣耀客人回报活动等待遇。图 11.24 是希尔顿分时度假俱乐部品牌标识。

图 11.24　希尔顿分时度假俱乐部品牌标识

11.2.3　成功的经营管理策略

1）特许经营扩张市场

希尔顿的发展模式经历自建模式、管理合同、特许经营等几个阶段。20 世纪 50 年代以前,希尔顿一直延续自建模式,集团发展速度较慢。20 世纪 60 年代希尔顿创立管理合同方式,通过管理输出迅速拓展集团的市场网络,品牌国际影响力迅速提高。20 世纪 90 年代希尔顿开始实施"特许经营"方式进行拓展,逐步出售自有酒店,只保留管理权和特许品牌权利。酒店管理公司逐步将业务重点转移到经营的高端利润区:品牌维护、市场促销等优势领域。

2）品牌多元发展模式

希尔顿采用品牌多元化发展战略,在对市场做细致分类的基础上,采用"主品牌 + 系列子品牌"的品牌多元化战略,利用各种不同的酒店品牌提供不同档次的产品以满足不同细分市场顾客需求。希尔顿旗下主要品牌有希尔顿、华尔道夫、康莱德、嘉诺宾、格芮精选、逸林、安泊、花园、欢朋、欣庭、惠庭等,每一个品牌都有特定的目标市场,从而极大地提高了希尔顿在全球酒店市场的占有率。

3）微笑塑造品牌形象

在希尔顿创业之初,其母亲对他说:"除了对顾客诚实之外,还要想办法使每一个住进希尔顿旅馆的人住过还想再来住,你要想一种简单、容易、不花本钱而行之持久的办法去吸引顾客。这样你的旅馆才有前途。"母亲的话让希尔顿沉思,他始终没有想到一个好的答案。于是,他每天都到商店和旅店里参观,以顾客的身份去感受一切,终于得到一个答案:微笑服务。于是希尔顿将企业理念定位为"给那些信任我们的顾客以最好的服务",并将这种理念上升为希尔顿的品牌文化,贯彻到每一个员工的思想和行为之中,从而塑造独特的希尔顿"微笑"品牌形象。希尔顿酒店的每一位员工都被谆谆告诫:要用"微笑服务"为客人创造"宾至如归"的氛围;希尔顿对顾客承诺:为了保持顾客高水平的满意度,我们不断地听取、评估顾客意见,在我们所在的各个国家实行公平制度来处理顾客投诉并尊重消费者的权利①。

4)创新个性服务项目

希尔顿酒店集团十分注重以顾客需求为出发点,创新酒店产品与服务,从而给客人以惊喜。希尔顿在产品开发上采取诸多亲近客人的策略,针对游客离家在外的种种不习惯与不方便,希尔顿酒店特别推出 TLC 客房(即旅游生活中心),以尽可能地缩小游客住宿酒店与住在家里之间的差异,保证客人能够有充足的睡眠、健康的旅游生活方式,以及帮助客人减轻外出旅游时的压力。希尔顿酒店公司与国家睡眠基金会(NSF)合作推出 25 间 SLEEP-TIGHT 客房。希尔顿酒店同时推出各种特色服务项目,例如为庆祝周年纪念或新婚的情侣设置浪漫一夜,以极低的房价为客人提供轻松周末,专门针对老年人的特殊服务等。不断创新的酒店产品与服务为希尔顿赢得大批忠诚顾客。

5)全面开展市场营销

希尔顿酒店集团一流的市场业绩在很大程度上与其一流的营销是紧密关联的。首先,希尔顿十分注重市场调研以准确把握市场需求,它有专门部门负责从世界各地的航空公司、旅游办事处、政府机构等收集市场信息,作为集团营销和产品开发决策的依据。其次,形式多样的高效促销活动极大地提升了希尔顿品牌的知名度和影响力。希尔顿在全球范围内经常开展形式多样的促销活动,例如 Honors 促销活动、银发旅游促销活动、周末度假促销活动、家庭度假站促销活动等,吸引大批特定消费群体。同时,希尔顿酒店集团十分重视公益营销,以树立公司良好的社会形象。希尔顿酒店集团设立专门的捐赠审查委员会,其职责在于决定公司慈善资金的使用。希尔顿的捐赠对象主要集中于教育、健康、青年人项目、当地事务与公共政策等方面。再次,希尔顿十分重视利用网络技术进行营销。1973 年所有希尔顿酒店统一使用客户关系系统 CRS;1999 年 4 月希尔顿酒店公司宣布使用新的中央预订系统(HILSTAR);1995 年 8 月希尔顿因特网站开通。2022 年,希尔顿酒店集团在全球发布全新企业营销平台——"Hilton. For the Stay",强调"住"在旅途中的重要性,将营销的重点回归至酒店入住本身。同时希尔顿酒店集团大中华区以本地化叙述,启动全新企业营销平台的系列营销活动"住对了,就都对了"。先进的信息网络技术为希尔顿拓展全球市场增添腾飞的翅膀。

希尔顿的成功主要得益于:因势而变的经营管理模式,在不同的市场环境下,希尔顿的经营管理模式经历从自建模式到管理合同,然后是特许经营的变迁,不同的管理模式适应不同的市场环境和企业的发展阶段,希尔顿很好地实现了在不同环境下各种管理模式的转变;品牌多元化发展,主品牌 + 系列子品牌 的品牌多元化战略使得希尔顿获得较高的全球市场占有率;微笑塑造品牌形象,"今天你对客人微笑了吗?"成为希尔顿的企业文化,也在顾客心目中形成亲切的企业形象;创新个性服务项目,以顾客需求为出发点,不断创新的差异化酒店产品与服务为希尔顿赢得大批忠诚顾客;全面开展市场营销,希尔顿一流的营销是其成功的又一法宝。

---

① 张洪君.希尔顿:用微笑感动世界[J].企业改革与管理,2005(6).

11.3　洲际酒店集团

洲际酒店集团(Internal Continental Hotel Group)是世界上最大的跨国酒店管理集团之一,截至2021年底,洲际酒店集团排名世界酒店集团第四位,拥有酒店6 032座,客房885 706间,分布在全球100多个国家和地区。该集团在全球6 000个地区拥有18个闻名遐迩的酒店品牌,包括洲际酒店及度假村、皇冠酒店及度假村、假日酒店及度假村、快捷假日酒店、假日套房公寓酒店、英迪格酒店和华邑酒店及度假村等。图11.25为洲际酒店集团品牌标识。表11.3为洲际酒店集团的世界排名。

图11.25　洲际酒店集团品牌标识

表11.3　洲际酒店集团在全球酒店集团300强中的排名

年份	排名	酒店数	客房数
2018	4	5 603	836 541
2019	5	5 903	883 563
2020	4	5 964	886 036
2021	4	6 032	885 706

资料来源:2018—2021年《HOTELS》。

11.3.1　洲际酒店集团发展概况

1)集团发展历程

(1)历史背景

美国企业家凯蒙斯·威尔逊(Kemmons Wilson)在一次举家外出度假时,有感于所入住的酒店缺乏宾至如归的服务及收费过高,遂于1952年在美国田纳西州孟菲斯开设第一家假日酒店。该酒店设有泳池、空调设备与餐厅,还提供电话、冰块及免费停车场等基本设施,而孩童则可免费入住父母的客房①。这些现在只能算是很普通的饭店设施,在当时来说,却在酒店业掀起一场革命,并由此形成一套酒店业的标准,这套标准不仅为每间假日酒店所采用,也引领着全球酒店业的发展进程。

威尔逊其后还成为酒店连锁经营的先驱。他利用当时美国的州际高速公路网络向全国扩

---

①　奚晏平.世界著名饭店集团比较研究[M].北京:中国旅游出版社,2004:359.

展的时机,沿途开设酒店,迅速扩展假日酒店的市场网络。假日酒店在美国取得成功后,很快引起欧洲及亚洲投资者的兴趣,进而发展成全球最具规模的单一酒店品牌。

(2)发展历程

1946 年,泛美航空公司创立洲际酒店集团;1952 年,美国人凯蒙斯·威尔逊(Kemmons Wilson)创设假日酒店集团。20 世纪 90 年代英国啤酒制造商巴斯(Bass)全盘接收假日酒店,1998 年巴斯以 29 亿美元从日本 Saison 集团手中收购洲际酒店集团及其 187 间单店;2000 年斥资 1.28 亿英镑,获得 Hale 国际有限公司属下 59 间酒店经营管理权,并花费 8.1 亿英镑吞并英国波斯特豪斯(Post house)集团的 79 家酒店。2001 年 7 月,巴斯酒店集团更名为六洲酒店集团(Six Continents)。

2001 年,六洲酒店集团在全球的利润额近 8 亿英镑。在全世界 100 多个国家管理着 3 200 多家酒店,旗下有洲际、皇冠、假日、快捷假日、Stay bridge 5 个品牌。其中假日(Holiday Inn)是当时全球最大的单一酒店品牌。

2003 年 4 月,六洲酒店集团正式更名为洲际酒店集团。"洲际酒店集团"是一个商标名,代表洲际酒店集团 PLC 在全球从事酒店业的子公司。

2004 年,洲际酒店集团率先开发出简体中文网站,网站中的客户奖励计划可以在 100 个国家、地区使用。

2006 年,洲际酒店集团与全日空公司签订合同,合资成立日本洲际全日空酒店集团,使其成为日本最大的国际酒店经营者。

2008 年,洲际酒店集团在华拥有洲际英才培养学院 22 所。

2012 年,洲际酒店集团在京发布全球酒店业首个为中国旅客量身打造的高端国际酒店品牌——华邑酒店及度假村。该品牌由洲际中国团队开发和首创,将服务于正在快速成长的中国消费群体,并为其提供"中国式"的服务。

2016 年,洲际酒店集团于在中国市场推出为智选假日酒店量身定制的特许经营模式(Franchise Plus)并大获成功。

2018 年,洲际酒店集团宣布收购丽晶酒店及度假村多数股权,并将该品牌纳入旗下品牌阵营的顶级位置。上海浦东丽晶酒店是洲际酒店集团收购丽晶品牌后,在全球开业的首店。

2022 年 11 月,洲际酒店集团与西班牙的家族式酒店企业 Iberostar Hotels & Resorts 宣布了一项针对度假村和全包式酒店的长期商业协议,多达 70 家酒店(2.43 万间客房)将以 Iberostar Beachfront Resorts 品牌的身份加入洲际酒店集团的系统,成为洲际酒店集团的第 18 个品牌。

2)全球市场分布

(1)全球扩张

洲际酒店集团旗下拥有、管理、出租或托管的酒店达 4 653 家,分布在全球 100 多个国家和地区。美国、欧洲、非洲和中东地区是其最大的市场,亚太地区近年来市场份额逐步扩大。2011 财年洲际酒店集团营业收入达 17.68 亿美元,税后利润 4.73 亿美元。2013 年上半年,洲际酒店集团旗下的签约加盟酒店数量超过 200 家,旗下优秀品牌使得"平均每间可供出租客房收入"增加 3.7%。2013 年 7 月 25 日洲际酒店集团宣布投资 1.5 亿美元在澳大利亚开设 15 家快捷假日酒店,约 2 150 间客房,地点位于悉尼、墨尔本、珀斯和布里斯班;目前洲际酒店集团在澳大利亚管理着 30 家酒店。而自从 1991 年洲际酒店集团首次推出快捷假日酒店品牌以来,全球已有超过 2 200 家快捷假日酒店,成为洲际酒店集团最大的酒店品牌。2013 年 8 月 28 日洲际酒店集团宣布签署协议在芬兰开发第一家英迪格酒店品牌,酒店拥有 120 间客房,将于 2015 年开业;目前,在芬兰洲际酒店集团管理着 8 家酒店。2013 年 10 月 30 日洲际酒店与南印度一流房地产开发公司印度班加罗尔集团签署协议,在印度南部开发 10 家洲际快捷假日酒店,酒店所有权属于班加罗尔集团,管理权属于洲际集团;目前洲际酒店集团在印度的 9 个城市管理着 14 家酒店。2014 年 1 月 10 日洲际酒店集团宣布正式签约建设波兰卡托维兹洲际假日酒店,这是假日酒店在该地区的第一家酒店,约有 160 间客房。2016 年 1 月 12 日,洲际酒店集团宣布,纽约东城英迪格酒店成为其全球第 5 000 家开业酒店。2018 年 11 月 30 日,洲际酒店集团宣布,旗下全新高端酒店品牌 voco 的全球首家酒店在澳大利亚黄金海岸盛大开业。2022 年 9 月,洲际酒店集团在南欧连签 5 个酒店项目,物业范围涉及西班牙、法国和意大利,品牌包括 VOCO、英迪格和皇冠假日。同时,洲际酒店集团于雅加达推出假日度假品牌的首个城市海滨度假村,并将在印度尼西亚的品牌组合扩大到 36 家。2022 年洲际酒店集团在全球新开业 269 家酒店、新增客房 49.4 万间,新签约 467 家酒店、签约客房 80.3 万间。

（2）在中国的扩张

洲际酒店集团是率先进入中国内地市场的国际酒店集团之一。1984 年,假日国际酒店管理集团正式接手管理第一家在中国的酒店——北京丽都假日酒店。此后,随着中国酒店市场的迅速增长,洲际酒店集团不断扩大其在中国的市场网络和品牌布局。2016 年,洲际酒店集团在中国开放中端精选服务品牌智选假日酒店的特许经营权,2017 年将特许经营权模式推广至中高端全服务品牌假日酒店和皇冠假日酒店。2019 年,洲际酒店集团在大中华区开业酒店规模突破 400 家。截至 2022 年,洲际酒店集团旗下 18 个品牌已有 12 个品牌进入中国,涵盖奢华精品系列、高端系列以及品质系列,足迹遍布 200 多个城市,超过 600 家开业酒店。

洲际酒店集团大中华区首席发展官孙健表示,集团于 2008 年庆祝了在华 100 家开业酒店的里程碑,于 2013 年达到 200 家开业酒店规模,于 2017 年庆祝了第 300 家酒店的开业,2019 年,集团在大中华区又添 100 家开业酒店,用发展证明了公司实力和中国市场的潜能。基于中国市场的巨大潜力,大中华区已成为集团的全球第二大市场,形成中国、美国以及世界其他地区三足鼎立的局势。洲际酒店集团 2023 年将以多元化品牌持续加码布局大中华区,计划 2023 年在大中华区至少新开业 61 家酒店。

从品牌上看,截至 2017 年 9 月,大中华地区开业的皇冠假日酒店数量已达 92 家,成为大中华地区单一酒店品牌开业数量最多的高端酒店品牌。截至 2017 年 4 月,大中华区开业智选假日酒店数量达到 81 家,另有 97 家在建。截至 2018 年 11 月,英迪格精品酒店已达 10 家。目前,华邑酒店已开业 10 家,三家在筹备。2022 年 8 月,洲际酒店集团旗下奢华精品酒店品牌——苏州金普顿竹辉酒店正式开业,标志着其在中国开业酒店规模正式突破 600 家。

从地域上来说,洲际酒店集团目前已经开业酒店覆盖中国 70 个城市,未来将覆盖 100 个城市。市场区域将逐步从一线城市向二三线城市及旅游度假胜地发展。洲际酒店集团是第一家进入我国分时度假酒店市场的国外酒店集团。洲际酒店集团对北京中安达分时度假服务有限公司进行管理输出,从而开创国外酒店集团进军国内分时度假市场的先河。同时,洲际酒店集团也是国际酒店品牌中率先开通简体中文网站的,网站中的客户奖励计划可以在 100 个国家、地区使用。

11.3.2 洲际酒店集团旗下品牌

洲际酒店集团在全球拥有 5 大系列,18 个品牌,其中奢华精品系列包括包括丽晶酒店及度假村(Regent Hotels & Resorts)、洲际酒店及度假村(InterContinental Hotels & Resorts)、六善酒店(Six Sensens)、Vignette Collection、金普顿酒店及餐厅(Kimpton Hotels & Restaurants)、英迪格酒店(Hotel Indigo),高端系列包括 voco Hotels、华邑酒店及度假村(HUALUXE Hotels & Resorts)、逸衡酒店(even Hotels)、皇冠假日酒店及度假村(Crowen Plaza Hotels & Resorts),品质系列包括 Avid Hotels、假日酒店(Holiday Inn)、智选假日酒店(Holiday Inn Express),长住系列包括 Atwell Suites、假日度假酒店(Holiday Inn Club Vacations)、Staybridge Suites、Candlewood Suites,以及专属合作伙伴 Iberostar Beachfront Resorts。旗下部分酒店品牌介绍如下。

1)丽晶酒店及度假村

丽晶酒店及度假村是成长发展契机源于亚洲的知名品牌,1970 年创始。目前丽晶在亚洲拥有四家酒店、欧洲则有两家,筹建中的酒店则分布于越南、印度尼西亚及美国。丽晶所打造的品位生活平台强调和谐,如同东方哲学中为人所知的阴阳互补,使天地万物得以体现出平衡与规律的美。图 11.26 为丽晶酒店及度假村品牌标识。

图 11.26　丽晶酒店及度假村品牌标识

2)洲际酒店及度假村

1998 年 3 月,巴斯集团以 29 亿美元从日本 Saison 集团手上收购洲际酒店及度假村,这项交易使得巴斯集团的酒店数目增加至 187 家。在满足国际商务旅客及消闲旅客的独特需求方面,洲际酒店已建立一定的声誉,它亦善于将全球性的服务标准巧妙地与当地的传统相结合。多年来,洲际酒店远近驰名,一直是各国商界人士所喜爱入住的酒店。此外,洲际酒店具有的文化特色及其在顶级酒店市场的地位,使集团的酒店品牌日趋多元化。图 11.27 是洲际酒店及度假村品牌标识。

INTERCONTINENTAL.

图 11.27　洲际酒店及度假村品牌标识

3)金普顿酒店及餐厅

金普顿酒店及餐厅起源于 1981 年的美国旧金山,是最早经营精品酒店的公司之一。2015

年 1 月成为洲际酒店集团旗下品牌。品牌以低调诠释奢华,运用不同元素以启发宾客尽享生活,例如房间内设有瑜伽垫,酒店内提供自行车让宾客免费租用,还有夜晚为客人开设的社交时段,以及其他充满当地色彩的项目等。2022 年 8 月 27 日,金普顿酒店中国大陆首店在苏州隆重开业,这也是洲际集团在大中华区的第 600 家开业酒店。图 11.28 为金普顿酒店及餐厅品牌标识。

KIMPTON®
HOTELS & RESTAURANTS

图 11.28　金普顿酒店及餐厅品牌标识

4) 英迪格酒店

这一品牌创建于 2004 年。作为洲际酒店集团旗下的时尚精品酒店品牌,英迪格酒店主要针对寻求个性与真实体验的高端客户,为他们提供融合当地历史、文化和自然元素的下榻体验。目前,英迪格酒店已在中国的上海、厦门、天津、丽江等地成功开业,另有重庆、郑州等地的英迪格酒店还在筹建中。图 11.29 为英迪格酒店品牌标识。

HOTEL
INDIGO®

图 11.29　英迪格酒店品牌标识

5) 逸衡酒店

逸衡酒店是洲际酒店集团旗下提供全面健康生活方式的中高端精品酒店品牌,洲际酒店集团于 2012 年在美国率先推出提供全面健康体验的生活方式品牌逸衡酒店;2014 年,两家逸衡酒店在美国首次亮相;于 2017 年正式进入大中华区,中国首家逸衡酒店也于 2020 年初在南京开业。在逸衡酒店,宾客可以按照自己的节奏去旅行——随心运动,健康饮食,舒心睡眠,并成就更多可能。"均衡、乐趣、元气"——让旅行者在商务旅行与元气生活中找到完美平衡。图 11.30 为逸衡酒店品牌标识。

图 11.30　逸衡酒店品牌标识

6) 华邑酒店及度假村

2012 年 3 月,洲际酒店集团推出全球酒店业首个为中国旅客量身打造的高端国际酒店品牌——华邑酒店及度假村。华邑酒店及度假村的"华邑"二字颇具历史文化内涵。"华"源于"华夏",象征着物华天宝、人杰地灵的中国大地,"邑"原意为国家或城市,在这里指中国精英聚集之地。因此,这两个汉字的组合意味着中华有识之士及各界精英相聚于这一片"华邑"之地。品牌的英文名称"HUALUXE"中的"HUA"取自汉字"华",而"LUXE"则象征着高端奢华的品质。源远流长的中国传统文化在酒店设计的各个方面得以体现,并通过精心设置的待客礼仪、随处可见的茶文化和贯穿于特色中餐厅及夜宵面条吧的特色餐饮中一一呈现。"华邑"品牌的孕育和诞生,充分表明洲际集团对中国市场的重视。截至 2022 年 11 月,华邑酒店及度假村在大中华区共有 19 家开业酒店及 21 家在建酒店。图 11.31 为华邑酒店及度假村品牌标识。

图 11.31　华邑酒店及度假村品牌标识

7)皇冠假日酒店及度假村

皇冠假日品牌的前身是由假日酒店于 1983 年衍生出来的酒店品牌,1994 年发展成为独立的酒店品牌,以突出其高品位、高消费的市场形象及以商务旅客为主的特色。皇冠假日酒店以合理的价格提供高档的酒店住宿设施。它专为满足精明的旅客需求而设,并以提供更优质的服务及设施来迎合那些追求物有所值的商务旅客。每家皇冠酒店均提供先进的会议设施、专职负责会议的专业员工及完善的商业服务;同时,还配备有设备齐全的健美中心、餐饮设施和多样化的休闲活动。图 11.32 为皇冠假日酒店品牌标识。

图 11.32　皇冠假日酒店品牌标识

8)voco Hotels

2018 年,洲际酒店集团旗下的高端品牌 Voco 诞生,着力于改造项目,加强集团在高端板块的品牌供给。位于澳大利亚黄金海岸的 Voco 酒店是该品牌首家开业酒店,2020 年成功打入中国酒店市场。2022 年,Voco 品牌已在 18 个国家和地区迎来了 46 家开业酒店,更有超过 55 家酒店在筹备中。图 11.33 为 Voco Hotels 品牌标识。

图 11.33　voco Hotels 品牌标识

9)智选假日酒店

智选假日酒店是一个能为商务及休闲旅客提供便利与物有所值的服务的品牌,不仅适合于市中心也适合于工业园区或者邻近机场及其他交通接驳点。智选假日酒店的商业模式是,通过精简建造成本和营运成本,为业主的投资带来快速的投资回报。图 11.34 为智选假日酒店品牌标识。

图 11.34　智选假日酒店品牌标识

10) Avid Hotels

洲际酒店集团 2017 年 6 月发布全新中端品牌命名——Avid Hotels。作为洲际酒店集团旗下的第 13 个品牌,为了保证能脱颖而出,Avid Hotels 的特色包括:定位中端品牌,面向千禧一代的游客,定价将比智选假日酒店(Holiday Inn Express)便宜 10 ~ 15 美元;仅提供两种房型,King Room(220 平方英尺)和 Double Queen Room(275 平方英尺)等。图 11.35 为 Avid Hotels 品牌标识。

图 11.35　avid hotels 品牌标识

11) Staybridge Suites

1997 年底,假日饭店属下的 Staybridge Suites 饭店正式面世,这是巴斯集团为打入新兴的延长住宿饭店市场而创立的品牌。首家 Staybridge Suites 于 1998 年 12 月在美国佐治亚州 Alpharetta 开业。洲际酒店集团目前仍积极拓展这一品牌。Staybridge Suites 品牌是一个别具一格的酒店概念,专为满足那些来自世界各地需连续入住饭店五晚或以上的旅客的需求。Staybridge Suites 设有无间隔、一间或两间睡房的套房,套房设施包括双人床或特大单人床、沙发床、互动电视、面积宽敞及光线充足的工作室、备有煮食用具及家用电冰箱、微波炉的厨房以及其他具有家居特色的设备。图 11.36 为假日套房公寓酒店品牌标识。

图 11.36　Staybridge Suites 品牌标识

11.3.3　成功的经营管理策略

1) 强化品牌运营管理

（1）品牌特许经营

洲际酒店集团不仅有自己新建的酒店,它还通过向业主(酒店投资人)输出管理经验、管理人员,然后根据协议分红。这种远离实业的运营模式是其快速扩张的基础。目前,洲际集团旗下的特许经营酒店超过 5 600 多家,占其所有酒店的 80% 以上。

洲际酒店集团是世界上最大的全球性国际管理酒店管理公司,自 1984 年进入中国市场以来,已成功运营三十多年,拥有 18 个不同类型和档次的品牌,满足细分市场的不同需求。在现代酒店业发展史上,凯蒙斯·威尔逊开创了酒店集团成长的特许经营时期,20 世纪 50 年代,假日酒店公司共拥有汽车旅馆 7 个,售出特许经营权 18 个,通过特许经营实现洲际酒店集团的快速发展,并成为洲际集团成长的主要方式。

（2）品牌产品延伸

洲际酒店集团注重多角化经营,针对客源市场的商务、休闲、度假旅游或消费层次上的豪华、中档、经济型顾客的消费需求,洲际酒店集团开发针对不同层次顾客的多样化酒店品牌,成立针对不同目标市场的子集团,根据市场的多样化需求改变传统的单一经营策略,通过兼并收购、特许经营等多种方式,先后延伸出皇冠、假日酒店、Staybridge Suites、Candlewood Suites等不同档次的酒店品牌以适应市场的需要。

（3）全球品牌扩张

洲际作为世界顶级酒店品牌之一,已有70余年的历史,通过"明白所需,满足所想"市场推广活动来提升品牌价值,并推出"迅速快捷服务""环球链接""24小时不间断服务"和"让我们与众不同的细节"等新的服务措施,使下榻洲际酒店及度假村的客人感到更便捷;皇冠假日酒店是专为旅客提供高水准的设施与服务的酒店品牌,主要分布于世界的主要城市及二线城市,以商务旅客为目标市场,尤其关注提供会议及相关服务,通过"The Place to Meet"的宣传活动以及Meeting Success、Connection Village、Room to Relax and Make it Happen等"The Keys"服务项目来提升品牌价值;假日酒店是洲际集团旗下提供全方位服务的中档酒店品牌,其入住率在美国是最高的,在中国、美国和英国是最大的中档酒店品牌。洲际集团在亚太地区的拓展为整个集团取得全球酒店业第一的位置贡献很大,其针对中国市场量身定做的华邑酒店及度假村品牌更是很好地印证了洲际集团对中国及亚太市场的重视。

（4）品牌宣传推广

在品牌宣传推广上,洲际酒店集团十分注重运用多种营销媒介与宣传推广活动塑造洲际酒店品牌的国际知名度。除了传统的营销媒介外,洲际酒店集团十分注重开发以互联网为核心的高科技营销手段推广酒店品牌。洲际酒店集团拥有的Holidex Ⅲ是世界上最大规模的民用电子计算机网络,它同时拥有美国最大的私用卫星图像接收网络。

2004年洲际酒店集团率先开通简体中文预订网站,客户可以通过网络浏览洲际在全球的促销资讯和最新的房价及酒店和客房信息;在线预订客房或更改信息;确定在线支付或离线付款方式;洲际酒店集团中文网站与环球预订系统全面整合,这意味着客户的奖励计划可以在100多个国家、地区使用。

在品牌营业推广方面,洲际酒店集团重视丰富多彩的营业推广活动对提升酒店品牌知名度的重要作用。例如,洲际酒店集团全球品牌推广活动以"您是否在享受跨洲际生活"为宣传口号,向顾客展示洲际酒店为顾客带来难忘且独特的经历;开展一系列的宣传推广活动,包括在悉尼拍摄Spirit挑战快艇电视广告。同时设计出版包括在印尼巴厘岛的海滩及当地市场所拍照片的印刷宣传品。电视广告在CNN、国际新闻网络以及英国航空、美国联合航空、美利坚航空、阿联酋航空以及新加坡航空的航班节目中播出。平面媒体的广告刊登于《华尔街日报》《纽约时报》《新闻周刊》《时代杂志》《福布斯》《金融时报》《经济学家》《泰晤士报》《商业周刊》以及各大航空出版物。这极大地提高了洲际酒店集团的品牌知名度,取得了良好的市场效果。

2）创新酒店服务管理

为顾客着想,使旅游者外出期间过得愉快,是洲际酒店集团的出发点;一切为顾客着想,不断创新服务,并实施标准化管理,是洲际酒店集团的一贯服务经营准则。洲际酒店集团把注重细节作为酒店的一个基本原则,对顾客的需求体贴入微,如每间酒店至少有一名医生和一名牙医,24小时随叫随到;每间客房必须放一本《圣经》,服务员每天还要为顾客把《圣经》翻一新页;在欧洲的一些酒店里,每个酒店都有一位牧师,倾听客人的诉说,为客人排除困惑……另外,洲际酒店集团非常重视标准化的管理,在标准化的基础上再提供自己具有创新特色的高附加值的酒店服务,以保证服务质量,严格按照统一标准提供服务。严格的检查制度、奖惩分明的制度并严格执行使洲际酒店集团的服务质量和管理始终都处于领先水平。长期始终如一的高质量酒店服务使酒店集团的形象得以树立,品质得到保障,这些都是后期洲际成功进行全球化扩张和特许经营管理的坚实基础。

洲际酒店集团管理着全球最大的酒店忠实客户奖励计划优悦会,目前,该计划在全球拥有超过 1 亿名会员。优悦会是世界上第一个并且最全球化的酒店忠实奖励计划,优悦会会员可在全球 100 多个国家的 5 600 家酒店享有会员特权。"想不到的惊喜之旅"会员专享回馈活动于 2017 年首次举办,每年有数千名 IHG 优悦会会员获得想不到的惊喜体验,有客房惊喜升级、精致迎宾礼物、尊崇酒店接送和定制餐饮礼遇等,广获会员的好评,优悦会也成为酒店业发展最迅速的忠实奖励计划。该奖励计划与其他酒店提供的优惠相比,有备受欢迎的优惠措施如:积分转换,积分购买,以及以最快的方法成为精英会员,该计划的核心魅力是奖励住宿、不设禁止兑换日期以及积分永远有效。该计划也是业内主要酒店中唯一提供个人购物计划的,会员可以用积分兑换任何奖品。

3) 实施营销成本控制

洲际酒店集团拥有强大的规模经济优势,规模经济效应使得洲际酒店集团筹集资金在全球范围内进行深入细致的市场调查制订完善的促销计划,开展强大的市场营销攻势,进行集团统一促销。洲际酒店集团旗下有大量的具有相同品牌、经营模式、客源构成的成员酒店,集团通过为这些酒店提供一系列的支持性服务,主要包括管理人员培训、计算机系统开发、经营咨询、统一集团化采购等。不仅使成员酒店的服务设施和管理质量保持较高的水准,同时又能使整个系统运营成本降到最低水平。

洲际酒店集团同时还强调成本的控制,充分利用集团的规模优势,采用总公司供应部集中采购的方式大大降低采购成本费用;对集团所属酒店的改造,总公司为其提供从家具、地毯、窗帘、床单、床罩到墙纸、装饰物、带镜框的风景画等所需的一切,从而使其成本比单体酒店的改造要低得多。

4) 重视人力资源开发

洲际酒店集团高度重视人力资源的开发和管理,它不仅拥有一套科学、合理、有效、系统的管理模式和一支职业化、训练有素、理论与实践经验丰富的专业管理人员队伍,而且积极与院校联合,设立自己的管理学院和培训系统,培养和保留大批优秀人才。除此以外,集团还充分利用自己的规模优势,统筹规划对集团内部员工的教育、培训、考核、晋升和奖励等各项措施,尽可能地提高人力资源的质量。

洲际酒店集团的成功可归结于:正确的战略定位——高出一筹的硬件设施、高品质服务和较低的入住价格("两高一低");创新的经营方式——将特许经营方式引入酒店业,实现迅速扩张;优秀的人才组织能力——支撑特许经营的人才、管理和服务体系;充分地利用酒店网络产生的营销力量——酒店相互预订、战略联盟、规模经济等;持续的企业创新精神——停车场、游泳池、特许经营、预订网络等引导全球酒店业的发展。

11.4 温德姆酒店集团

温德姆(Wyndham)酒店集团的前身为胜腾(又译圣达特)酒店集团,于 2006 年 8 月 3 日正式更名为温德姆酒店集团,总部位于美国新泽西州的帕斯帕尼。2021 年,温德姆酒店集团在全球六大洲 100 多个国家拥有 8 590 家特许经营的酒店和 810 051 间酒店客房,在 2021 年全球酒店集团排名中名列第五位。同时,温德姆(Wyndham)酒店集团又是全球排名第一的特许经营酒店集团,特许经营酒店比例占 100%,旗下拥有 24 家酒店品牌,包括温德姆至尊酒店(Wyndham Grand)、温德姆酒店及度假村(Wyndham Hotels and Resorts)、Dolce Hotels and Resorts、Dazzler Hotels、Baymont Inn & Suites、Esplendor Boutique Hotels、Hawthorn Suites by Wyndham、AmericInn、戴斯酒店(Days Inn)、La Quinta、Microtel Inn & Suites by Wyndham、华美达酒店(Ramada)、速 8 酒店(Super 8)、The Trademark Hotel Collection、Travelodge、爵怡温德姆酒店(TRYP by Wyndham)、蔚景温德姆酒店(Wingate by Wyndham)、温德姆花园酒店(Wyndham Garden Hotels)、Caesars Rewards、豪生酒店(Howard Johnson)、温德姆度假俱乐部(Wyndham Vacation Clubs)、Registry Collection、Wyndham Alltra、Vienna House 等著名酒店品牌。图 11.37 为温德姆酒店集团品牌标识。表 11.4 为温德姆酒店集团的世界排名。

![WYNDHAM HOTEL GROUP]

图 11.37 温德姆酒店集团品牌标识

表 11.4 温德姆酒店集团在全球酒店集团 300 强中的排名

年份	排名	酒店数	客房数
2018	5	9 200	809 900
2019	6	9 280	831 025
2020	5	8 941	795 909
2021	5	8 950	810 051

资料来源:2018—2021 年《HOTELS》。

11.4.1 温德姆酒店集团发展概况

1)集团背景历程

(1)Cendant 背景介绍

胜腾(Cendant)的名字来自"ascendant"(上升)这个词的拉丁词根。在 2006 年 8 月以前,胜腾集团是温德姆(Wyndham)的母公司(在温德姆从其分离出来之前),是世界上旅游、房地产、交通及金融服务方面重要供应商之一;世界上最大的酒店特许经营商,最大的产权度假组织。在世界排名500强的企业中跻身前200名。集团总部在美国纽约,有3万多名员工,经营足迹遍布100多个国家。

胜腾集团的经营范围主要包括:接待业服务领域——在酒店方面集中9个全美知名品牌,在休闲度假方面拥有全球最大的休闲分时度假服务管理公司"RCI",在全球100多个国家和地区管理着3 500多家分时度假酒店。车辆服务领域——在汽车租赁方面拥有全球位居第二的汽车租赁公司"AVIS"(在全球160多个国家和地区共有逾4 000多个租赁点,40多万辆车辆)。房地产业领域——拥有品牌"CENTURY 21"被美国权威市场调查分析顾问公司威环国际评为全球知名度最高、涵盖面最广、客户推荐度最高的房地产中介品牌;其他品牌还有"COLD-WELL BANKER""ERA"等。金融服务领域——拥有"Cendant Mortgage"金融借贷服务公司,占全美住房贷款的30%,其年贷款额达200亿美元。旅游分销系统——涉足全球110多个国家并拥有5 000多名员工的旅游分销服务公司。图11.29为胜腾集团年销售额比例图。

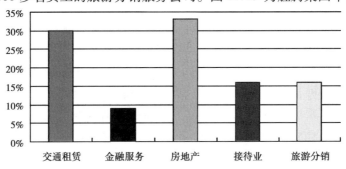

图11.38 胜腾集团年销售额比例图

(2)Wyndham 发展历程

Wyndham 品牌创立于1981年,2005年9月14日,胜腾(Cendant)集团以一亿美元的现金收购 Wyndham 品牌和特许经营系统而进入豪华酒店市场。

Cendant 从 Wyndham 国际公司得到82家酒店的特许经营合同、29家酒店的管理合同和一家 Blackstone 集团加盟公司。该收购还包括全球 Wyndham 品牌用于假日共享开发和销售的使用权。该收购使得 Cendant 酒店集团既有多种酒店管理服务又有特许经营业务的集团公司。

2006年胜腾集团(Cendant Corporation)被分离为四家独立集团,专门负责酒店和旅游业务的温德姆国际公司(Wyndham Worldwide Corporation)从中分离出来,并在纽约证券交易所以 WYN 为代码开始上市交易。此后,该公司成为休闲旅游住宿业的全球领导者,同时也是面向企业对企业(B2B)客户的产品和服务的主要提供商。

自2006年8月从胜腾(Cendant)分离出来后,温德姆国际酒店集团成为全球最大的酒店集团之一。温德姆有三大事业体,分别是大海湾度假中心、温德姆大酒店集团及温德姆国际管理服务公司。大海湾度假中心是位于靠近大都会区的高级四星、五星级酒店;温德姆大酒店集团锁定在高层级的商务旅客;温德姆国际管理服务公司(Wyndham International,Inc)拥有、出租并连锁经营高级酒店及度假中心,且提供管理服务给其他大酒店或度假中心的经营者。2021年共有8 950家酒店和810 051间客房,遍布全球95个国家和地区。

Wyndham Worldwide 通过在六大洲100多个国家提供住宿来满足旅行者多样化需求,拥有从经济型路边汽车旅馆、郊区中档宾馆到高级市中心大酒店,从乡村度假出租物业到一些主要目的地的分时度假村等不同功能和档次的酒店。

2）全球市场分布

（1）全球扩张

温德姆酒店集团作为全球排名第五的大型酒店集团，与其快速而有效的全球扩张是密不可分的。与其他酒店集团自主培育和创建品牌不同，该集团旗下的很多知名品牌都是通过兼并收购而获得的，从而较快地实现了全球扩张。如 1990 年收购豪生（Howard Johnson），1992 年收购戴斯（Days Inns），1993 年收购超级汽车酒店 8（Super 8 motels），1996 年收购旅行者旅馆（Travelodge），2000 年收购美国主人客栈（AmeriHost Inn），2005 年收购原万豪国际集团旗下华美达（Ramada Worldwide）等。这些酒店品牌被收购之后，温德姆酒店集团结合自身的发展计划对它们加以整合改造，作出新的发展战略，使得这些品牌迅速成长，很快成为具有较高知名度和较强竞争力的酒店品牌。如 1990 年收购豪生品牌后，温德姆集团对其进行重新的品牌定位，致力于发展中等价位的连锁酒店，以吸引更多的家庭和商务旅行者；2005 年 10 月初购买万豪国际在全球范围内的华美达品牌后，温德姆酒店集团对该品牌作出一些战略调整的决定，宣布在美国发展华美达广场和华美达酒店两个华美达品牌，而在全球范围内发展华美达广场、华美达酒店、华美达安可和华美达度假酒店 4 个子品牌，这一调整使华美达品牌能够更好地适应各个细分市场，从而增加竞争力。2006 年，原胜腾集团收购豪华五星级知名酒店品牌温德姆，并将集团更名为温德姆酒店集团。2022 年 9 月，温德姆酒店集团从欧洲酒店运营商 HR Group 手中收购了 Vienna House 品牌，交易额为 4 400 万美元。收购完成后集团将在欧洲市场将新增近 40 家酒店和 6 000 多间客房。

通过大规模兼并收购其他酒店品牌，温德姆集团很快成长为世界知名的酒店集团。这种成长方式避免自主培育品牌所经历的长期时间周期，同时也使集团的扩张范围迅速延伸至全球酒店市场。目前，温德姆酒店集团的足迹已经遍布世界六大洲的 95 个国家和地区。

（2）在中国的扩张

1999 年温德姆酒店集团旗下的豪生集团进驻上海并设立中国地区总部，标志着温德姆酒店集团开始它在中国的扩张之路。在随后的十几年内，豪生品牌在中国迅速发展，目前已在上海、北京、广州、天津、重庆、杭州、西安、成都、长沙等城市已开业及签约酒店达到近 200 家，主要为五星级高档酒店，酒店网络遍布中国全部省会城市，并逐渐向三四线城市扩张。随着豪生品牌在中国市场快速扩张，温德姆酒店集团旗下其他品牌也开始大举进入中国市场。2000 年，武汉华美达广场酒店成功开业，标志着华美达品牌开始进入中国市场，并开始向其他城市布点。2004 年温德姆集团旗下戴斯酒店品牌开始进驻中国，总部设立在北京；至 2011 年 6 月，戴斯已签约酒店 99 家，拥有超过 23 000 间客房，横跨 21 个省、4 个自治区和 62 个城市。与此同时，2004 年 4 月，集团旗下的经济型酒店品牌速 8 开始进入中国市场并于同年 6 月 8 日在北京王府井开设第一家酒店。目前，速 8 在中国成功扩展门店至 1 200 多家，遍布全国 300 多个城市。2007 年，温德姆酒店集团将其顶级品牌温德姆引入中国。同时，温德姆酒店集团还在上海、北京和广州设立办事处，以便加速其在中国的扩张。2022 年，温德姆酒店集团在中国签署了包括山西潇河新城酒店群等项目在内的 71 项合作，其高端品牌道玺温德姆酒店也计划于 2024 年在中国开出第一家酒店。温德姆酒店集团旗下 24 个品牌中已有 14 个品牌在中国开展特许经营以及酒店管理服务,目前总计在中国有超1 500家酒店。

随着豪华品牌温德姆的加入,加上之前进入的高档品牌豪生、华美达,中档品牌天天客栈,经济型品牌"速8",温德姆酒店集团在中国已形成完备的品牌结构体系。

11.4.2 温德姆酒店集团旗下品牌

温德姆酒店集团旗下拥有享誉全球的高档酒店品牌——温德姆酒店及度假村(Wyndham Hotels and Resort),舒适酒店品牌——华美达酒店(Ramada)、戴斯酒店(Days Inn),经济型品牌——速8酒店(Super 8)等,为不同消费群体提供多样化的酒店选择和物超所值的优质服务。温德姆酒店集团旗下部分酒店品牌介绍如下。

1)温德姆酒店和度假村

温德姆酒店品牌创建于1981年,2006年加入温德姆酒店集团,其是该集团旗下的顶级酒店品牌,定位于豪华五星级。目前,Wyndham品牌在全球已经拥有100余家酒店,主要分布在加勒比海、墨西哥等地区。2007年温德姆酒店品牌开始进入中国的厦门和上海,标志着该品牌逐步扩张到亚太地区。温德姆酒店和度假村品牌不断细化迈达温德姆酒店、蔚景温德姆酒店、灏沣温德姆酒店、爵怡温德姆酒店等品牌。图11.39为温德姆酒店品牌标识。

图11.39 温德姆酒店品牌标识

2)华美达

华美达酒店品牌创建于1954年,2005年加入胜腾酒店集团,品牌定位为四星级以上的高星级酒店品牌。华美达品牌的主要目标市场为商务和度假旅游者,为他们提供细致周到的服务。截至2022年4月,华美达在全球60多个国家拥有超过850家酒店,在亚太地区拥有超过200家酒店。图11.40为华美达酒店品牌标识。

RAMADA
BY WYNDHAM

图11.40 华美达酒店品牌标识

3)豪生

豪生酒店品牌创建于1925年,1990年被胜腾酒店集团收购。1993年豪生品牌开始进行国际市场的扩张。豪生品牌定位在中高等价位的连锁酒店,主要吸引家庭和商务旅游者。目前,豪生品牌主要包括三个系列品牌:豪廷大酒店(白金五星)、豪生大酒店(五星)、豪生酒店(四星)。图11.41为豪生酒店品牌标识。

4)戴斯酒店

戴斯酒店(又译为天天客栈)品牌由地产商CecilB. Day于1970年创建,1992年被胜腾酒

图 11.41　豪生酒店品牌标识

店集团收购。Days Inn 品牌起初是靠接待廉价的公路游客而发展起来的,市场范围较为狭窄,后来逐步进入商务旅游市场,并形成较为完善的品牌体系,旗下拥有五个注册品牌,分别是:Days Hotel & Suites(戴斯大酒店/五星),Days Suites(酒店服务公寓/四星),Days Hotel(戴斯酒店/四星),Days Inn Business Place(戴斯商务酒店/三星),Days Inn(戴斯酒店/三星)。Days Inn 品牌已经在全球近 20 个国家拥有 2 000 多家成员酒店,在中国签约酒店计 168 家,共拥有超过 37 000 间客房。近年来,该品牌的发展重点已经从美国本土逐渐转移到欧洲和亚太地区。图 11.42 为戴斯酒店品牌标识。

图 11.42　戴斯酒店品牌标识

5)速 8

速 8 酒店品牌创立于 1973 年,定位为经济型酒店品牌,1993 年被胜腾酒店集团收购。被收购之后,速 8 以惊人的速度发展壮大。自 1993 年以来年平均增长率为 101%,发展最快时平均 2.3 天就新开一家速 8 酒店。每家速 8 酒店平均拥有 61 间客房,规模不大却设施齐备,能满足客人的住宿要求。经过短短 30 多年的发展,速 8 已经成为世界上规模最大的特许经营的经济型酒店品牌。图 11.43 为速 8 酒店品牌标识。

图 11.43　速 8 酒店品牌标识

6)栢茂酒店

栢茂酒店为中档规模连锁酒店,在美国拥有近 320 家。所有栢茂酒店免费提供一些设施与服务,包括无线高速上网以及 Baymont Breakfast Corner 欧陆早餐。大部分酒店还设有游泳池、健身中心、酒店与机场之间的巴士。图 11.44 为栢茂酒店品牌标识。

图 11.44 栢茂酒店品牌标识

7) 麦客达酒店

麦客达品牌以其高效的运营,全新的建筑和屡获殊荣的服务成为行业内的开拓者,致力于为酒店客人和业主提供长期的价值和精湛的品质。2019 年,随着拥有 192 间客房的贵阳麦客达温德姆酒店开业,温德姆酒店集团宣布旗下屡获殊荣的麦客达温德姆酒店品牌首次亮相中国。随后,麦客达在杭州、合肥、贵阳、昆明、丽江和天津等不同城市相继开业。到 2022 年底,麦客达将有 20 家新酒店在中国各大城市和新兴目的地陆续亮相。图 11.45 为麦客达酒店品牌标识。

图 11.45 麦客达酒店品牌标识

8) 爵怡温德姆酒店

爵怡温德姆酒店在纽约、巴黎、圣保罗等多个国家和城市地标被人们所熟知,在全球范围内广泛获得顾客的好评。年轻人的生活离不开社交,但现代社会的社交则演变成了线上“见面”。而爵怡温德姆酒店推崇更加亲密的接触与交流。从进入大堂的那一刻开始,客人们将会感受到爵怡温德姆酒店与众不同的社交属性。与传统酒店的大堂不同,爵怡温德姆酒店的大堂设计更像一个小型的派对场景,大开间的设计将全日餐厅与休闲酒吧合二为一。2017 年,温德姆酒店集团宣布旗下爵怡(TRYP by Wyndham)品牌在中国的第一家新店于西安开业。2023 年 4 月 26 日,贵州爵怡温德姆酒店成功开业,酒店客房达 116 间。图 11.46 为爵怡温德姆酒店品牌标识。

图 11.46 爵怡温德姆酒店品牌标识

9) 旅行者旅馆

旅行者旅馆品牌由商人斯高特·金于 1946 年创建,主要为满足美国市场上对家庭式住宿的需要。该品牌的连锁店主要分布于美国、加拿大和墨西哥等美洲国家,拥有成员酒店近 600

家。Travelodge 品牌包括五个层次:经济住宿酒店、优越经济住宿客栈、完全服务住宿酒店、旅游住宿套房和世界旅游住宿度假村,所有的 Travelodge 酒店都提供房内咖啡、咖啡机、免费大陆早餐、免费本地电话和日报①。该品牌主要靠较低的价位和舒适的家居服务吸引大众消费者。图 11.47 为旅行者旅馆品牌标识。

图 11.47　旅行者旅馆品牌标识

10)威格客栈

威格客栈品牌创建于 1996 年,主要目标市场是中高档商务旅游者。所有 Wingate 酒店都按标准原型设计,装饰典雅,并设有 24 小时商务中心,免费提供传真、打印、复印设备,客房内还配备高速接入网络端口,能有效满足商务客人需求。目前,Wingate 品牌在美国已有 100 多家成员酒店,另还有 150 多家正在建设当中。图 11.48 为威格客栈品牌标识。

图 11.48　威格客栈品牌标识

11.4.3　成功的经营管理策略

1)成功的资本运营

温德姆酒店集团通过市场化的资本运营而成长为世界著名的大型酒店集团。温德姆酒店集团旗下绝大多数的酒店品牌都是通过收购方式获得,如豪生、天天、速 8、华美达、温德姆等。2001 年,温德姆酒店集团的前身胜腾酒店集团出资 9 亿美元收购全球最大的度假村管理公司 FAIRFIELD(良园)。2005 年,温德姆酒店集团收购温德姆酒店和度假村,其中包括了温德姆,温德姆花园,温德姆至尊,并成为公司的旗舰品牌。2010 年,温德姆酒店集团收购爵怡 TRYP 连锁酒店,扩大在欧洲和拉丁美洲的业务。2017 年,温德姆酒店集团自主推出第一个中端软品牌 TrademarkCollection,收购 AmericInn(中端品牌),补充了中端产品组合。2021 年,温德姆酒店集团推出两个新品牌:RegistryCollection(奢华软品牌)和 WyndhamAlltra(中端)。通过兼并收购的资本运营方式,温德姆酒店集团避免了自建品牌花费大量时间和资本,极大地缩短了市场对酒店品牌的认知过程,在短时间内迅速提升了品牌的市场占有率。温德姆酒店集团虽然进行大规模的并购,但并没有以牺牲酒店的品质为代价,而是对并购的酒店品牌进行重新调整和定位,确保数量和质量的双重高标准。

2)完全的特许经营

温德姆酒店集团是世界上最大的特许经营酒店集团,特许经营酒店数占 100%。该集团旗

①　奚晏平.世界著名酒店集团比较研究[M].北京:中国旅游出版社,2004:406.

下所有成员酒店都是通过获得特许经营权而加入酒店集团的。温德姆酒店集团旗下拥有AmeriHost特许经营系统公司、爵士特许经营系统公司(Knights Franchise System, Inc.)、华美达特许经营系统公司(Ramada Franchise System, Inc.)等著名的特许经营公司,由它们具体负责温德姆酒店集团在全球的特许经营业务。酒店业主只要交纳一定的特许加盟费并达到集团的基本要求,就可以使用温德姆酒店集团旗下的品牌标识和市场网络等资源。通过特许经营发展模式,温德姆只需要以品牌、经营管理经验等投入,就可以迅速打开市场,不仅能使酒店品牌等无形资产迅速升值,而且能为集团节约大量资金,最终实现酒店集团规模和效益的良性循环发展。

3)系统的品牌体系

温德姆酒店集团旗下拥有十多个知名的酒店品牌,这些品牌在档次上包含从经济型到豪华型各个级别,在功能上涵盖商务型、度假型、常住型、套房等多种类型,构成系统的品牌结构体系,能够有效地满足不同细分市场的顾客需求,从而能够最大限度地扩大温德姆酒店集团的市场占有率。如集团旗下拥有豪华型品牌温德姆,高档品牌豪生、华美达,中档品牌天天,经济型品牌速8等,同时也有针对商务客人的威格客栈(Wingate Inn)和针对家庭客人的旅行者旅馆(Travelodge)等,品牌结构体系十分完整。温德姆酒店集团旗下很多品牌具有详细的品牌细分和定位。因此,温德姆酒店集团无论从集团整体的品牌构成上看,还是从单个品牌的进一步细分来看,都构成了系统的品牌结构体系。

4)深厚的企业文化

企业文化是促进企业快速发展的重要因素。对于温德姆酒店集团这样通过大规模并购而成长起来的大型企业来说,企业文化显得尤为重要,它是联系集团众多子公司和员工的纽带,是集团存在和发展的灵魂。温德姆酒店集团十分重视培育企业文化以增强员工的忠诚。在温德姆酒店集团,员工坚持的信念是:广开言路(open communication)、责任感(accountability)、服务(service)、诚信(integrity)、创新(innovation)、尊重(respect)、授权(empowerment)[①]。正是这些理念的存在,才把温德姆酒店集团的成员酒店和员工紧密联系在一起,使他们具有强烈的归属感和主人翁意识,从而由员工的忠诚转化为顾客的忠诚。

5)优质的顾客服务

优质的产品和服务永远是企业成功的法宝,温德姆酒店集团牢记这一准则并在实践中严格执行。集团的客户方针是"我们酒店的效益来自我们客人的满意",正是基于这种理念,集团对产品和服务的质量十分重视,始终把顾客的需求放在首位。为了贯彻企业的方针和理念,温德姆酒店集团对旗下的成员酒店制定严格的质量标准,并运用精确的数据评价酒店产品和服务的质量,对不合格的酒店进行整顿甚至直接取消资格,从而确保为顾客提供统一、周到、优质的服务。始终如一的优质产品和服务向顾客传达良好的企业形象,获得顾客的认同,是温德姆酒店集团赢得市场的重要原因。

总的来说,温德姆酒店集团的成功主要可以归纳为以下五点:成熟的资本运营迅速壮大实

---

① 奚晏平.世界著名酒店集团比较研究[M].北京:中国旅游出版社,2004:400.

力;特许经营模式提高市场份额;系统的品牌结构体系满足不同的细分市场;深厚的企业文化增强员工认同;优质的产品和服务赢得顾客信任。

11.5　雅高国际酒店集团

雅高国际酒店集团(Accor International Hotel Group)是全方位服务的国际酒店集团,在2021年全球酒店集团300强排名第六,拥有或管理酒店5 298家,客房777 714间。法国雅高集团创建于1967年,该集团从一家只有62间客房的诺富特酒店开始起步,后逐步发展成为大型跨国酒店集团。在从事酒店管理的同时,雅高还经营与旅游相关的服务,如旅行社、餐馆、员工奖励等领域。集团总部位于法国巴黎。雅高酒店集团分布在全球110个国家雇佣的员工数量为280 000人。图11.49为雅高国际酒店集团品牌标识。表11.5为雅高国际酒店集团在全球酒店集团300强中的排名。

图11.49　雅高酒店集团品牌标识

表11.5　雅高国际酒店集团在全球酒店集团300强中的排名

年份	排名	酒店数	客房数
2018	6	4 780	703 806
2019	7	5 036	739 537
2020	6	5 100	753 000
2021	6	5 298	777 714

资料来源:2018—2021年《HOTELS》。

11.5.1　雅高酒店集团发展概况

1)集团发展历程

(1)历史背景

雅高集团的创始人是两个原本并不相识的法国北方青年——保罗·杜布吕(Paul Dubrale)和杰拉德·贝里松(Gerard Pelisson)。1960年,保罗·杜布吕接受其老师,经济学家贝尔纳·图季约的建议,开始研究美国 Holiday Inn(假日酒店)成功的原因,分析其起居设备和家具的功用、合理的价格、旅馆在城市的地址等。1963 年 8 月,保罗产生了在法国建设一个类似Holiday Inn(假日酒店)的酒店的想法,与 Holiday Inn 联系建立法国分店,遭到拒绝。1964 年,保罗·杜布吕和杰拉德·贝里松在美国纽约相见,当时他们一个在美国读书,一个刚在法国读完书,两人决定合作建设法国的连锁酒店。酒店名称确定为"novotel(诺富特)",是 nov "新"和(h)tel "酒店"组成的合成词。1966 年 7 月,在获得保罗·杜布吕父亲的资金支持和法国酒店业信贷署的扶持下,第一家诺富特诞生。

(2)发展历程

雅高国际酒店集团(以下简称"雅高集团")是全球著名的酒店集团。1966 年 7 月第一家诺富特品牌酒店在法国的里尔开业;1967 年,总部设在巴黎的雅高集团成立。此后,雅高集团以诺富特品牌为基础,开发连锁品牌,并在欧洲和非洲前法国殖民地经营。1971 年,雅高有 6家酒店,特许经营用户不断增多;1973 年,雅高集团创立美居品牌,同年创立宜必思品牌,建于波兰华沙的第一家诺富特酒店于 1973 年开业,这标志着雅高开始拓展国际市场。随后,雅高集团在英国、荷兰、西班牙、瑞士等国家建立酒店;1973 年底,雅高已在欧洲建立 35 家诺富特。截至 1980 年,雅高在全球拥有的酒店数为 280 家,客房 35 000 间;同年,雅高集团通过与杰克-槐斯-玻勒尔国际公司(JBI)的兼并,引进索菲特品牌,并在巴黎股票交易中心上市融资;1985年,雅高集团进入中国;1985 年,雅高的一级方程式汽车旅馆开张,15 年间就在全球开设了1 000家分店,1990 年,雅高集团购买美国"汽车旅馆 6"品牌。1999 年,收购美国红屋顶旅馆。2001 年,雅高集团成为澳大利亚悉尼奥运会官方合作伙伴。2005 年,雅高集团第 4 000 家酒店在西班牙马德里开业。随着亚太地区市场的不断发展,雅高集团近年来加大了在亚太市场的扩张力度,2010 年雅高集团在亚太地区拥有 400 家酒店,7.9 万间客房。2021 年雅高集团在全球拥有或管理酒店 5 298 家,客房 777 714 间。2022 年上半年,雅高集团新开了 85 家酒店、1.17万间客房;截至 2022 年 6 月底,雅高集团旗下共计 5 300 家酒店、77.79 万间客房,筹建1 215家酒店、21.2 万间客房。

2)全球市场分布

(1)全球扩张

雅高集团目前在全球排名第六,自 1967 年创建至今,在不足 50 年的时间内已经成为业务遍及全球 140 个国家的大型跨国酒店管理集团。在亚太地区雅高集团是成长最快的酒店管理集团。雅高集团的酒店品牌涵盖酒店行业的各个层次,能充分满足商务及休闲旅游对酒店及其地理位置的全部需求。

雅高集团的市场网络遍及全球 110 多个国家和地区,在欧洲以及北美洲等发达国家和地区所占比例相对较大,随着亚太地区经济的不断发展,亚太市场酒店所占的比率近年来逐步提高,在拉丁美洲及非洲和中东地区所占比率则较小。从商业模式上看,雅高集团采用自有、特许经营权、管理服务以及租赁等模式。

(2)在中国的扩张

雅高集团进入中国市场是在 1985 年;2002 年初,雅高与首旅集团合作开发三星级美居品牌。2002 年 3 月 8 日,雅高集团与上海锦江国际管理集团正式签署成立销售及分销合资公司合同,而同年6月便在上海成立第一家销售和分销中心。同时,公司在北京和广州成立办事处,覆盖全国三大金融地区,以及西安、成都和厦门。2002年4月,雅高并购在华南及东南亚颇具实力的国际连锁酒店集团Century和Zenith,使其在中国的酒店数量翻倍。2002年11月,雅高投资2 000万元与锦江成立销售及分销合资公司挂牌营运。2004年,雅高集团在中国的第一家宜必思酒店在天津开业,首月入住率就达90%以上。

随后,雅高集团开始在中国市场快速扩张。分别在上海、北京、深圳、香港、广东、福建等地扩张,其中以沿海开放城市为主,并逐步向中部、西部城市以及二三线城市拓展。雅高集团在中国的酒店数量最多的城市是上海,其次是北京和香港。

2010年12月,拥有405间客房的三亚湾海居铂尔曼度假酒店开业迎客,标志着雅高在大中华地区达到100家酒店的规模,客房总数达到26 641间。雅高旗下七大品牌:索菲特、铂尔曼、美爵、诺富特、美居、宜必思和美憬阁进入中国市场。这些品牌覆盖奢华型、高端、中端和经济型酒店。雅高集团各品牌中,专门针对高端商务旅行者的铂尔曼已成为雅高大中华区的高端酒店中发展速度最快的品牌。2022年雅高大中华区将有6家酒店开业,包括澳门银河莱佛士酒店、上海北外滩索菲特酒店、贵阳艺术中心铂翎汇臻选酒店、香港银樾美憬阁酒店、香港AKI美憬阁酒店以及北京瑞士酒店。

11.5.2 雅高酒店集团旗下品牌

雅高旗下的品牌也很多,涵盖经济型到高档酒店各个类别。雅高集团在全球100多个国家拥有44个品牌:奢华品牌如莱佛士(Raffles)、费尔蒙(Fairmont)、索菲特传奇(Sofitel Legend)、SO/、索菲特(Sofitel)、onefinestay等;高端品牌有美憬阁(MGallery)、铂尔曼(Pullman)、美爵(Grand Mercure)以及瑞士酒店及度假村(Swissotel)等;中端酒店包括诺富特(Novotel)、美居(Mercure)、MamaShelter和Adagio等;经济型酒店品牌有宜必思(Ibis)、宜必思尚品(Ibis Style)、宜必思快捷(Ibis Budget)和hotelF1等。旗下部分酒店品牌介绍如下。

1)费尔蒙

雅高酒店集团下的高端奢华酒店。在全球的26个国家拥有76家酒店,共计30 276间客房。费尔蒙酒店包括纽约广场大酒店、伦敦萨沃耶饭店、旧金山费尔蒙酒店、班夫费尔蒙温泉城堡酒店以及上海和平饭店等标志性豪华酒店。图11.50为费尔蒙酒店品牌标识。

图11.50　费尔蒙酒店品牌标识

2)索菲特

索菲特品牌是雅高集团旗下的高端酒店品牌,遍及全球43个国家,拥有超过121家酒店,多分布在经济、文化和休闲城市。为了在全球豪华酒店业获得竞争优势,雅高集团专门聘请全球顶尖的建筑师、室内设计师和厨师,通过索菲特酒店将法国优雅的生活传递到世界各个国家和地区,高雅的内部设计、热情周到的服务和精美的餐饮是索菲特酒店的共同特点,其品牌口号是"追求完美的境界",为全世界游客打造至高的住宿体验是索菲特酒店不断追求的目标。

图 11.51 为索菲特酒店品牌标识。

SOFITEL

图 11.51 索菲特酒店品牌标识

3)铂尔曼

铂尔曼是雅高酒店集团旗下的高端酒店品牌,遍及全球 39 个国家,拥有超过 131 家酒店和度假酒店。铂尔曼品牌在酒店业享有盛誉,其名称源于早先的铂尔曼铁路卧铺车厢,这些列车从 19 世纪 60 年代开始一夜之间改变美国的铁路旅行方式,之后又影响英国甚至整个欧洲。如今,铂尔曼成为雅高集团旗下高档酒店品牌,专为商务旅行者打造。铂尔曼酒店和度假村均坐落于全球各大地区或国际都市的中心地段以及主要的旅游目的地,铂尔曼品牌为客人提供全方位且量身定制的卓越服务和尖端科技,包括举办会议、研讨会以及高端会奖活动。图 11.52 是铂尔曼酒店品牌标识。

pullman

图 11.52 铂尔曼酒店品牌标识

4)美爵

美爵拥有 53 家酒店,分布在 13 个国家,隶属雅高集团,专为中国量身打造。每家美爵酒店都是法国文化与传统中国文化体验的无瑕结合。每家酒店都围绕“融合、发现、感悟”的理念,通过将具有当地特色的设计、个性和风格与高端酒店服务相结合,成为酒店宾客与当地文化的联系纽带。图 11.53 为美爵酒店品牌标识。

图 11.53 美爵酒店品牌标识

5)美憬阁

美憬阁在全球拥有超过 100 家精品酒店。美憬阁酒店包括巴黎莫利托酒店、阿姆斯特丹 INK 酒店、英格兰切尔滕纳姆女王酒店、里约热内卢圣特雷莎酒店、澳大利亚墨尔本林多姆酒店、泰国曼谷缪斯廊双酒店和越南西贡艺术酒店。美憬阁品牌有三个标志性特色:悠远传统、非凡风格和静谧境域,每家酒店选择其一汲取设计灵感。图 11.54 为美憬阁酒店品牌标识。

6)诺富特

诺富特酒店品牌是雅高集团定位于休闲和商务旅游者的中档酒店品牌,除了为商务旅游

图 11.54　美憬阁酒店品牌标识

者和家庭休闲旅游者提供便利服务外,诺富特还专门提供针对家庭的亲子服务。酒店的客房宽敞、舒适,周围大多有树木繁多的公园或花园,为家庭的孩子们提供一系列周到、细致的服务。图 11.55 是诺富特酒店品牌标识。

图 11.55　诺富特酒店品牌标识

7)美居

　　1975 年,雅高收购美居(mercure),定位中低档,开始在欧洲和非洲法国前殖民地拓展。到目前为止,美居在全球拥有超过 810 家酒店,无论是在城市中心,还是在海边或山中,每一家美居酒店都扎根于当地的风土人情中,让客人充分享受独特产品和服务带来的愉悦。图 11.56 是美居及旗下季节酒店品牌标识。

图 11.56　美居及旗下季节酒店品牌标识

8)宜必思

　　1974 年雅高创立宜必思经济型酒店品牌。宜必思遍布世界 66 个国家和地区,1 170 多家连锁酒店,共计 150 000 间客房。宜必思一半左右的酒店位于地理位置优越的市中心地带,为商务和假日旅游者提供方便,其品牌文化理念是"物超所值的舒适体验"。图 11.57 是宜必思酒店品牌标识。

图 11.57　宜必思酒店品牌标识

9)宜必思尚品

宜必思尚品酒店坐落于城市中心或毗邻商业区,品牌为家庭及儿童旅客提供多重额外设施。目前,宜必思尚品在48个国家运营470家酒店,共计48 800间客房。图11.58是宜必思尚品酒店品牌标识。

图11.58 宜必思尚品品牌标识

10)一级方程式

一级方程式也是雅高旗下的经济型酒店品牌,1985年首次引入该品牌,2006年在全世界12个国家拥有380多家酒店。一级方程式以最优惠的价格在南非、澳大利亚、巴西、日本等地区提供优质的住宿服务。图11.59是一级方程式酒店品牌标识。

图11.59 一级方程式酒店品牌标识

11.5.3 成功的经营管理策略

1)特色化的酒店品牌策略

雅高酒店集团之所以能在近50年时间成长为全球最具规模的酒店集团之一,形成一个具有不同档次的酒店品牌群落、实现对欧洲酒店行业的绝对领导,雅高发展战略的独特之处在于"品牌连锁",它通过确立经济型酒店品牌的优势,在三星级市场进行扩张,实现在法国、欧洲,乃至全球的地域拓展。

①独立的品牌结构体系。雅高国际酒店集团在全球共有5 298家酒店和44个酒店品牌,这些品牌囊括高档、中档和经济型酒店等各个档次,形成雅高集团独立的品牌结构体系。20世纪80年代,雅高集团在兼并、收购过程中,雅高品牌数量迅速增加。为了保持原有酒店品牌的知名度和美誉度,雅高在兼并之后采取保留原有酒店品牌的多品牌策略,形成独立的品牌结构,这种独立的品牌战略不仅使雅高集团的酒店客源市场得到深度的细分,市场定位更加明确,而且使雅高集团旗下的酒店品牌结构更加完善,集团的规模得到迅速扩大。

②优势品牌为经济型酒店品牌。雅高集团起步于中档的诺富特酒店品牌,旗下的酒店品牌类型多样,但是在发展过程中却形成以经济型品牌为主打、中档和中高档酒店品牌为辅的大型连锁酒店集团,如表11.6所示。

表 11.6　雅高集团各档次酒店品牌的分布表

档次	比例	品牌
奢华档	31.8%	费尔蒙(Fairmont)、索菲特传奇(Sofitel Legend)、索菲特(Sofitel)等
高档	34%	美憬阁(MGallery)、铂尔曼(Pullman)、美爵(Grand Mercure)等
中档	15.9%	诺富特(Novotel)、美居(Mercure)、MamaShelter、Adagio 等
经济档	18.3%	宜必思(Ibis)、宜必思尚品(Ibis Style)、宜必思快捷(Ibis Budget)等

雅高集团在经济型酒店方面的优势使其在全球酒店市场上的扩张更加快速。在发达国家,酒店业市场相对成熟,庞大的中产阶级为雅高集团提供广阔的经济型酒店的客源,例如,在美国市场上,经济型酒店就始终处于领先地位,雅高集团旗下的宜必思、伊塔普和一级方程式等品牌在欧洲经济型酒店市场上具有很高的知名度和美誉度,同时也占据着很高的市场份额;在发展中国家,雅高经济型酒店价格更易被广大的消费者所接受。因此,雅高集团将优势品牌定位为经济型品牌,这是雅高酒店集团得以在全球迅速扩张并形成规模的重要原因之一。

③特许经营为主的品牌扩张。品牌特许经营是雅高集团能够在短期内快速发展的重要原因。当年雅高集团的创始人保罗·杜布吕和杰拉德·贝里松最开始正是受假日连锁酒店发展的启发,决定用特许经营的方式来建造自己的连锁酒店,即酒店的所有者在缴纳登记费用之后,就可以使用诺富特商标,但他们必须从其营业额中拿出特许权使用费支付给诺富特。商标特许经营制度使得诺富特在不投入新的资金情况下,迅速增加酒店的数量,并在更大的地域空间建立自己的品牌。此后,随着雅高旗下的酒店品牌越来越多,酒店品牌也在全球范围内得到延伸,形成一个巨大的酒店经营网络。

2)多元化的经营管理策略

雅高酒店集团在不断扩张酒店业务的同时采取多元化的经营管理策略,分别向上游和下游进行产品延伸,并与相应的企业集团展开合作。例如,雅高集团通过成功收购通济隆国际公司,除了接管该公司的大量酒店外,还接管该公司经营的汽车租赁服务、旅行社服务以及饮食服务等;雅高集团和法国电信公司、美国运通公司、法国国家铁路公司、法国航空公司、Cegetel以及其他公司进行合作,发展新的伙伴关系。除了酒店主业外,雅高集团在餐饮业上也有20%的业务收入,并提供博彩和其他服务项目。雅高的这种多元化的经营管理策略也是其能够迅速发展的重要原因。

3)产业化的酒店规模扩张

雅高集团在创业和发展的时期,正逢全球旅游业的兴起和繁荣,旅游休闲在欧美等发达国家已经是人们生活的重要内容。雅高正是抓住国际国内旅游业发展的良好产业环境以及国际贸易和跨国商务活动日益频繁的经济环境,在全球范围内迅速实现酒店规模的产业化扩张。在空间上,雅高采取的是国际国内同步扩张、齐头并进的策略,雅高在其发展过程中,始终坚定执行“规模制胜”的竞争原则,迅速扩大规模;在方式上,雅高集团并不采取进入高端市场的方式,而是顺应市场需求,以经济型酒店为主导,并形成优势,占领行业性战略资源(地段和客源),抢占竞争者的市场份额。

总体来说,雅高集团的成功有如下几点:其一,雅高抓住行业成长机会,并尽可能地抢占酒店行业的战略性资源(如地段和客源等),很快就构建自身独具的行业竞争优势;其二,雅高的成功得益于成功的品牌经营运作,雅高在近50年的时间,通过自建、收购等方式,迅速进行品牌扩张,实现其高中低档品牌产品的连锁化,并针对大众旅游者的需求,努力开发经济型酒店市场,形成具有全球影响力的经济型酒店品牌;其三,雅高成功地复制假日酒店的扩张模式,并在其基础上综合利用借贷、连锁、合同管理等多种方式,使酒店规模在短期内迅速扩大,一跃而成为全球酒店业的佼佼者。

11.6　最佳西方酒店集团

最佳西方国际酒店集团(Best Western International, Inc.)(又译为"贝斯特维斯特国际酒店集团")总部位于美国。2021年最佳西方集团拥有酒店3 963家,客房348 070间。最佳西方集团的酒店成员分布于全世界100多个国家和地区。与其他酒店集团采取的多品牌经营不同,最佳西方酒店集团实行的是单一酒店品牌经营,即所有成员酒店均统一采用"最佳西方"品牌。最佳西方作为一个非营利性的战略联盟而存在,所有收入都用于公司的经营运作,但旗下每个酒店都是独立经营的营利性单位。图11.60为最佳西方酒店集团品牌标识。表11.7为最佳西方酒店集团在全球酒店集团300强中的排名。

图 11.60　最佳西方酒店集团品牌标识

表 11.7　最佳西方酒店集团在全球酒店集团300强中的排名

年份	排名	酒店数	客房数
2018	11	3 618	295 849
2019	11	3 997	369 386
2020	11	4 033	363 989
2021	10	3 963	348 070

资料来源:2018—2021年《HOTELS》。

11.6.1　最佳西方酒店集团发展概况

1)集团发展历程

(1)历史背景

最佳西方汽车旅馆是最佳西方酒店集团的前身,其创始人Guertin是拥有20多年旅馆管理经验的业主。该旅馆成立于1946年,其主要运作方式是通过前台电话接线员向游客推荐其住宿设施。这种经营方式在当时取得了一定的效果,但由于是被动接受咨询预订,最佳西方汽车旅馆的市场知名度还不是很高。基于这种现状,该旅馆于1948年开始加大主动宣传攻势,

印刷出版 500 万册最佳西方旅馆指南,通过邮寄、拜访、分发等多种方式送给旅游代理商和普通游客。这些小册子印有详细的公路交通图、旅馆定位图以及旅馆的外观、设施、房价等相关信息,一经推出就受到众多汽车游客的欢迎,起到很好的宣传效果。

(2)发展历程

1946 年最佳西方汽车旅馆成立,开始最佳西方酒店集团的发展历程。由于其明确的发展思路,最佳西方在短短的几年里就取得较好的成绩。到 1962 年,最佳西方拥有在美国西部 25 个州和加拿大的 670 家成员酒店,并建立覆盖整个美国和加拿大的酒店预订系统,为所有的成员酒店提供免费的预订服务;同年,最佳西方开始使用带有绳索边缘图像的王冠图案作为集团的标识。1966 年,最佳西方成立一个由 7 个人组成的董事会作为集团的决策机构,并将最佳西方总部由加利福尼亚州迁移到亚利桑那州的凤凰城。为了扩大经营业务范围,1974 年最佳西方汽车旅馆更名为最佳西方酒店集团,走出汽车酒店的圈子,开始直接参与国际化的住宿连锁竞争。1977 年,为了满足不断发展的酒店市场需求,集团决定在凤凰城东北部设计并修建最佳西方国际总部大楼,并将"世界最大的住宿连锁店"作为集团标志的一部分。随着最佳西方集团的不断扩张,到 1980 年已拥有成员酒店 2 654 家,其中本土酒店占 34%,国际成员酒店比例达到 66%。在随后的几年里,最佳西方集团不断完善其预订系统,使得其规模得以稳步地扩张,足迹遍及美洲、欧洲、亚洲和大洋洲的 20 多个国家,成为世界颇具影响力的酒店集团。1993 年,最佳西方进行品牌形象的重新设计,以新的品牌标识取代以前的王冠标识。1995 年,最佳西方首次在互联网上公布它的成员酒店名单,包括 150 个成员酒店的所有信息,人们通过家庭电脑可以直接浏览,这种方式迅速扩大了最佳西方的品牌知名度,同时也加速了它在全球的发展。为方便顾客实现网上预订;2005 年 4 月 18 日,最佳西方网站正式推出非英语预订网页,提供 8 个语种服务,包括英语、法语、德语、意大利语、西班牙语、汉语、日语和韩语,可以预订最佳西方在夏威夷、孟加拉国、印度、新西兰和巴基斯坦等地的所有成员酒店。2007 年,最佳西方酒店集团推出一项名为"My best"(做到最好)的客户服务新文化。最佳西方酒店集团以其国际品牌知名度和美誉度在行业内脱颖而出,荣获"2009 中国最具影响力国际酒店管理公司(集团)"称号。2014 年,最佳西方酒店集团(中国地区、蒙古国、尼泊尔)为了方便各成员酒店的采购需要,推出成员酒店一站式采购平台。2018 年,最佳西方酒店集团推出两个全新精品酒店品牌 Sadie 和 Aiden。随着最佳西方集团的不断扩张,到 2021 年已拥有成员酒店 3 963 家。

2)全球市场分布

(1)全球扩张

1966 年,最佳西方集团合并最佳东方酒店公司,开始它在全球范围内的扩张之路。从此以后,最佳西方集团不再将业务局限于北美和加拿大,开始扩张欧洲和太平洋等地区市场。1984 年,最佳西方扩张范围稳步增加,新增 139 家国内酒店、35 家国外酒店,连锁发展到 28 个国家,包括 3 000 家成员酒店。1987 年最佳西方的全球扩展仍在继续,以色列、挪威、葡萄牙等国的很多酒店成为其附属成员。1993 年,俄罗斯、立陶宛、日本的酒店也成为最佳西方的成员酒店,使最佳西方集团的触角延伸到更多的国家。由于其迅速的扩张,目前最佳西方酒店集团的成员酒店已分布到世界近百个国家和地区,其销售网点达 16 个,形成遍布全球的扩张态势。从酒店扩张的布局来看,最佳西方酒店集团在北美洲的成员酒店最多,接近总数的 60%。其次是经济发达的欧洲地区,最佳西方集团在 2010 年度欧洲酒店集团排行榜中仅次于雅高集团,位列第二位;在亚洲、南美洲和中美洲的扩张起步较晚,目前酒店数量较少,但发展比较迅速;成员酒店最少的是非洲。2021年,最佳西方集团拥有酒店3 963家,客房348 070间,在全球酒店集团中排名第10。

（2）在中国的扩张

最佳西方酒店集团是2002年开始进入中国市场的,虽然与其他国际酒店集团比起步较晚,但其在中国的扩张速度却不亚于其他酒店集团。2002年3月27日,最佳西方集团签约酒店武汉五月花大酒店开门营业,成为最佳西方在中国的第一个签约伙伴,也标志着最佳西方开始拓展中国市场。同年,最佳西方在中国北京设立在华代表处,直接负责在中国的战略管理事宜。最佳西方集团以其强大的销售网络和预订系统以及相对较低的会员费,迅速打开中国市场,成员酒店不断增加。最佳西方在华酒店主要分布在上海、北京、广州和深圳,其中上海是拥有签约酒店最多的地区,已有5家。随着这些地区酒店行业竞争的不断加剧,最佳西方在中国的扩张逐步由一线城市转向二三线城市。2005年11月,最佳西方与黄山宾馆（五星级）签约,成为进入中国重点风景名胜区的首家国际品牌酒店。随后,最佳西方集团又成功进驻张家界、大理等景区。在酒店的档次定位上,最佳西方集团正在逐步改变在华扩张策略,不再使用其在美国本土发展经济型酒店的市场模式,而是希望在中国发展更多的高档连锁酒店。截至2012年7月底,最佳西方在大中华区已有54家签约酒店,多为四星及五星酒店。2014年5月,最佳西方酒店管理集团成功签约深圳宝立方酒店,宝立方酒店以加盟的形式由最佳西方国际酒店管理集团全权管理。2015年8月19日,美国最佳西方酒店集团在中国西南地区的第一家酒店——最佳西方成都金韵酒店正式开业。2018年10月,合肥最佳西方星达城酒店正式开业。图11.61是福州最佳西方酒店一角。

11.6.2 最佳西方酒店集团旗下品牌

最佳西方酒店集团旗下共有18个品牌,包括Best Western、Vib、Best Western Premier、Sadie、BW Signature Collection、Xecutive Residency by Best Western、Best Western Plus、Aiden、BW Premier Collection、GLō、SureStay Hotel by Best Western、SureStay Plus by Best Western、SureStay collection by Best Western等。旗下部分酒店品牌介绍如下。

1）Best Western

最佳西方集团旗下拥有"Best Western"品牌;最佳西方的品牌阐释是"Best Western for a Better World",即"最佳西方是为了更加美好的世界"。最佳西方将这句话作为它对所属的会员、服务的社区以及雇用的员工的承诺示范,并据此启动社区关系计划。该社区计划的使命是:通过提供人力、住宿、金融以及其他我们能够提供的资源,能及时满足他们的短期及长期的需求,从而为社区提供更多的支持和帮助。正是由于最佳西方明确的社区使命,将相关利益者很好地协调统一起来,才使其走上多赢的良性发展道路,最终成为国际著名的酒店集团。图11.62是Best Western品牌标识。

2）Vib

目前,最佳西方推出Vib最新酒店品牌,Vib品牌是一个新颖的、以技术为中心的酒店概念,主要是为了满足当今旅游者的个性化需求而打造的。Vib是"Vibrant（有活力的）"的简称,是一个面向都市市场的酒店类型。Vib的设计理念集中在便捷、科技和社会参与方面,突出了活力和现代设计感。Vib酒店将有大的、交互式的酒店大堂,每个酒店都会因地制宜、融合当地

图 11.61　福州最佳西方酒店

图 11.62　最佳西方酒店品牌标识

特色,打造舒适、别致的酒店客房。Vib 将为客人提供足够的 USB 接口、电源端口,以方便其使用电子设备;设置智能电视以满足客人需求的影视盛宴和娱乐享受。此外,酒店大堂内还会设置一个多媒体墙,循环播放酒店所在地的风土人情、特色文化和魅力风景。同时,整个酒店都会配置 LED 情绪灯,为客人带来全新的光影感受。第一家 Vib 酒店将落户韩国首尔江南区,之后还将进军泰国、马来西亚和菲律宾。图 11.63 是 Vib 酒店品牌标识。

3)Best Western Plus

Best Western Plus 级别酒店提供早餐,而且部分可以定制早餐,还可以享受免费高速上网、健身中心、商务中心和洗衣/干洗服务。从时尚的现代设计到升级的配套设施,客人可以在 Best Western Plus 级别酒店入住时享受舒适和有价值的住宿。具有宽敞的客房拥有工作或娱乐的空间。大多数客房还提供超大的办公桌/工作区,单人咖啡机,室内迷你冰箱和有时尚设计感的洗浴用品。图 11.64 是 Best Western Plus 酒店品牌标识。

4)Executive Residency

Executive Residency 酒店提供丰富的餐饮服务以及充足的户外空间,使客人极大的放松身心。公寓和套房经过精心设计,为工作和放松提供足够的空间。设备齐全的厨房包含灶台、水槽、微波炉和冰箱,可以让您自由准备餐点。免费高速网络使您与家人和同事保持联系。图 11.65 是 Executive Residency 品牌标识。

图 11.63 Vib 酒店品牌标识

图 11.64 Best Western Plus 酒店品牌标识

图 11.65 Executive Residency 酒店品牌标识

5）BW Premier Collection

BW Premier Collection 是全球高档豪华精品酒店。这些酒店有着超一流的服务和设施以满足旅客,提供卓越的旅行体验。每家 BW Premier Collection 酒店都是独一无二的,他们结合了当地的特色,提供给客人真正独特的体验。在全球许多的著名景点或城市均有 BW Premier Collection 酒店。图 11.66 是 BW Premier Collection 酒店品牌标识。

BW Premier
❦ COLLECTION℠ ❦

图 11.66 BW Premier Collection 酒店品牌标识

6）GLō

GLō 是贝斯特韦斯特酒店集团品牌系列的最新产品,非常适合那些期待高性价比,设计感和舒适感强的精明旅客。这个理念打破了酒店常规。精品酒店拥有时尚而现代的装饰,以大胆的色彩突显出来,将为商务和休闲旅客带来愉悦的享受。宏伟的大厅将迎接所有客人到达,并提供与家人和朋友放松的空间。每间酒店设有先进的健身中心,早餐区域提供的丰盛为客人精神的一天提供能量。GLō 酒店平衡价值;设计和舒适,给客人一段难忘的旅游体验。图 11.67 是 GLō 酒店品牌标识。

11.6.3 成功的经营管理策略

1）独特的品牌发展模式

最佳西方酒店集团的品牌发展模式主要包括以下几个方面:

图 11.67　GLō 酒店品牌标识

①单一品牌战略。最佳西方实行的是单一的品牌发展模式。这种品牌连锁模式的优点在于集团能够集中财力、物力扩张品牌,并且统一的品牌名称容易被顾客识别,便于形成较高的品牌认知度。

②特许经营模式。最佳西方的所有成员酒店都是集团的特许加盟成员,只需要交付一定的费用,就可以使用全球知名商标"Best Western",但每个酒店都是独立拥有并各自经营的。最佳西方总部则是非营利性的,它作为一个战略联盟而存在,将成员酒店每月交付的会费用于提供营销、广告、设计、质量检查、公共关系和教育培训服务,从而使每个成员酒店获利。最佳西方集团总部向成员酒店收取的会员费一般包括四项:特许费(即一次性加入费)、基本费、市场营销费和客房预订费①。另外,最佳西方较低的会员费也是其得以迅速扩张的原因之一。

③灵活的品牌定位策略。最佳西方酒店集团在进行品牌扩张时会因地制宜,根据当地的市场条件灵活地选择酒店的品牌档次。最佳西方在美国本土主要实行经济型酒店的市场模式,即在高速公路沿线发展中低价位酒店。在准备进入中国市场之前,最佳西方也企图将这种成熟的业务模式直接复制到中国,可是经过市场调研发现,中国的全国性高速公路网的发展并没有想象中的快。经过多方面的分析论证,最佳西方觉得并不适合在这些区域布局经济型酒店,因此,它最终决定改变其常规的经济型品牌档次定位策略,根据中国具体的市场情况并结合自身的优势,将在华的经营重点放在城市高档酒店上,主要发展四星级以上的酒店。实践证明,这种灵活的品牌定位策略是适合市场需求的正确方式。

2)强大的全球预订网络

最佳西方酒店集团能在全球布局并实现快速扩张,与其强大的全球预订网络密不可分。最佳西方的前身最佳西方汽车旅馆的主要业务就是通过前台接线员的电话联系来向旅游者推荐住宿设施。早在 1968 年,最佳西方就开通统一号码的电话预订系统,1996 年又启动全新的中央预订 LYNX 系统,在 2000 年建立成员酒店专用网站,方便各酒店之间业务联系和信息共享。最佳西方已经形成十分完善的网络预订系统,成为竞争对手不可比拟的竞争优势。最佳西方酒店集团的成员酒店分布于世界上近百个国家和地区,形成 16 个国际性销售网点。这些销售网点区别于个别地区的统一预订系统,构成强有力的销售网络。2005 年 4 月 18 日,最佳西方酒店集团为开辟亚洲、澳大利亚等地的市场,正式推出非英语预订网页。为确保网站信息的及时性和准确性,最佳西方集团还专门聘请 SDL 国际公司负责网站的翻译工作。由于其强大的全球预订网络的支持,最佳西方酒店集团的网上预订量已达到总预订的 44% ,该比率明显高于其他酒店集团。在过去的几年里,最佳西方的网上预订量以每年 54% 的速度增长,成为其市场成功的重要因素。

---

①　中国旅游饭店业协会.中国饭店集团化发展蓝皮书[M].北京:中国旅游出版社,2003:277.

3）丰富的奖励营销活动

在市场营销方面,最佳西方酒店集团还通过策划丰富多样的奖励活动来促进营销。早在1988年,"最佳西方"建立常客奖励制度,随后推出一项名为全球客户忠诚计划"金王冠国际俱乐部"（Gold Crown Club International）的奖励营销活动。该俱乐部是一个全球著名的常客奖励计划,是由十几家独立俱乐部组成的联合体,主要为其会员提供全球性的兑换奖励与客户服务;其在全球的会员量已经超过400万。这些会员可在最佳西方近4 000家成员酒店内获得有奖励的累计积分。其中最著名的奖励积分是全球支票,其面值主要为15美元、25美元、50美元,可用于支付部分或全部的客房费以及其他的酒店支出。从2007年1月1日起,最佳西方集团的全球客户忠诚计划会员在成员酒店每花费60便士就可以赢得1个积分;如果是在英国的最佳西方酒店,消费者还可以获得特别优惠,可以将积分兑换成赠送的酒店住宿、全世界精选红酒、打高尔夫球等奖励活动。除了金王冠俱乐部计划外,最佳西方集团推出的奖励营销活动还有"55＋旅游者项目",即通过对55岁及以上年龄的人减免10%的房费以吸引银发市场;"家庭欢乐计划",即在美国、加拿大和加勒比海地区,如果全家人入住最佳西方的一间客房,12岁以及12岁以下年龄的儿童就可以获得免费服务项目,如获得精美礼品、免费使用酒店的娱乐设施、电脑等;"欧洲旅游者服务项目",即旅游者购买在欧洲市场上发行的顾客支票后,就可以在20多个欧洲国家的所有最佳西方酒店使用,同时最佳西方也会及时推出全新的营销活动项目,保持服务产品的常变常新,从而不断扩大新顾客的范围和提升老顾客的忠诚度。最佳西方集团实施会员奖励,目前推出倍优客普通卡、精英金卡、精英白金卡、精英钻石卡、精英黑钻卡5种不同级别的会员卡,其中精英黑钻卡级别最高,需要50个间夜或50 000积分才可获得,会员可享受额外赠送积分、免费升级、积分永久有效等服务。

4）严格的产品质量保证

最佳西方酒店集团十分重视产品的质量,形成完善的质量保证体系。1970年,最佳西方酒店集团启用正式的酒店质量监控体系,代替以往采用的成员酒店相互间的质量检测,从更高的层面、以更高的标准保证成员酒店的产品质量。1999年11月,最佳西方又进行了一次意义深远的质量改革,推出经过修订后的质量保证纲要。该纲要突破以前只重视酒店硬件标准的局限,将酒店整体形象也纳入到质量考核标准之列,从而对成员酒店的质量提出高要求。同时,在此次修订的质量保证纲要中,最佳西方新增"地区服务经理",他们除了对成员酒店进行传统的质量监督外,同时还承担着一项更重要的任务,即对酒店的质量改革提出建议和意见,以促进酒店不断地提升质量水平。这些地区服务经理主要使用简化的质量保证书,避免以前冗长、繁杂的问题,在保障严格质量标准的同时又使报告更易懂、更有效。对于申请加盟的酒店,最佳西方集团会委派专门的考核小组对该酒店进行严格的品质考核,对于完全不具备条件的酒店予以拒绝,对那些有基础但不完全符合要求的酒店则提出相应的改进意见,对改进合格的酒店予以接受,从而在源头上保障成员酒店的高质量起点。除了对申请酒店的严格把关外,最佳西方对已加盟的酒店也有严格的检查,对每个酒店都有一年一度的质量检测,涉及酒店的设备完好率、服务态度、服务水平、卫生等700多项内容。最佳西方严格的产品质量保证为其赢得良好的市场反响,是其成功经营管理的重要因素。图11.68是福州最佳西方酒店的鲜花吧。

最佳西方酒店集团的成功经验对于我国酒店的品牌化与集团化发展具有十分重要的借鉴意义。第一,最佳西方在充分市场调研的基础上形成自己独特的品牌发展模式,成为世界最大

图 11.68　福州最佳西方酒店鲜花吧

单一品牌国际酒店集团。第二,强大的全球预订网络形成最佳西方的竞争优势。随着信息化时代的到来,畅通、快捷的信息网络无疑带给酒店更大的发展机遇,我国酒店业在分销网络建设上还十分薄弱,应尽快完善预订系统,促进酒店业的信息化、国际化发展。第三,最佳西方酒店集团的营销活动十分丰富。在这一点上,我国酒店业已经有很大的改善,营销意识逐步加强,但在营销方式和营销活动方面应更加优化。第四,最佳西方良好的产品质量是其发展的生命线。我国酒店企业应强化质量意识,不断深化产品质量改革,在追求企业规模效益的同时,更应严格控制产品的质量,以促进其长远发展。这一点对于实行连锁化发展的酒店集团尤其重要。

11.7　凯悦酒店及度假村集团

　　凯悦酒店及度假村集团(以下简称"凯悦集团")总部位于美国芝加哥,旗下包括两个独立的集团公司——凯悦酒店集团(Hyatt Hotels Corporation)和凯悦国际酒店集团(Hyatt International Corporation),前者主要分管美国、加拿大市场,后者主要负责亚太区市场。凯悦集团是目前世界上最大的私人酒店公司,也是国际著名的豪华酒店管理集团。自 1957 年第一家凯悦酒店在美国洛杉矶开业,经过 60 多年的发展,其成员酒店已经广泛分布于世界 50 多个国家和地区。2021 年,凯悦集团拥有酒店 1 162 家,客房 284 944 间。图 11.69 为凯悦集团品牌标识。表 11.8 为凯悦集团在全球酒店集团 300 强中的排名。

图 11.69　凯悦集团品牌标识

表11.8 凯悦集团在全球酒店集团300强中的排名

年份	排名	酒店数	客房数
2018	13	852	208 197
2019	14	913	223 111
2020	15	982	238 435
2021	13	1 162	284 944

资料来源:2018—2021年《HOTELS》。

11.7.1 凯悦集团发展概况

1)集团发展历程

(1)历史背景

凯悦集团属于美国芝加哥的普里茨科(Pritzker)家族,创始人为尼科拉斯·J. 普里茨科。他是一位原居于德国法兰克福的犹太人,早期从事金融行业,并由此起家带动整个普里茨科家族的兴旺。1880年,普里茨科从基辅移民到美国芝加哥。到美国后,他不畏辛苦,开始刻苦自学英语,后来成为一名药剂师,并进入到德保尔大学法学院读书。普里茨科与他的3个儿子合伙成立普里茨科公司。其次子阿布拉姆毕业于哈佛大学法学院,于1935年创建这个家族的第一个托拉斯,使得家族的名气迅速扩大。第一个进入酒店业的普里茨科家族成员是阿布拉姆的长子杰伊·普里茨科。1957年,杰伊去旧金山旅行途中,看中一家位于洛杉矶国际机场附近的小酒店,立刻以210万美元的价格买了下来,成为凯悦集团发展的第一家酒店。从此以后,普里茨科家族就一直沿用凯悦这个名字而成立凯悦集团,开始经营酒店行业[①]。

(2)发展历程

1957年9月27日,凯悦集团有了第一家属于自己的酒店,开始它在酒店行业的发展之路。虽然凯悦集团进入酒店业的时间相对较晚,但其发展十分迅速。在随后的几年里,凯悦集团沿着美国西海岸迅速扩张,酒店数量逐步增加,但凯悦集团的知名度仅局限于美国西部地区,在国际上尚缺乏较高的认知度。1967年,凯悦集团在亚特兰大建成世界上第一座带有中厅的新型酒店,独特的建筑风格和豪华的装饰气派立刻引起业界的巨大反响,凯悦集团的名字也开始被世界所认识和接受。1969年,凯悦集团在美国本土已经拥有13家酒店,为了开拓海外市场,凯悦集团另外组建凯悦国际酒店集团来负责海外市场尤其是亚太地区的扩张,并开设香港凯悦酒店作为凯悦集团在本土以外的第一家酒店。1980年,夏威夷的凯悦茂伊岛酒店开业,成为世界上为数不多的豪华酒店之一,也使凯悦集团从此树立世界豪华酒店领头羊的形象。

2)全球市场分布

(1)全球扩张

1967年香港凯悦酒店的成立,标志着凯悦集团开始全球扩张的道路。凯悦集团在全球扩张上采取的是集中策略,主要集中在美国、加拿大地区和亚太地区进行扩张,并且主要定位于

---

① 谷惠敏.世界著名饭店集团管理精要[M].沈阳:辽宁科学技术出版社,2001:147.

高档豪华酒店,而欧洲、大洋洲、非洲则为辅助市场,较少涉及。由于其明确的市场定位,凯悦集团发展非常迅速,成员酒店逐步增加,很快成长为世界著名的酒店集团。随着凯悦集团的不断发展壮大,它不仅仅局限于酒店业的扩张,开始多元化的经营。1994 年,凯悦集团开始涉足特许经营、分时度假、高尔夫球场管理、博彩等风险较大的行业。1995 年,凯悦集团的第一个"假日所有权度假酒店"建成开业,凯悦集团充分运用其在分时销售方面的优势,迅速打开度假酒店市场。同年,凯悦集团建造第一个有 18 洞、71 杆的标准化高尔夫球场。度假酒店和高尔夫球场的结合,是凯悦集团多元化发展的一个重要环节,也更加巩固凯悦集团在高档豪华酒店业中的地位。此外,凯悦集团 1996 年在印第安纳州开设的维多利亚大赌场和度假区,已经成为当地最好的移动赌博场所之一。集中区域扩张和多元化经营使凯悦集团的实力迅速增强,形成后来者居上的发展态势,于 1999 年在世界著名的公司排名"Review 200"中名列第 28 位,超过其他很多发展较早的酒店集团。

进入 21 世纪以来,世界范围内的酒店业兼并、收购愈演愈烈,凯悦集团也凭借自己强大的实力进行并购。2004 年 12 月 31 日,凯悦集团突破其传统的高端酒店市场形象,宣布以 6 亿美元收购经济型酒店 Amerisuites;2005 年 1 月,凯悦集团收购拥有 143 家豪华全套房式连锁酒店 Brad ford Home Suites,并在 2006 年初将其重新定位成为凯悦旗下的新品牌;2006 年又收购 Summer field Suites 酒店。2018 年,凯悦集团以 4.08 亿美元收购了生活方式酒店管理集团 Two Roads Hospitality;2020 年,凯悦集团以 27 亿美元收购豪华度假村管理服务、旅游和酒店集团 Apple Leisure Group（ALG）;2022 年 10 月,凯悦集团宣布与德国家族式酒店企业 Lindner Hotels 达成协议,将后者旗下位于 7 个国家的 30 家酒店和度假村纳入麾下。凯悦集团逐步形成多品牌、细分化的市场扩张格局。

2022 年凯悦集团实现营收 58.91 亿美元,有 120 家新酒店、2.32 万间客房加入凯悦酒店体系,其中 48 家酒店、8281 间客房转为凯悦品牌。截至 2022 年 12 月 31 日,凯悦酒店拥有约 580 家酒店、11.7 万间客房已执行管理合同或特许经营合同。

（2）在中国的扩张

凯悦集团是在 20 世纪 70 年代末开始关注中国市场的。当时正值中国改革开放初期,快速复苏的经济形势使世界开始重新审视中国,凯悦集团也逐渐瞄准中国这个巨大的市场。经过多年的考察和分析,凯悦集团在 1986 年进驻天津,成为中国内地的第一家凯悦酒店。至此,凯悦集团也开始它在中国市场的扩张。1989 年,西安凯悦酒店开业。20 世纪 90 年代,凯悦集团进入高速发展阶段,平均每年在集团的资产名单中都会增加四五个新项目。2001 年 8 月 28 日,金茂凯悦酒店更名为金茂君悦,酒店品牌档次进一步提升。2001 年 10 月,北京东方君悦大酒店开业,成为北京地区最豪华的酒店之一。2005 年 6 月 28 日,杭州凯悦酒店开门营业,成为凯悦集团继西安、天津、上海、北京之后,在中国内地经营管理的第五家成员酒店。与其他国际酒店集团相比,虽然凯悦集团在中国的扩张速度和规模相对较弱,但在酒店的品牌和效益方面却是佼佼者,成为引领当地酒店业的旗舰店。

随着中国经济环境和投资环境的不断优化,凯悦集团对中国的酒店市场非常看好,将中国作为亚太地区最重要的市场。2007 年,北京银泰中心柏悦酒店开业,成为北京当时最高的酒店和最奢华的酒店。2008 年,广东东莞松山湖凯悦酒店开业,是广东省的首家五星级酒店。2009 年底,凯悦集团在中国正式运营的 16 家酒店,集中在柏悦（Park Hyatt）、君悦（Grand Hyatt）和凯悦（Hyatt Regency）三个高端品牌上。2011 年,南京凯悦、徐州凯悦、无锡凯悦、宁波柏悦、济南凯悦、贵阳凯悦开业。2012 年凯悦集团在大中华区运营着 19 家酒店,还有 30 多家正在开发,分布在上海、北京、天津、广州等城市。2013 年 9 月 15 日,吉林省长白山国际旅游区的长白山柏悦酒店和长白山凯悦酒店正式开业,这是凯悦酒店集团在中国首次推出的滑雪度假酒店。2014 年 3 月 29 日上海金茂凯悦酒店开业,是继檀香山、马尔代夫、巴厘岛之后全球第四家、中国首家凯悦度假酒店。2022 年 8 月,凯悦集团将全球顶级奢华度假酒店品牌 Alila(阿丽拉)入驻黄山黟县,成为安徽省首家 Alila 品牌酒店。图 11.70 是北京东方君悦酒店外景。

图 11.70 北京东方君悦酒店外景

11.7.2 凯悦集团旗下品牌

经过近 60 年的发展,凯悦集团已经成为国际豪华酒店的领袖和代表。2022 年,凯悦在全球六大洲超过 60 个国家和地区共经营管理 26 个品牌。凯悦酒店集团的子公司开发拥有、运营管理、特许经营,以及提供服务于包括柏悦(Park Hyatt)、Miraval、君悦(Grand Hyatt)、阿丽拉(Alila)、安达仕(Andaz)、Destination、凯悦(Hyatt Regency)、Hyatt、凯悦乐家(Hyatt Ziva)、凯悦奇乐(Hyatt Zilara)、Thompson Hotels、Caption by Hyatt、凯悦嘉寓(Hyatt House)、凯悦嘉轩(Hyatt Place)、Joie de Vivre、Hyatt Residence Club、逸扉酒店(UrCove by Hyatt)、凯悦尚萃(Hyatt Centric)、凯悦臻选(Unbound Collection by Hyatt)等著名品牌的酒店、度假村、公寓、分时度假项目、健身及 SPA 场所,更有"凯悦天地"忠诚旅客计划为会员提供精彩体验与专享礼遇。凯悦集团旗下部分酒店品牌介绍如下。

1)柏悦

柏悦酒店是精品豪华型的超五星级酒店品牌,也是凯悦集团的顶级品牌。柏悦品牌诞生于 20 世纪 80 年代,它的典型特征是地理位置位于世界各地的门户城市,简单典雅的氛围和细心的服务。柏悦酒店的客房数一般在 300 间以下,强调体验式的个性化服务,为客人提供一种时尚、高雅、私密的个人空间,平均房价至少为 200 美元或 300 美元以上。作为凯悦集团的顶级品牌以及世界精品酒店的代表,柏悦酒店以其领先时代的精心设计、细致入微的服务以及先进完善的设施诠释着"品位"的内涵,使客人在不同的地域均能体验到与众不同的奢华。图 11.71 是柏悦酒店品牌标识。

图 11.71　柏悦酒店品牌标识

2) Miraval

Miraval 的诞生也表明了凯悦集团的一个品牌走向:养生健康是未来的旅行生活趋势。客房拥有非常标准的西部风格,粗犷中又不乏稳重的细节,其口碑的床品深受住客的青睐。采用 ESPA 定制的洗护品,亦让水疗体验从客房中就开始蔓延。标准客房中还有 56 平方米的山景尊贵房,设有户外淋浴,更添度假风情。别墅内的客人可以享受入户的厨师与水疗服务,亦可自己在厨房动手打造美食,更拥有最无上的度假村贵宾礼遇,是 Miraval 最好的体验。图 11.72 是 Miraval 酒店品牌标识。

图 11.72　Miraval 酒店品牌标识

3) 君悦

君悦酒店是超五星级品牌,多为超豪华大型酒店,诞生于 20 世纪 80 年代,是一种强调生活方式的大型奢华酒店品牌。目前,全世界君悦酒店年平均房价一般在 150 美元以上。君悦酒店位于文化氛围浓厚的中心城市和旅游度假区,吸引着休闲和商务旅行客人。君悦酒店拥有丰富完善的商业和娱乐设施、壮观的大堂和公共场所、多个餐饮和娱乐场所、装饰豪华的会议厅和多功能厅,并为客人提供专业而富有文化内涵的服务,因此非常适合开展盛大的团体会议活动以及各种主题晚会。君悦酒店从装饰设计、客房产品、餐饮娱乐、会议接待等各个方面都体现华美而富有创意的理念,充分体现气势高贵典雅(Grand)的品牌名称。图 11.73 是君悦酒店品牌标识。

GRAND|HYATT

图 11.73　君悦酒店品牌标识

4) 凯悦

凯悦是五星级酒店品牌,多为中型豪华商务酒店或度假酒店。这是凯悦集团的第一个品牌,也是公司的核心基础品牌。凯悦酒店的市场范围较宽,每日房价 80~150 美元,主要目标市场为企业中高层的商务人士。凯悦酒店一般位于城市郊区、机场、会议和度假目的地。凯悦酒店以便捷的地点、简洁的设计、最新的客房技术、完善的商务会议设施、典雅的餐厅酒吧以及周到的服务满足每位客人的需求。每个凯悦酒店都是根据各个城市不同的文化底蕴而专门设计,使那些日程紧张的商务人员体验到所到城市的文化和魅力。例如,位于德国美因兹的凯悦酒店俯瞰莱茵河,把19世纪的城堡完美糅合到令人印象深刻的21世纪设计当中①。图11.74是凯悦酒店品牌标识。

图 11.74　凯悦酒店品牌标识

5）凯悦嘉轩酒店

越来越多的消费者认为,在繁忙的商务旅途中,选择一座舒适时尚的酒店能够巧妙地平衡休闲与工作。凯悦嘉轩酒店的品牌理念就深植于此,以融合时尚格调与亲善休闲的款客之道期待四方来客。凯悦嘉轩提供简约而别具一格的"精选服务":凯悦嘉轩酒店致力于为宾客打造现代、舒适的入住环境,宾客在片刻间即能融入其中,尽享休闲。2012年,哥斯达黎加成为美国本土以外第一个拥有凯悦嘉轩品牌的市场。2014年,凯悦嘉轩入驻中国。2022年,成都天府国际生物城首家四星级凯悦嘉轩酒店开业,客房总数达227间。图11.75是凯悦嘉轩酒店的品牌标识。

图 11.75　凯悦嘉轩酒店品牌标志

11.7.3　成功的经营管理策略

1）明确的品牌定位

凯悦集团主要定位于豪华酒店市场,重点目标客户群体为高档商务客人。首先,在集团扩张的地域选择上,凯悦集团多选择在经济发达、文化繁荣的大、中型城市的机场、商贸区和主要旅游胜地布点。其次,在集团扩张方式选择上,凯悦集团定位于高端目标市场,如高档分时度假酒店、高尔夫球场管理、游艇博彩业等,这些新的经营领域与凯悦传统的酒店业都把目标群体锁定在高档商务客人,能够形成客源互送、信息共享的合作局面。最后,在酒店的设施设备方面,凯悦集团十分关注商务客人的需求,各种装饰豪华、功能完备的会议厅、多功能厅、商务中心、娱乐中心一应俱全,并拥有一批高素质的会议策划和组织人员。正是凯悦能够明确自己的品牌定位并在经营管理中紧紧围绕这一定位展开,凯悦集团才能形成独特的竞争优势,成为高档商务酒店的典型代表。

2）创新的服务产品

凯悦集团在产品和服务上坚持不断创新,成为国际酒店集团效仿的典范。为方便客人入

---

① 饭店现代化编辑部.凯悦:芝加哥豪门[J].饭店现代化,2004(8):51-57.

住登记,凯悦集团不断坚持改革创新,研制出一种"一触即可"的自动登记系统,为客人实施"一分钟搞定"登记服务。客人只需在一种特制的机器上插上信用卡和身份证,确定个人信息和选择的客房类型后,机器就会自动地传送出客房的钥匙,同时打印出一份写有房号和客房线路的登记表。整个登记过程十分方便,花费时间不超过一分钟,大大节省客人的时间。从 2006 年 9 月开始,顾客入住在凯悦集团北美地区指定的酒店,就可以在前往机场之前办理行李登记和领取登记卡。登记完成后,客人就可以不用携带行李,而只需在目的地的行李提取处领取行李。该项服务由凯悦集团携手行李航空客户服务联合推出,并由运输安全部门监督,对每位客人仅收取 10 美元的服务费。凯悦集团根据市场情况及时地推出新的服务和产品项目,如"凯悦商务计划""黄金护照方案""摄政俱乐部""会议金钥匙""凯悦营地活动""儿童接待计划"等。2020 年 5 月,BestQuay 助力凯悦酒店集团营造"KAISHI"概念,带领消费者进入凯悦酒店微信小程序商城,花式体验不同新"KAISHI"。BestQuay 产出优质内容,以官方微信公众号作为主要传播始发地将创意赋能内容、内容驱动营销,同时以微信公众号 + 朋友圈广告 + KOL + 旅行酒店类垂直平台多方联动的大流量为入口,精准覆盖商务出行、休闲游玩、亲子度假三大主力受众群体,将微信公域流量聚集导流入凯悦的私域流量池中,最终转化为凯悦酒店集团的微信小程序商城忠诚粉丝,达成人-场-货的营销购买闭环。

3)温情的员工管理

凯悦集团的管理哲学是:凯悦集团的员工使凯悦拥有不凡的经历。集团上下的管理者都坚持这一原则,不仅关注客人,更关注为客人提供服务的员工,努力营造家庭般的和睦气氛,使每个员工能以最佳的工作状态为客人提供细致周到的服务。在凯悦集团的酒店里,所有员工都有一种真正的归属感,把酒店当成自己的家,从而以主人翁的态度来对待工作中的每一个细节。凯悦集团的目标是吸引并留住一支提供优质服务的生力军,并采取各种有效的措施实现这个目标。首先,凯悦集团对员工十分宽容,用"温情"而不是硬性的规定去管理员工。当员工做错事情的时候,凯悦管理者不是一味地批评或责备,而是首先了解错误的原因,然后给他们改正的机会,教导他们以后不要再犯同样的错误。实践证明,凯悦这种"软"管理比"硬"管理更有效,员工工作具有更高的责任感。其次,凯悦集团为员工的个人发展提供良好的环境和平台。凯悦集团从 2001 年起陆续在中国香港、中国台湾以及新加坡、日本等地创设著名的"凯悦学府",为员工提供学习深造的机会。"凯悦学府"是一个帮助员工实现职业全面发展的计划,提供从基层的技能训练到成为一名管理者所需要的知识。凯悦集团的所有正式员工从入职开始,就成为"凯悦学府"的学员。员工将依据个人学习表,在"部门讲师"的带领下,逐步学习工作所需要的各种技能、素质、知识。对于有一定技能基础又具有管理潜能的员工,学府还提供"领带系列"学习模块、"哈佛管理大师"远程教育等高端培训,帮助员工更好更快地实现下一个职业目标。再次,对于表现优秀的员工,凯悦集团给予公平的奖励及晋升机会,并坚持高度透明化的管理模式,使每个员工对于公司的奖励和处罚都一目了然。集团实施"员工激励计划",对那些为商务会议客人提供额外的优质服务并获得客人满意的员工给予奖励,包括物质上的嘉奖和精神上的鼓励。对于工作出色的员工,不论其学历、背景、民族等,凯悦集团一律给予公平的发展机会。凯悦酒店在 2022 年美国 100 家最适宜工作的公司排行中位居第 70 位。

4)独特的建筑风格

酒店不仅是解决客人食宿的场所,同时也是客人体验文化、欣赏艺术的殿堂,为客人提供精神上的享受。凯悦集团旗下酒店具有高贵、典雅、豪华的建筑风格,并充分融合当地的文化底蕴,成为凯悦酒店吸引高品位商务休闲客人的独特竞争优势。1967 年,著名建筑师 John Portman 设计的世界上第一座带有中庭式大厅的酒店——亚特兰大凯悦酒店首创酒店建筑风格的新纪元。从此,凯悦集团被公认为是最具开拓及创新精神的酒店集团,成为酒店建筑界的鼻祖。后来的凯悦酒店都秉承与众不同的建筑理念,外形独特、风格各异,如金字塔形、圆柱形、梯形、拱形等,并在酒店的内部装饰和功能分区上独树一帜,为客人提供非凡的体验。如上海金茂君悦酒店位于 88 层金茂大厦的 53 至 87 层,是世界最高的酒店,设在 87 层的九重天酒廊也是世界最高的酒吧。整个酒店金碧辉煌,直冲云霄,给人强烈的感官刺激和精神体验。北京银泰中心的柏悦酒店在设计上直接把酒店大堂设在 63 层顶楼,形成一个"倒立的酒店";同时,银泰中心的最顶端也设计成独特的中国灯笼造型,不仅象征着中国源远流长的文化历史,还有"点亮北京商业区、引领北京新发展"的深层寓意。位于迪拜的柏悦酒店在建筑设计上更是给人一种完美的奢华体验,整个酒店华丽考究、高贵典雅并融合异域风情,把阿拉伯民族传统的建筑风格表现得淋漓尽致;建筑师还充分考虑柏悦酒店所处的地理位置安排室内设计,使客人无论在客房还是在公共区域都能欣赏到迪拜海湾,将室内的人造奢华和室外的天然景色巧妙结合起来,使每位入住客人经历一场完美的视觉心灵体验。

5) 强烈的社会意识

凯悦集团一贯坚持的文化理念是:社区为公司的发展提供强大的支持,无论何时何地,只要公司能做到的,就尽可能地通过各种方式回报当地社会和居民。从 1990 年开始,凯悦集团启动 FORCE(Family of Responsible and Caring Employees)计划,每家凯悦酒店都通过这个计划安排员工为社区提供志愿服务,服务项目包括很多方面,如教育当地儿童读书学习、帮助残疾人恢复健康、陪同孤寡老人聊天、开导身心遭受打击的儿童等。自该计划启动以来,凯悦的员工们已经参加 350 多项社区组织活动,累计服务时间超过 70 万个小时。在提供志愿服务的同时,酒店还为社区捐献亚麻布制品、化妆品、家用电器等生活用品,改善贫困家庭的生活状况。此外,凯悦集团还制订保护当地社区环境的"广泛回收计划",安排员工深入社区进行广泛的资源回收,达到很好的环保效果,为当地居民营造一个健康的生活环境。凯悦集团还经常开展环境保护方面的宣传活动,帮助其他公司和集团启动自己的环保计划,倡导更多的人加入到环境保护的行列中来。正是因为凯悦集团拥有强烈的社会责任意识,集团所有酒店都与当地社会形成互相协作、共同促进的良好关系,实现企业价值与社区价值、经济效益与环境效益的协调发展。

凯悦集团的成功包含多方面的因素,其中主要的经验有:根据自身的特色进行明确的品牌定位,从而集中力量发展优势领域,形成独特的竞争力;坚持不断创新,为顾客提供"人无我有,人有我新"的产品和服务,全力开拓酒店业的蓝海市场;协调好顾客、员工、社区、企业等利益相关者的关系,为酒店创造和谐的发展环境和提供持续的前进动力;独特的建筑风格融合浓厚的地域文化特色,为顾客提供与众不同的感官心灵体验。

11.8　香格里拉酒店集团

"香格里拉"源自英国作家詹姆斯·希尔顿 1933 年发表的传奇小说《消逝的地平线》,它的寓意是"恬静、祥和、殷勤的服务"。总部设在中国香港的香格里拉酒店集团是亚洲最大的豪华酒店集团,同时是世界上公认的最佳酒店产权和管理公司之一。2021 年美国《HOTELS》公布的全球酒店管理集团排名,香格里拉集团位列 41 位、酒店 104 家、客房 42 640 间,遍及亚太地区、北美、中东和欧洲。图 11.76 为香格里拉酒店集团品牌标识。表 11.9 为香格里拉酒店集团在全球酒店集团 300 强中的排名。

图 11.76　香格里拉酒店集团品牌标识

表 11.9　香格里拉酒店集团在全球酒店集团 300 强中的排名

年份	排名	酒店数	客房数
2018	37	101	42 383
2019	41	103	40 000
2020	42	103	41 600
2021	41	104	42 640

资料来源:2018—2021 年《HOTELS》。

11.8.1　香格里拉酒店集团发展概况

1)集团发展历程

(1)历史背景

香格里拉酒店集团的缔造者是郭鹤年,他 1923 年出生于马来西亚新山市,祖籍中国福建。20 世纪 70 年代亚洲旅游业兴起,郭鹤年意识到旅游业大有可为,于是开始进军酒店业。1971 年他与新加坡经济发展局合资建成新加坡第一家豪华大酒店——香格里拉大酒店;"香格里拉"一词在英文中是世外桃源的意思,这个极富浪漫色彩的悦耳的名字吸引了成千上万的客人,也使得香格里拉酒店一鸣惊人,盈利甚丰;此后香格里拉酒店集团不断扩张市场,先后在吉隆坡、曼谷、香港、北京、斐济等亚太国家的首都和大城市兴建酒店,逐步形成跨国市场网络,发展成为亚洲首屈一指的酒店集团。"香格里拉"已经成为高贵、豪华、与众不同和优质服务的象征。

(2)发展历程

1971 年第一家香格里拉酒店在新加坡建成开业;由于新加坡市场较小,因此香格里拉酒店集团一直致力于实施国际化发展战略。纵观香格里拉酒店集团的成长历程,集团主要在亚太地区的大都市或旅游胜地兴建、经营酒店;发展模式经历三个阶段:第一个阶段是自己兴建五星级酒店并委托国际酒店管理公司进行管理,以逐渐积累高档酒店的管理经验;第二个阶段是自行建造、自行管理的阶段;第三个阶段是合作建造、带资管理、管理合同输出、租赁经营等扩张阶段。2000 年以前香格里拉酒店集团主要通过带资管理和自行建造的方式进行品牌扩张,

2000 年后开始实施管理合同的方式进行扩张,从其未来发展计划来看,通过管理合同建造的酒店数量达计划开业酒店数量的 50%。

2)全球市场分布

(1)全球扩张

从 1971 年在新加坡开设第一家香格里拉酒店开始,香格里拉酒店集团的主要市场位于亚洲和中东主要城市,逐渐开拓北美和欧洲市场。香格里拉品牌的酒店分布在澳大利亚、加拿大、中国、斐济、法国、印度、印度尼西亚、日本、马来西亚、马尔代夫、毛里求斯、缅甸、菲律宾、新加坡、阿曼、泰国、土耳其、阿联酋和英国。此外,香格里拉酒店集团还在中国、加纳、印度、印尼、意大利、蒙古共和国、缅甸、菲律宾、新加坡、卡塔尔、斯里兰卡和英国兴建新的酒店。

除了在亚洲、中东地区进行大力拓展外,香格里拉酒店集团开始走出亚洲,试点欧洲和美洲,在伦敦、渥太华、澳大利亚等国家和地区都开始建造酒店。香格里拉位于温哥华、巴黎、迈阿密(2008 年)、芝加哥(2009 年)、拉斯维加斯(2010 年)、伦敦(2010 年)等地的香格里拉酒店陆续开业。2008 年开业的巴黎香格里拉和 2010 年开业的拉斯维加斯香格里拉酒店都是集团自己投资拥有产权;2008 年开业的温哥华酒店、2009 年开业的芝加哥、迈阿密酒店均为委托管理;2010 年在英国伦敦桥附近开业的香格里拉大酒店是与业主签订楼层租赁协议。2010 年香格里拉酒店集团以"至善盛情源自天性"为主题开展香格里拉全球品牌推广活动。2013 年香格里拉与印度 Adarsh 集团签署协议,将管理 2014 年开业的班加罗尔香格里拉大酒店。2013 年 9 月 30 日香格里拉酒店集团再次荣获亚太地区"最佳商务酒店品牌"。2014 年 8 月香格里拉酒店集团接管毛里求斯 Le Touessrok 度假酒店,并将于 2015 年更名为香格里拉 Le Touessrok 度假酒店并重新开业。2014 年 9 月 15 日香格里拉国际酒店管理有限公司开办的首家"Jenre"式酒店新加坡 Orchardgateway 酒店在新加坡开业;Hotel Jen(今旅)在新加坡的客房数量扩大到超过 1 000 间,满足"新一代"具有独立思想的商务旅客和休闲旅客的需要。2017 年,今旅酒店创下一座崭新的里程碑,成为亚洲首个使用 Relay 自主服务机器人的国际酒店品牌。2022 年,香格里拉集团拥有及管理遍布全球 78 个目的地 100 多家香格里拉酒店、嘉里酒店、JEN 酒店和盛贸饭店。香格里拉集团有众多酒店及综合体项目正在筹措中,分布在澳大利亚、中国、柬埔寨和日本等地区。

(2)在中国的扩张

香格里拉酒店集团是较早进入我国内地市场的国际酒店集团。1984 年在杭州开设第一家香格里拉酒店,实行带资管理。随着国内大众旅游市场的形成以及国际入境旅游的不断升温,香格里拉酒店集团开始在中国内地全面布局。1987 年北京香格里拉酒店落成,香格里拉集团占有 49% 股份,是当时京城最高、最豪华的五星级酒店。1989 年国贸酒店开业,1990 年中国大酒店开业,香格里拉在两家酒店都拥有 50% 的股份。1995 年嘉里酒店开业,至此香格里拉在北京拥有四家酒店。20 世纪 90 年代,香格里拉加快其在中国内地市场扩张的步伐,尤其是从 1996 年到 1999 年短短 4 年内共开设 9 家酒店。

2000 年后香格里拉在国内开始新一轮的酒店拓展计划,实施输出管理和带资管理齐头并进的策略。从 1984 年到 2004 年的 20 年内,香格里拉酒店集团在中国内地共管理酒店 17 家,其中自建 15 家,委托管理 2 家,总投资超过 10 亿美元。香格里拉的在华扩张计划中除了一二线城市,还增加中国三线城市和部分此前未进入的省会城市。截至 2013 年 1 月 16 日,香格里拉在华(包括香港地区)已开业酒店达到 38 家,其中中国内地有 35 家,香港有 3 家;香格里拉品牌的酒店 31 家,盛贸品牌酒店 5 家,嘉里品牌酒店 2 家。2014 年在中国内地市场,香格里拉酒店集团陆续开业的酒店包括拉萨、天津、三亚、秦皇岛、南京等地的酒店。2014 年 4 月 18 日拥有 289 间客房的城中度假酒店拉萨香格里拉大酒店正式开业。2014 年 8 月 8 日香格里拉酒店集团第 85 家酒店在天津开业。2014 年 9 月 28 日香格里拉酒店集团在中国内地的第一家度假酒店三亚香格里拉度假酒店开业。2015 年,北京上东今旅酒店正式亮相,这是我国第一家今旅品牌酒店。2021 年 12 月,作为"北京 2022 年冬奥会官方接待饭店"之一的首钢香格里拉酒店正式开业。

11.8.2　香格里拉酒店集团旗下品牌

香格里拉集团在全球 78 个目的地拥有、运营和管理着 100 多家酒店和度假酒店。集团旗下拥有 4 大品牌:香格里拉、嘉里酒店、JEN 酒店和盛贸饭店,形成高档、中高档酒店搭配的品牌系列。

1)香格里拉酒店

香格里拉品牌的市场定位是五星级酒店市场,选址位于在亚太、中东、北美和欧洲各大城市的黄金地段;主要有城市型五星级酒店和度假型五星级酒店,多数酒店客房量超过 500 间;香格里拉品牌以其世界一流的五星级服务、宁静的环境以及富于灵感的建筑格调和设计品位在世界酒店业赢得豪华酒店典范的良好品牌形象,获得无数业界荣誉和顾客的赞誉。

香格里拉品牌标识采用高耸入云的山峰反映在澄清的湖泊上,秉承香格里拉(Shangri-La)优美名称的深切含意,配以融合现代化及亚洲建筑特色的"S"标志,象征着香格里拉以亲切、和谐及自然美的精神为顾客服务的宗旨。图 11.77 为香格里拉酒店品牌标识。

图 11.77　香格里拉酒店品牌标识

2)盛贸酒店

盛贸酒店品牌是四星级商务酒店品牌,主要针对中端市场,服务理念是以适中的价格为宾客提供高效、便捷和亲切周到的服务;主要目标顾客是商务休闲游客,以满足其对商务酒店功能完备和快捷便利的追求。盛贸酒店完美融合亚洲待客之道的体贴、朴素、热情和真诚。香格里拉盛贸酒店遍及澳大利亚、亚洲和中东主要商业中心。图 11.78 是香格里拉盛贸酒店品牌标识。

图 11.78　香格里拉盛贸酒店品牌标识

3)嘉里大酒店

嘉里大酒店品牌是香格里拉集团旗下的一个全新品牌,嘉里大酒店汇聚精彩与魅力,打造充满生机与活力的入住体验,以优雅精致的格调以及个性化的殷勤与周到让客人获得宾至如归的尊贵感受。嘉里大酒店品牌的主要特色是以独特而简约的设计、热情而自然的服务为宾客提供优雅豪华而富有激情的入住体验。图 11.79 为香格里拉嘉里大酒店品牌标识。

KERRY HOTEL

图 11.79 香格里拉嘉里大酒店品牌标识

4)今旅酒店 Hotel Jen

今旅酒店 Hotel Jen 致力于为城市探险家提供优质、舒适、物有所值的入住体验,以及精彩的乐趣和友好的服务。今旅酒店 Hotel Jen 怀着对生活和旅行的热爱,用生动的体验、独特的观察和新颖的创意,带领好奇的旅行者们告别沉闷。品牌自 2014 年推出以来,在亚洲主要地区及城市开设了多家中端酒店,如新加坡、中国香港、北京、沈阳、马尼拉、马来西亚槟城及柔佛,以及马尔代夫马累。图 11.80 为金旅酒店 Hotel Jen 品牌标识。

图 11.80 今旅酒店 Hotel Jen 品牌标识

11.8.3 成功的经营管理策略

1)品牌全方位扩张战略

香格里拉酒店集团成功的秘诀之一就是其成功地实施品牌多元化扩张战略。

①多品牌扩张。在香格里拉品牌取得市场成功以后,利用其良好的市场声誉和广泛的市场网络推出四星级商务酒店品牌——盛贸酒店,推出新品牌抢占商务旅游市场,形成高、中档酒店品牌互补的品牌群。香格里拉酒店集团以购并、控股、重组等方式实现其品牌的横向一体化扩张,实现集团在短时间内的迅速发展壮大。

②坚持多元化发展的经营战略。集团以酒店业为主,同时向其他关联行业扩张,例如餐饮、度假区、物业等,扩大集团的业务范围,降低经营投资风险,增强集团的盈利能力。香格里拉酒店集团注册"香宫""夏宫"等餐饮品牌,拓展餐饮市场;1995 年,郭氏旗下的嘉里集团和北京北奥公司合作兴建高级写字楼嘉里中心,其中包括嘉里酒店,香格里拉拥有绝对的控制权。

③在地理区域扩张方面,香格里拉酒店集团一直致力于拓展亚太地区市场,主要选择亚太地区主要城市及受欢迎的度假胜地作为主要目标。在亚洲市场网络逐渐完善的基础上,集团开始开拓欧洲和美洲市场的试点,例如在伦敦、渥太华、澳大利亚、美国、法国等国家和地区都开始建造或管理酒店,标志着其进入全球扩张阶段。分阶段、有计划的市场拓展战略使得香格里拉酒店集团逐渐成长壮大。

2)超值酒店产品与服务

香格里拉酒店集团赢得业界和顾客赞誉的另一个关键是:超值的酒店产品与服务。集团长期坚持以优质的酒店产品与服务来塑造集团豪华酒店品牌形象,提高顾客忠诚度。香格里拉的经营思想是以"殷勤好客亚洲情"为基石,以"为客人提供物有所值的特色服务和创新产品,令客人喜出望外"为指导原则,让员工在与客人的接触中表现出尊重备至、彬彬有礼、真诚质朴、乐于助人、善解人意的待客之道;对于管理人员,香格里拉要求其具有追求经营业绩的魄力,同时强调行政管理人员要与客人保持直接接触,强调和奖励那些能够令客人喜出望外的言行举止。香格里拉酒店集团标准化的管理及个性化的服务赢得国际社会的高度赞誉。

在建立顾客忠诚方面,香格里拉酒店集团不局限于传统的客人满意原则,而是将顾客满意发展成为顾客愉悦,直至建立起牢固的顾客忠诚。香格里拉主要通过以下 5 个方面来使客人感到愉悦:①关注和认知客人,使客人觉得自己非常重要与特殊,这是建立客人忠诚的关键。②掌握客人的需求,在客人开口之前就提供其需要的服务。③鼓励员工在与客人的接触中,灵活处理突发事件。④迅速有效地解决客人的问题。⑤制订"金环计划"。"金环计划"的成员是那些不断光顾香格里拉酒店,并被视为最有价值的客人。香格里拉把"金环计划"成员分为三个等级:标准级成员(所有第一次住店的客人);行政级成员(一年内住店至少 10 次的客人);豪华级成员(一年内住店次数至少 25 次的客人)。对于不同的等级,香格里拉提供不同层次的优惠。其优惠内容主要包括服务项目、价格折扣、特色服务、赠送免费公里数等。

同时,针对普通客人提供有吸引力的优惠,例如香格里拉将其"超值房价"计划全面升级,在全年任何时间,为以全额房价入住香格里拉酒店的宾客提供更加广泛的超值服务,且不附带任何特别限制。在香格里拉城市酒店,顾客以"超值房价"入住香格里拉下属的城市酒店,即可免费享受豪华轿车机场接送服务、自助早餐、不限量享受干湿洗衣和熨衣服务、在酒店设有宽带的地方免费上网、免费拨打当地电话;传真和国际长途以成本收费以及保证延迟退房时间至晚六时。正是由于香格里拉酒店集团长期坚持以超值的酒店产品与服务增强顾客的忠诚度,为其赢得良好的市场声誉,塑造豪华酒店品牌形象。

3)视员工为重要的资产

香格里拉酒店集团卓越的服务水准的背后是一支积极进取、努力实现集团目标的员工队伍。香格里拉相信只有忠实的员工才会有忠实的客人,因此一直推行以人为本的企业文化,采取各种措施吸引和留住人才,包括以下几点:

①尊重员工,提高企业凝聚力。香格里拉酒店集团坚持"员工第一""以人为本"的企业文化,提供一种使员工实现自我价值和积极参与管理的良好环境,从而极大地提高企业凝聚力。在每个香格里拉酒店都有"员工日",每当"员工日"开展活动时都由总经理主持,员工可以与经理们自由交谈,相互沟通。酒店设有总经理热线,员工可随时打电话投诉或提建议,并进行实话实说的活动。酒店每月给当月过生日的员工集体过生日,发给总经理签字的贺卡和生日礼品。各酒店每年专为员工举行春节晚会,从总经理到领班一起为员工服务,让员工享受贵宾待遇①。酒店管理层定期与基层员工进行沟通,总经理很重视每月一次的员工大会,每个基层部门的代表都会在会前统计好本部门员工的意见和建议,有时甚至是一些很琐碎的事情:如某些员工对福利不满意、更衣室的挂钩不够用等。管理层会通过这些会议让基层员工知道公司的决策。集团内部尊重员工的文化氛围极大地鼓舞员工对香格里拉酒店的忠诚感,从而乐于为企业奉献。正是这种彼此关怀、亲如家人的理念,激发了全球 44 000 多名员工的共鸣,也让

---

① 薛秀芬.香格里拉酒店集团的成功之道[J].酒店世界,2005(5):56-57.

香格里拉成为一个团结的大家庭。

②具有竞争力的福利。香格里拉酒店集团坚持为员工提供优厚的工资与福利,这既能保证酒店员工的稳定性,又能吸引优秀人才。香格里拉酒店集团的工资与福利水平比同行业平均水平要高。以上海浦东香格里拉大酒店为例,其员工的年终奖是员工月薪的4.5倍;每个月都有不同的员工活动,比如员工轮流出游、秘书节、迷你奥运会、员工生日等,该酒店每年都有200多万元的预算花费在员工活动方面。建设员工娱乐设施,包括聘请专业教练对员工进行指导等。专门针对本土员工的补充医疗保险计划,该计划规定酒店员工一年有金额为2万元的医疗费用。此外,女性员工还有8 000元的产假补贴。为了留住经理级以上的管理人才,酒店每个月将根据这类员工月薪的一定百分比,额外出资作为员工奖励,该笔奖励费用的比例还会逐年提升。优厚的工资与福利待遇极大地提高了员工的企业归属感。

③全方位的培训。香格里拉酒店集团为每一位员工提供全方位、多层次的培训机会,以促进员工个人的职业发展。集团要求下属酒店拨出用于培训发展的专项预算,每年至少投资员工工资总额的2%用于员工的培训与发展。对于中高层干部实行不定期轮岗,鼓励一种全方位的培训方法,培训出全才和通才;集团内部管理人员提升和调动达90%;专门为那些发展潜力大、将来能胜任集团高级管理职务的人员设立培训生项目,任何应届本科毕业生和集团内部具有发展潜力的员工都可以申请参加;每个酒店都会给员工进行英语培训,而这种培训会根据公司不同级别、不同部门的员工专门制订出系统的培训进程;香格里拉为每个员工提供网络学习机会,网络课程与美国康奈尔大学合作,这个培训计划将在未来的5年中为香格里拉集团提供3 000个在线职业发展机会。全方位的培训体系为培养高素质的酒店管理和服务人员奠定基础。

4)构建立体式营销体系

在营销方面,香格里拉酒店集团实施立体式营销以拓展其市场网络、塑造品牌。在广告宣传方面,香格里拉酒店集团灵活运用广告宣传,其广告宣传具有投入资金多、形式多样、创意新颖等特点,为其带来可观的市场效益。在营业推广方面,集团经常开展主题营业推广活动以扩大品牌市场知名度,例如2014年6月,香格里拉酒店集团和法拉利宣布双方将在法拉利倍耐力杯挑战赛开展合作,香格里拉的品牌标识将出现在所有与法拉利挑战赛相关的形象宣传和现场活动中,包括赛车车身、颁奖台及赛事官网等。2021年12月,香格里拉酒店集团启动冬季推广计划,涵盖客房入住体验,家庭亲子时光,年夜饭、盆菜等美味佳肴,捞鱼生仪式活动和缤纷节日好礼,为宾客呈现缤纷年味体验。2021年,香格里拉酒店集团发布香格里拉酒店与度假酒店(香格里拉)品牌标识焕新计划,新的标志设计既是对品牌历史发展的致敬,也是对未来愿景的全新规划。在促销措施方面,香格里拉酒店集团实施灵活多样的优惠促销措施。例如超值房价计划全面升级,在全年任何时间为以全额房价入住香格里拉酒店的宾客提供更加广泛的超值服务,且不附带任何特别限制。集团与众多的航空公司联合推出"频繁飞行旅游行者"计划,入住香格里拉时客人只要出示频繁飞行旅游者计划的会员卡和支付门市价,就可得到集团给予的免费公里数或累计点数。另外,香格里拉还单独给予客人一些额外的机会来领取奖金和优惠。在香格里拉酒店入住豪华客房可获得每日双人早餐、50美金酒店消费抵扣、保证升级至尊贵客房(预订时该房型有房)、灵活的入住及退房、房费前台现付提前一天免费退改、香格里拉集团会员积分以及Club8会员积分奖励。在广告宣传方面,2010年5月香格里拉酒店集团开展以"至善盛情源自天性"为主题的全球品牌推广活动,在电视、航机、网络及电影院线等媒介播出品牌形象电视广告,传播香格里拉"待客如亲、真心关爱"的品牌文化。除了传统的营销手段,香格里拉酒店集团也注重运用互联网来宣传酒店。集团一方面建立自己的集团网站,进行产品促销和预订。香格里拉向所有客户保证其网站的客房报价是最低的;2005年4月,香格里拉推出中文网站和日文网站,扩展网络功能和服务。2013年3月13日香格里拉酒店集团在中国设立顾客预订中心,方便中国客人通过免费电话预订其国内外酒店,同时还为贵宾金环会会员提供大中华范围内的一站式服务。2013年5月7日香格里拉酒店集团在中国全面启动"360°香格里拉之旅"微博推广活动,为微博粉丝全方位展现香格里拉在世界各地的顶级奢华酒店和在伊斯坦布尔、伦敦和上海静安开业的新酒店。2016年9月,香格里拉酒店集团首次把虚拟现实体验引入全球酒店销售渠道,购置了三星Gear VR虚拟现实设备,并为旗下94家超过四分之一的酒店制作了360度全方位视频影像供体验者观赏。2019年,香格里拉酒店集团借助数据实现酒店服务个性化,在酒店前台以及网站和应用程序等接触点,向客人进行个性化推荐。

在公共关系方面,香格里拉酒店集团十分注重公益活动和社会责任。2013年10月17日,香格里拉贵宾金环会开通积分捐赠功能,会员可通过捐赠自己的贵宾金环会积分支持香格里拉指定的慈善机构。2013年12月由香格里拉酒店集团发起的"骑向未来"自行车爱心接力募捐公益活动,共募集40万善款,分别用于修建水窖、保护海洋环境和关爱孤儿。2020年5月,苏州香格里拉大酒店积极响应号召,助力保时捷一同参与品牌公益行动,举办慈善公益活动。苏州香格里拉大酒店在日常运营中,一直坚持履行企业社会责任,积极参与组织各类公益事业。此前在抗击疫情最关键的时期,酒店每天为苏州高新区防疫一线工作人员准备夜宵,做强有力的后勤支持。2021年2月,香格里拉大酒店携手龙腾公益协会和中山西路社区,牵手爱心志愿者,走进中山西路社区贫困孤寡老人的家中慰问,香格里拉大酒店给老人们准备了"福星高照"面食礼盒、"牛年旺返"糕点礼盒、"莱阳梨"礼盒等礼品。

纵观香格里拉酒店集团的发展历程,香格里拉酒店集团的成功得益于诸多因素,例如独特的品牌命名和品牌标识、科学的经营管理模式、全方位的品牌扩张战略、"以人为本"的企业文化、立体式的营销体系等。

11.9　锦江国际(集团)有限公司

11.9.1　集团概况

20世纪80年代上海市政府为了促进地区企业集团发展出台许多优惠政策,并采取行政措施以资产划拨的形式将上海华亭集团并入锦江集团;1984年我国大陆第一家本土酒店管理公司——上海锦江(集团)联营公司宣告成立。为了进一步深化国资管理体制改革,实现国有资产战略性重组,促进锦江集团走上国际化道路,2003年6月上海市委市政府促成锦江集团与上海新亚集团合并组成锦江国际集团,注册资本20亿元,总资产达150亿元,其核心产业为酒店宾馆业、餐饮服务业和旅游客运业,其下属锦江国际酒店管理公司(以下简称"锦江酒店集团")成为中国最大酒店集团之一。合并后的锦江酒店集团加大集团扩张的步伐,通过新建、购并、管理输出等形式迅速扩大酒店数量规模、经营范围和经营区域。2021年上海锦江国际酒店公司投资和管理11 959家酒店、1 239 274间(套)客房,在全球酒店集团225强中排名第2位。截至2022年3月底,锦江酒店旗下品牌酒店覆盖全球470多个城市,拥有超 1.86 亿会员。图 11.81 为锦江酒店集团品牌标识。表 11.10 为锦江酒店集团在全球酒店集团 300 强中的排名。

图 11.81　锦江酒店集团品牌标识

表 11.10　锦江酒店集团在全球酒店集团 300 强中的排名

年份	排名	酒店数	客房数
2018	2	8 715	941 794
2019	2	10 020	1 081 230
2020	2	10 695	1 132 911
2021	2	11 959	1 239 274

资料来源:2018—2021 年《HOTELS》。

11.9.2　品牌简介

　　锦江酒店集团按照现代服务集团先进的经营管理模式,坚持走品牌发展道路,注重培育企业品牌,取得明显的成绩。“锦江”商标是中国驰名商标、上海市著名商标,并被评为“上海十大最具价值老商标”。锦江酒店连续获得中国酒店业“民族品牌先锋”并名列前茅;在第三届“中国酒店金枕头奖”评选活动中荣获“中国最具影响力本土酒店集团”称号;旗下“锦江之星”品牌先后荣获“上海市著名商标”“经济型酒店十强”“中国驰名商标”等荣誉;J 酒店上海中心荣获“年度奢华酒店奖”以及“年度城市地标酒店”。

　　锦江酒店集团积极推进品牌形象物化方面的建设,委托国际专业公司对“锦江”品牌识别系统进行改造,新的品牌设计基于三大原则:①创新性,“锦江”品牌设计具有独创性,并将设计成果向国家商标局以及亚洲、欧洲、北美等主要国际市场注册申请商标专有权;②民族性,新品牌设计充分体现中国文化内涵与“锦江”企业文化;③国际性,新品牌表达锦江集团服务全球市场的理念和国际化战略发展方向,并便于国际化人士所识别。

　　“锦江”品牌新的识别主标识以“锦江”的汉语拼音的首字母“JJ”和中国宫殿的飞檐为主要构成元素,代表“锦江”酒店是一个融国际标准和中国文化于一体的从事住宿和膳食的酒店集团;“JJ”便于国际化人士所识别,表达锦江酒店服务全球市场的理念和国际化战略发展方向;“JJ”右下部与中国宫殿的飞檐浑然一体,隐约似中国宫殿的一角,寓意“锦江”品牌旗下酒店的设施和服务的舒适性。在主标志基础上,新的品牌识别标志以不同颜色和星号区分不同星级的酒店(见图11.82)。

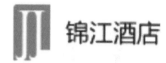

图11.82 "锦江"酒店商标主标识

在品牌结构体系上,锦江酒店集团聘请国外专业品牌公司进行总体品牌策划。截至2022年底,集团拥有57个品牌,其中豪华高端品牌10个,如 J. HOTEL、昆仑、锦江、皇家金煦、丽笙精选、丽笙、丽亭等;精选优选酒店37个,如锦江都城、白玉兰、康铂、麗枫、喆啡、维也纳酒店、丽怡等;简约舒适型酒店10个,如锦江之星品尚、锦江之星、7天酒店、金广快捷、百时快捷等。涵盖从五星级、中端、经济型完整的酒店品牌系列,分布中国31个省(直辖市、自治区)和120多个国家。在此基础上,锦江酒店集团参考借鉴国际经验,实施分品牌的经营管理,编制品牌的基准手册,形成分品牌的管理模式,并加强品牌的市场推广,继续谋求与国际知名酒店管理品牌的合作。旗下部分酒店品牌介绍如下:

1)J 酒店

J酒店是锦江集团新推出的奢华高端酒店品牌,将专注于世界级的设计,并通过全球最新的科技吸引世界各地的客人,上海中心J品牌酒店的设计将达到甚至超越 Forbes(Mobil)五星级标准、AAA 五星钻石标准、中国白五星标准及级色游饭店标准。上海中心J酒店于2020年开业,共拥有165间客房,其中包括34间套房,客房面积平均70平方米,设有全景落地窗,均可轻松俯瞰魔都夜景,最大限度感受魔都魅力,享受云端之上的奢华享受。酒店内将拥有6个"空中大堂",客人可在这些"空中大堂"休憩、观光。图11.83为J酒店品牌标识。

图11.83 J酒店品牌标识

2)丽笙酒店

Radisson 的历史可追溯到1909年,当时在明尼苏达州的明尼阿波利斯开办了第一家 Radisson 酒店,该酒店以著名的法国探险家 Pierre Radisson 的名字命名。凭借该品牌的丰富底蕴,他们创造了多项第一,包括苏联的第一个美国品牌、第一个旅行社忠诚度计划、look to book 以及 Radisson 和 SAS 国际酒店之间跨大西洋的第一次合作关系之一。Radisson 品牌是美国最古老的高消费品牌之一。2018年11月13日,以锦江国际(集团)有限公司(锦江国际)为首的财团正式宣布,已完成对 Radisson Hospitality, Inc.(丽笙酒店集团)的收购。此举不但打破了中国酒店业在海外收购的投资纪录,也将锦江推上国内最大、全球酒店前五"宝座"。图11.84为丽笙酒店品牌标识。

3)锦江都城酒店

锦江都城品牌是锦江国际酒店集团旗下专注于有限精准服务的中高端酒店品牌,自2017

图 11.84　丽笙酒店品牌标识

年 4 月正式独立运行后,由 40 多家发展到 150 多家。其间,通过对客群喜好深入调研,变革创新,提供多样的个性化产品,打破传统"千店一面"的旧格局,力求能在同质化现象下脱颖而出。除了产品升级外,锦江都城还对旗下酒店的房间内部产品进行了个性化的提升,添加了亲子卡通物件等贴心用品,推出了"解压房""清氧房""亲子景观房"等,深受客人好评;同时,通过产品软包及各类文旅"社交时光"主题活动进行文化植入,给商旅客人带来了超预期的入住惊喜,大大提升了客户的体验感,带动了房价的提升和网评好口碑。截至 2022 年 3 月 31 日,锦江都城净开业 3 家,开业酒店数达 171 家。图 11.85 为锦江都城酒店品牌标识。

图 11.85　锦江都城酒店品牌标识

4)白玉兰酒店

白玉兰酒店是锦江之星旅馆有限公司于 2017 年 10 月推出的全新优选服务酒店品牌,旨在打造成为酒店世界的人文咖,时尚生活的完美控。白玉兰品牌将东方美学和西方文化完美结合,灵动时尚的空间和舒适温馨的客房与城市文明融会贯通,秉持"用心,为你更好"的品牌理念。基于年轻消费群体所呈现的新型消费需求,白玉兰酒店的灵动空间将根据节日、地域的不同,分时段推出适应各类人群活动需求的沙龙、娱乐以及商务活动。截至 2022 年一季度,白玉兰酒店净开业 10 家,开业酒店数达 235 家。图 11.86 为白玉兰酒店品牌标识。

5)康铂酒店

康铂是锦江集团旗下的中高端酒店品牌,创立于 1976 年,2016 年引进到国内,2018 年 3 月交由维也纳共同开发运营,凭借全心全意为客人打造真正的"宜居之地",这一创新性概念获得了巨大成功。2022 年,康铂在全球 15 个国家拥有超 600 家酒店,在华发展规模也超过了 160 家。图 11.87 为康铂酒店品牌标识。

图 11.86　白玉兰酒店品牌标识

图 11.87　康铂酒店品牌标识

6）丽枫酒店

丽枫酒店是7天连锁酒店2013年从美国退市、更名为铂涛集团之后推出的一个中端连锁酒店,将薰衣草元素、香氛文化和酒店的进行的完美结合,倡导"多一点自在"的生活哲学,通过对睡眠系统、洗浴系统、智能系统、服务系统等的深度刻画,为商旅客人提供自在舒适的住宿体验。截至2021年10月,丽枫酒店在全国开业门店数已超900家,签约项目超1 600个,覆盖270个城市;截至2022年3月31日,丽枫酒店净开业15家,开业酒店数达911家。图11.88为丽枫酒店品牌标识。

图 11.88　丽枫酒店品牌标识

7）维也纳酒店

维也纳酒店创立于1993年,旗下品牌包括维纳斯皇家酒店、维纳斯度假村酒店、维也纳国际酒店、维也纳智好酒店、维也纳好眠酒店、维也纳三好酒店及维也纳公寓。2016年7月,锦江国际集团收购维也纳酒店完成交割。截至2022年1月1日,维也纳酒店开业门店达2 561家、客房数为335 491间,已连续十年蝉联中国连锁酒店中端品牌规模第一。图11.89为维也纳酒店品牌标识。

图 11.89　维也纳酒店品牌标识

8）锦江之星酒店

自1996年品牌成立以来,锦江之星一直坚守着"品质先行"的品牌发展理念,成为行业的品质标杆,并始终专注住客体验提升,不断探索服务品质进阶。近年来,锦江之星从住宿体验本身进行深挖,在"人"住旅中最根本也是最基础的刚需上,从万千新零售渠道中找出了一块属于锦江之星自身的差异化市场,即不断打磨产品及服务品质。锦江之星携手拥有10余年零压床品研究和测试经验的"梦百合"于2018年推出了专为酒店商旅客人打造的促进深度睡眠的房型体系"零压房"。截至2022年3月31日,锦江之星开业酒店数达986家。图11.90为锦江之星酒店品牌标识。

图 11.90 锦江之星酒店品牌标识

9)7 天酒店

2005 年,7 天酒店诞生于"让每一个人、每一天,都能有一个好梦"的梦想,秉持让消费者"天天睡好觉"的理念,15 年来,7 天酒店通过产品、服务的持续创新,吸引了超过 1.6 亿的黏性会员,成了中国极具影响力的经济型连锁酒店品牌。7 天酒店依托于锦江集团、铂涛集团的雄厚资源,2022 年一季度开业酒店数达 2038 家。图 11.91 为 7 天酒店品牌标识。

图 11.91 7 天酒店品牌标识

10)金广快捷酒店

金广快捷酒店为锦江之星集团下酒店。创立于 2006 年,位于山西省太原市,是山西省最大的经济型连锁酒店企业。2010 年 9 月,锦江之星收购金广快捷酒店 70% 股权,金广快捷酒店成为锦江之星旅馆有限公司旗下的区域性品牌。金广快捷酒店旗下拥有"干净舒适型"的金广快捷酒店和"温馨享受型"的金广四季酒店两个品牌,充分满足了行业市场的需求。图11.92 为金广快捷酒店品牌标识。

图 11.92 金广快捷酒店品牌标识

在品牌文化上,锦江酒店注重品牌文化的建设,力求将中国文化中"家"的独特观念与国际标准相结合,确定"热情、专业、关注"的品牌文化内涵,并利用和平酒店等一批具有深厚历史文化底蕴的老酒店资源,提升品牌的国际影响力。

在品牌宣传推广上,公司十分注重品牌宣传推广,运用多种营销媒介与多种营销方式提高锦江酒店品牌的国际知名度。锦江国际在加强品牌推广与营销手段创新方面注重多种营销媒介与多种营销方式的结合。首先,全面开展酒店品牌营销。一方面,花费巨额资金在电视广播、旅游杂志、宣传册、海报、户外广告等传统营销媒介上开展品牌宣传;另一方面,运用以互联网为核心的高科技营销手段推广酒店品牌。锦江酒店集团与美国德尔集团合资成立锦江德尔互动有限公司,引进先进的 GenaRes 订房系统,开发中央预订系统(CRS);锦江酒店以前开发的"锦江之星"呼叫中心趋于成熟,月接订单近 7 万个。同时,锦江酒店建设并开通具有中、英、法、日 4 国语言和实时预订功能的锦江酒店电子商务网站、"锦江之星"电子商务网站。其次，策划主题宣传活动进行宣传，利用奥运会、世博会、重大接待任务等活动，策划、实施大型公关和市场推广活动，提升锦江品牌的国际知名度。

11.9.3　品牌战略

"锦江"酒店品牌的成功得益于公司系统地实施科学的品牌经营管理战略，从而极大地提升酒店品牌知名度与品牌价值，形成"品牌驱动"型产业辐射扩张模式，从而实现集团在短时期内的跨越式发展。

1) 实施多品牌发展战略

"锦江"酒店集团在观念上充分重视品牌所蕴含的巨大的商业价值，视品牌为"资本"，实施多品牌发展战略。一是重塑"锦江"系列品牌。以"JJ"作为主品牌，主打金色五星，赭色四星，新创"商悦(Marvel)"中档商务品牌，组成星级酒店系列品牌。同时着力打造"锦江之星""百时"等经济型酒店系列品牌。二是新推奢华"J"品牌，适时进入并抢占顶级高端市场。锦江酒店着眼于未来进入高端奢华市场，设计新的高端奢华品牌——"J"品牌，致力于打造领先的时尚奢华和中国宫廷贵族文化相结合的新概念，力求以高科技和中西文化完美结合，来展示极富东方魅力和韵味的中国式高端酒店品牌新形象。三是打造新的"商悦(Marvel)"商务酒店品牌，开辟并引领新的市场。锦江酒店根据中档商务客人的需求，推出有限服务的商务酒店品牌——"商悦(Marvel)"，以"客房温馨四星，配套有限服务"为特殊卖点和盈利模式，第一家青年会"商悦(Marvel)"酒店在上海顶级地段——大世界开业①。

2) 品牌输出经营模式

锦江酒店集团实现由传统的依赖高额不动产投资的增长模式向输出品牌、管理等软性扩张模式转变。集团以"旗舰酒店"为基地，采取全权管理，特许经营、带资管理、开业管理、顾问管理、租赁经营等多种方式输出资本、品牌、管理和人才，扩张酒店市场网络。锦江酒店集团一方面通过资本运作对在上海的酒店资产进行大调整，退出部分缺乏发展前途的酒店以盘活资产，购并具有发展潜力的酒店以及大力发展经济型酒店；同时，其大力拓展全国市场。锦江酒店集团逐步完成立足上海、融入全国、创建全国性品牌的市场网络布局。2004 年以来公司加快酒店品牌的全国布点，通过收购、自建、合资合作和委托管理等多种方式拓展全国市场网络。2013 年，锦江集团的酒店网络遍及中国内地的 31 个省、自治区、直辖市约 280 个城市。

3) 品牌驱动产业延伸

锦江酒店集团以"锦江"品牌为纽带驱动产业链延伸，走出一条"单一品牌——产业集成——综合品牌"的产业延伸扩张模式。在产业纵向一体化延伸方面，锦江酒店集团以品牌、资本为纽带，将酒店上下游企业如旅行社、旅游交通、旅游餐娱等行业整合在企业集团中，从而实现资源共享、客源互通。例如锦江国际集团与世界著名商务旅行管理公司 BTI(Business Travel International)结合为战略合作伙伴；深航锦江国际酒店管理公司是锦江酒店集团进入南方市场的第一家酒店，也是其首次与航空公司合作共同拓展市场，形成航空、旅行社、酒店三位一体的联合体。在产业多角化扩张延伸方面，锦江酒店集团向其他多个行业同时扩张，从而实

① 　陆荣华."锦江"品牌在竞争中成长[J].国际市场,2011(9):18-22.

现集团多元化经营局面。目前,锦江国际集团参与投资和管理麦德龙、肯德基、大家乐、吉野家等企业,同时积极参与管理上海锦江商务旅行有限公司 HRG、理诺士锦江国际酒店管理学院、JTB 锦江国际会展公司、上海锦江德尔互动有限公司等。锦江酒店集团以品牌驱动产业链延伸模式有效地拓展集团业务领域,实现品牌与企业的良性循环发展。

4) 走品牌国际化道路

在酒店市场竞争全球化以及国内出境旅游热潮兴起的形势下,锦江酒店集团积极实施品牌国际化扩张战略,拓展国际市场网络。锦江酒店集团集团制订"扬帆远航"的跨国经营战略。2009 年 12 月 20 日,锦江酒店与美资公司 Thayer Lodging 以合营企业收购美国州际酒店与度假村集团,进军国际市场。2010 年 12 月 28 日上海锦江国际与洲际(中国)签署合资协议、品牌授权合约和酒店管理协议,共同打造全球最高的超豪华酒店"上海中心 J 酒店"。2011 年 9 月 2 日,锦江之星又与菲律宾上好佳集团进行品牌授权合作,上好佳作为锦江之星的菲律宾区域大代理商,负责开拓菲律宾当地的锦江之星酒店市场。这开创中国经济型酒店探索海外品牌输出模式的第一例。2012 年 3 月 13 日,锦江之星与卢浮酒店集团以品牌联盟的方式进行合作,双方各选取 15 家经济型酒店同时互相挂牌,并将各自的特色服务植入对方酒店,并开展预订合作。2012 年 6 月 5 日,锦江之星采取单店特许经营方式进入韩国,首家特许经营店由 SANG WON HOUSING CO. LTD 公司在韩国首尔投资建造[①]。未来锦江酒店国际市场扩张的重点在欧美市场,通过收购欧洲酒店,跟随中国顾客进入欧洲,也可以把欧洲客源引入中国[②]。2015 年 5 月锦江酒店与荷兰 Postillion 酒店集团开展品牌联盟模式创双赢合作,根据协议,国内消费者入住荷兰的联盟酒店时,可以享受到中式早餐、中文服务指南等结合了中国游客消费习惯的服务。同时,预订方面也将作出优化,国内消费者登录国内锦江之星的新版官方网站或下载新版 APP 即可预订。2016 年 7 月,锦江国际集团收购维也纳酒店,锦江系完善了在高中低档酒店市场的全覆盖,同时完善其区域布局。2016 年 10 月,锦江国际集团全资收购的法国卢浮酒店集团旗下的康铂品牌正式进入中国中档酒店市场,这是锦江国际酒店集团国际化的标志性事件。2018 年 11 月,锦江国际集团完成对丽笙集团的收购。

成功的品牌战略是锦江酒店集团迅速发展的重要原因。锦江酒店集团首先在观念上十分重视品牌的重要性,实施系统的品牌经营战略,以优质的产品与服务塑造国际知名酒店品牌,创新"资产置换——打造旗舰——品牌输出"的市场扩张模式,以品牌驱动集团业务领域衍生以及走品牌国际化道路等多种策略,从而极大地提升"锦江"品牌的价值。

11.10 建国酒店管理有限公司

11.10.1 集团概况

建国酒店管理有限公司(以下简称"建国")成立于 1998 年,是专门从事酒店管理的国际酒

---

① 李魏晏子.锦江之星:内外兼修的品牌扩张[J].上海国资,2012(8):48.
② 李魏晏子.锦江国际梳理酒店资产[J].上海国资,2014(6):18.

店管理公司,隶属于首都旅游集团,总部设在北京。"建国"以全权委托管理、特许经营、酒店前期业务支持等业务模式建立其辐射北京、天津、广东、山东、江苏、浙江、河南、山西、陕西、江西、安徽、宁夏、内蒙古、新疆等30个省(市、自治区)的酒店连锁网络。"建国"坚持"走国际化路,创民族品牌"的发展道路,以创建既有浓郁中国特色,又具有国际竞争力的酒店品牌为企业愿景,经过多年的市场发展,已经成长为颇具影响力的国内酒店集团品牌。2022年,首旅建国酒店旗下在建和在营的成员酒店150余家,客房数量近4万间。

11.10.2 品牌简介

"建国"酒店品牌,主要定位于中高档商务酒店及度假村,目标市场主要是中、高档消费水平的商务旅游者以及度假旅游者。为了塑造独特的品牌形象,"建国"酒店品牌树立了"四加五减"品牌定位,即四星级酒店中的高端酒店和五星级酒店中相对较低的酒店,以避开高端酒店市场中国际品牌的竞争,在更加细分的高端市场中寻求市场竞争优势;"建国"酒店以"都市绿洲,自在建国"的轻松氛围作为酒店设计风格的模板,从设计规范、设施标准、物品要求、服务流程等方面制定了一套严格的标准,从而保障了"建国"酒店品牌的质量与品质[①]。"建国"酒店先后荣获"中国饭店业民族品牌先锋""民族品牌20强""中国最具影响力本土酒店管理公司""国内最佳酒店集团""最受欢迎酒店品牌"等荣誉。图11.93和图11.94是建国酒店品牌标识。

图 11.93 "首旅建国"品牌标识

图 11.94 建国酒店品牌标识

11.10.3 成功的经营策略

1) 资本运营

建国酒店管理有限公司能够在短时间内从一个地方性的酒店集团迅速成长为国内大型酒店集团之一,资本运营发挥着极其重要的作用,其运用的多样化资本运营手段包括兼并联合、股票上市、无形资本运营等。2004年在北京市政府的推动与支持下,首旅集团、新燕莎集团、全聚德集团、东来顺集团和古玩城集团成功地进行资产合并重组,成立新的首旅集团。合并重组后的首旅集团总资产超过150亿元,其中境内外酒店76家及其他物业13处,客房数达到20 677间。酒店资产约占总资产的60%,大多集中在北京。新首旅集团对业务范围进行大规模整合,将旗下的建国国际、凯燕、华龙、新燕都等酒店全部划归建国酒店管理有限公司,从而促成集团规模在短时间内迅速扩大。"建国"集团在市场经营过程不断地收购、控股、兼并其他酒店以获得酒店经营控制权,从而极大地拓展其市场网络,增强集团实力。

2000年首旅集团作为主发起人的首旅股份成功发行A股股票;2004年11月16日,首旅

---

① 中国旅游饭店协会. 中国饭店集团化发展蓝皮书[M]. 北京:中国旅游出版社,2013:84-85.

集团发行的 10 亿元公司债券在深圳证券交易所上市交易,这是集团首次涉足国内企业债券市场进行融资,这笔资金主要用于北京酒店的改扩建项目。首旅集团通过股票上市募集社会资金用于发展酒店业务,促成"建国"实现跨越式飞跃。2006 年首旅建国将 30% 的股份出售给香港北极星饭店有限公司,成立中外合资公司,向"走国际化路,创民族品牌"迈出关键一步。2012 年,建国酒店采用资产置换方式获得达芬奇 33.8% 股权,入股新加坡达芬奇家居并成为其最大股东,拟在以名牌家具为卖点的主题酒店领域谋求发展。2012 年 12 月首旅股份收购携程旅行网(香港)有限公司持有的首旅建国 15% 股权、北极星饭店有限公司持有首旅建国 10% 股权,首旅股份成为首旅建国唯一股东,持有其 100% 股权,首旅建国将成为首旅股份的全资子公司。首旅股份采取并购、租赁等方式整合,加大对首旅建国品牌旗舰店建设力度,扩大其市场影响力和管理规模,进一步提升管理收入和盈利能力,增强其市场核心竞争力。2014 年 4 月 29 日首旅集团将旗下北京国际饭店、北京兆龙饭店、北京西苑饭店、北京民族饭店划归到首旅建国酒店管理公司,成为首旅建国在北京的旗舰酒店。2015 年 12 月,首旅酒店集团以 110.5 亿元收购如家酒店 100% 股权,本次交易完成后,首旅酒店集团将成为国内第二大酒店集团。2023 年 4 月,首旅酒店集团以支付现金方式收购诺金公司 100% 股权和安麓管理 40% 股权。

2)质量管理

"建国"实施多种有效措施以保障成员优质与一流的酒店产品与服务。首先,"建国"实施严格的服务质量规范管理。一方面,"建国"酒店集团在成员酒店中推行的硬件设施规范标准,制定《品牌及设施概要》《设计导则》《机电系统标准手册》《机电系统导则》《酒店建筑智能化系统标准手册》《酒店建筑智能化设计导则》等规范。另一方面,"建国"酒店集团在成员酒店中实施统一的管理程序和服务标准,制定《建国商务酒店品牌服务标准》《大堂补充标准》《早餐补充标准》《客房补充标准》等,使酒店在质量管理上更加制度化、标准化、程序化,从而提高其管理水平和服务质量。为了保障服务标准的贯彻落实,"建国"酒店集团制订完整的培训、实施、检查、评比、总结五个阶段的实施方案,并对实施情况进行明察,将检查结果量化考核并排名。同时"建国"酒店集团重视顾客反馈意见以改进服务质量,培育忠诚顾客。为了获得顾客意见的一手资料,集团在成员酒店中开展宾客满意度调查活动,直接听取客人意见;对顾客意见进行科学地分析统计,以找出酒店服务质量中存在的问题并提出改进对策。

3)网络营销

目前,"建国"建有自己的客房预订网络系统,以及在全国各大城市和国外重点城市的销售中心和销售网点;同时,"建国"与国内著名的酒店预订网络强强联合,利用网站实现 24 小时在线预订,同时开通 800 免费预订热线,更方便快捷地满足宾客的订房要求。另一方面,"建国"集团努力运用高科技信息技术打造网络化营销体系。2005 年 8 月 1 日,首旅集团同美国 Travel click 公司及北京博泰咨询有限公司合作,在国内首家推出中央预订系统(CRS)。Travel click 公司的 I-Hotelier 系统为"建国"集团旗下的酒店提供一体化的电子分销及营销服务,包括集团网站的设计、托管及维护、常客系统的开发、在线查询与预订、电子分销及国际市场的营销服务等,使"建国"集团处于国内酒店业电子分销及营销的前沿。2012 年 4 月,首旅建国酒店管理公司携手旗下各地建国饭店在携程旅行网上推出"建国品牌 30 年回馈"活动,利用建国品牌 30 年的机会提升品牌知名度,进一步巩固其在民族酒店品牌中的领先地位。2014 年 7 月 25 日,首旅建国酒店管理公司与意大利 ATAhotels 集团达成战略合作协议,首旅建国与意大利

ATAhotels 分别选取各自的 8 家成员酒店作为对方的挂牌酒店,互相悬挂对方的标识和旗帜,同时在各自网站上互为对方进行宣传。2020 年,首旅建国酒店积极推进核心品牌存量酒店更新改造计划,推出如家 3.0NEO,升级改造 YUNIK、璞隐、如家精选等核心品牌,同时成立中原拓展中心,通过网络宣传扩大中原地区首旅京伦品牌影响力。2023 年 2 月,首旅建国利用各大外卖平台公司优势 + 私域流量 + 线下多元化销售模式共同展现,深挖邻里经济,携手打造长安沿线 10 公里 + 的美食生活圈。

4)人力开发

"建国"集团的成功也得益于其长期重视人才培养与开发机制。首先,"建国"集团背后有"首旅集团"强大的人力资源支撑。首旅集团作为国内实力最强的综合旅游集团企业之一,其拥有一支规模庞大的综合素质优秀的管理人才队伍。正是"首旅集团"为"建国"输送大批高素质的管理人才,从而直接促进酒店集团整体管理水平的提高。其次,"建国"在接受首旅集团"输血"的同时,也在积极"造血",通过多样化的教育与培训形式来培养管理人才。为了保证"建国"管理人才的管理水平与国际酒店业的发展接轨,"建国"投入大量资金用于对各级管理人员进行培训教育,采用讲座、与大学以及专门的培训机构联合培养员工,甚至将员工送出国外进修等多种形式提高酒店职业经理人的经营管理水平。"建国"打破国有企业传统的"铁交椅",全面推行合同制和聘任制,强化契约关系和业绩为先的评价体系,有效的激励机制将个人价值与企业利益有机地统一起来,极大地鼓励集团管理人员的积极性,促进集团快速发展。再次,培养员工对酒店忠诚的企业文化。"建国"提出"激活企业要从激活人开始,激活人要从激活精神开始"的理念。"建国"酒店集团每年在成员酒店中评选"承诺大使",邀请他们参加授奖活动和奖励旅游,以激发员工的荣誉感、自豪感,并对其他员工起示范效应。

5)中国服务

为了打造"建国"酒店品牌的独特特色,"建国"酒店提出"中国服务"概念,即构造以"心力劳动"为主导,以"智力劳动"和"体力劳动"为支撑的运营管理模式的系统工程。"建国"酒店集团开发《承诺 2》课程,其主要内容包括使员工理解"心力产品"和使员工践行"心力产品",逐步形成以优质心力产品为特色的建国服务文化①。

纵观"建国"的发展历程,可以总结出诸多成功经验为其他国内酒店所学习。首先,灵活运用多元化的资本运营手段是酒店集团迅速扩张的利器。实力雄厚、经营业绩好的酒店可以运用股票上市、兼并联合、无形资本运营等资本运营手段扩张市场网络;规模中等、经营业绩一般的酒店可以运用租赁、托管、吸收股份式联合、债务重组等资本运营手段盘活资本,重点发展优势酒店业务;规模较小、经营业绩不好的酒店集团可以采用资本收缩、破产重组等资本运营方式收缩业务范围,重点经营一个或几个业绩好的酒店。其次,优质的酒店产品与服务是塑造知名酒店品牌的基础。酒店要想塑造市场认同的品牌,任何时候都要把提高酒店产品与服务质量放在首位。再次,高科技网络营销系统将大大提高酒店集团的营销效率。知识经济时代以网络营销系统为代表的高科技设备在酒店业中运用越来越普遍。国内酒店应认识到科技所能带来的经济效益和竞争力,应投入专门资金用于建设网络预订系统。最后,人才永远是酒店集团发展的最重要的资源。知识经济时代酒店之间传统的以物质资源为主的竞争方式转向人力

---

① 中国旅游饭店协会.中国饭店集团化发展蓝皮书[M].北京:中国旅游出版社,2013:91.

资源竞争。国内酒店在其发展过程中应重视人力资源的开发与储备。酒店应在员工教育与培训方面投入较大比例的资金用于培养酒店各层次的专业管理人才。

【本章小结】

综观洲际酒店集团、希尔顿集团、万豪国际集团、温德姆酒店集团、雅高国际酒店集团、最佳西方酒店集团、凯悦酒店及度假村集团、香格里拉酒店集团、锦江国际酒店管理有限公司和建国酒店管理有限公司十家国内外著名酒店的品牌建设历程与品牌经营管理经验,可以发现其中有许多共同之处;学习借鉴著名酒店品牌的成功经验,对于促进国内酒店品牌发展具有重要的现实意义。

【复习思考题】

1. 谈谈国内本土酒店品牌与国际知名酒店品牌存在哪些差距? 你认为应从哪些方面促进国内本土酒店品牌发展?

2. 请选取一家国内酒店,分析其在品牌建设与管理方面的成功做法与不足,并提出完善建议。

附　录

附录1　2022年度全球酒店品牌价值50强

排名	品牌	酒店集团
1	希尔顿（Hilton）	希尔顿集团
2	凯悦（Hyatt）	凯悦酒店公司
3	假日酒店（Holiday Inn）	洲际集团
4	欢朋酒店（Hampton Inn）	希尔顿集团
5	万豪（Marriott）	万豪国际集团
6	逸林（Double Tree）	希尔顿集团
7	香格里拉（Shangri-La）	香格里拉酒店集团
8	洲际（Intercontinental）	洲际集团
9	尊盛酒店（Embassy suites）	希尔顿集团
10	皇冠假日（Crowne Plaza）	洲际集团
11	Comfort	精选集团
12	普瑞米尔酒店（Premier Inn）	／
13	丽思卡尔顿（The Ritz-Carlton）	万豪国际集团
14	温德姆（Wyndham）	温德姆集团
15	诺翰酒店（NH Hotels）	／
16	万怡（Courtyard）	万豪国际集团
17	美居（Mercure）	雅高集团
18	喜来登（Sheraton）	万豪国际集团
19	皇冠（Crown）	洲际集团
20	欣庭酒店（Homewood Suites）	希尔顿集团
21	威斯汀（Westin）	万豪国际集团

续表

排名	品牌	酒店集团
22	斯堪的克酒店（Scandic Hotels）	/
23	Residence Inn	万豪国际集团
24	Quality	精选集团
25	华美达（Ramada）	温德姆集团
26	La Quinta	温德姆集团
27	Extended Stay America	/
28	锦江（Jinjiang）	锦江集团
29	Home2 Suites	希尔顿集团
30	豪华精选酒店（Luxury Collection）	万豪国际集团
31	戴斯（Days Inn）	温德姆集团
32	宜必思（Ibis）	雅高集团
33	汉庭酒店（Hanting Hotel）	华住集团
34	Staybridge Suites	洲际集团
35	诺富特（Novotel）	雅高集团
36	JW万豪（JW Marriott）	万豪国际集团
37	速8（Super 8）	温德姆集团
38	万丽酒店（Renaissance Hotels）	万豪国际集团
39	万枫酒店（Fairfield Inn）	万豪国际集团
40	全季酒店（JI Hotel）	华住集团
41	栢茂酒店（Baymont）	温德姆集团
42	千禧酒店（Millennium Hotels）	城市发展集团
43	铂尔曼（Pullman）	雅高集团
44	巴塞罗（Grupo Barcelo）	巴塞罗集团
45	福朋（Four Points）	万豪国际集团
46	W酒店	万豪国际集团
47	康莱德酒店（Conrad）	希尔顿集团
48	Taj	/
49	华尔道夫（Waldorf Astoria）	希尔顿集团
50	Candlewood Suites	洲际集团

资料来源：Brand Finance发布的2022年度"全球最有价值的50个酒店品牌"榜。

附录2　2021年"全球酒店225"排行榜之前30强

排名	集团名称	总部所在地	房间数	酒店数
1	Marriott International 万豪国际	美国	1 446 600	7 795
2	Jin Jiang International Holdings Co. Ltd. 锦江国际集团	中国	1 239 274	11 959
3	Hilton 希尔顿	美国	1 065 413	6 777
4	InterContinental Hotels Group 洲际酒店集团	英国	885 706	6 032
5	Wyndham Hotels & Resorts 温德姆酒店集团	美国	810 051	8 950
6	Accor Hotels 雅高酒店公司	法国	777 714	5 298
7	Huazhu Group Ltd. 华住酒店集团	中国	753 216	5 298
8	Choice Hotels International 精选国际酒店集团	美国	575 735	7 139
9	BTG Hotels Group Co. 北京首旅如家酒店集团	中国	475 124	5 916
10	BWH Hotel Group, Best Western 贝斯特韦斯特国际酒店集团	美国	348 070	3 963
11	GreenTree Hospitality Group 格林酒店集团	中国	337 153	4 659
12	Qingdao Sunmei Group Co. 尚美生活集团	中国	288 293	5 804
13	Hyatt Hotels Corporation 凯悦酒店集团	美国	284 944	1 162
14	Dossen International Group 东呈国际集团	中国	254 774	3 052

续表

排名	集团名称	总部所在地	房间数	酒店数
15	Aimbridge Hospitality 爱姆布瑞吉	美国	226 797	1 517
16	New Century Hotels & Resorts 开元酒店集团	中国	144 468	863
17	G6 Hospitality G6 酒店集团	美国	116 669	1409
18	Westmont Hospitality Group 威斯蒙特酒店集团	美国	88 363	795
19	Melia Hotels International 美利亚酒店集团	西班牙	83 772	316
20	Whitbread 惠特贝瑞	英国	80 000	820
21	The Ascott Ltd. 雅诗阁	新加坡	78 000	750
22	Minor International 美诺国际集团	泰国	75 621	527
23	Toyoko Inn Co. 东横 INN	日本	72 559	331
24	Extended Stay Hotels 长住酒店	美国	71 500	650
25	Highgate	美国	70 002	409
26	Barcelo Hotel Group 巴塞罗酒店集团	西班牙	62 000	271
27	Red Roof Inn 红屋顶汽车旅馆	美国	60 211	652
28	Zhuyou Hotel Group 住友酒店集团	中国	60 000	1 000
29	Funyard Hotel & Resorts 凤悦酒店及度假村	中国	55 932	206
30	Scandic Hotels 斯堪的克酒店	瑞典	54 265	268

资料来源:《HOTELS》杂志公布 2021 年"全球酒店 225"排行榜。

参考文献

［1］万后芬. 品牌管理［M］. 北京：清华大学出版社，2006.

［2］马勇，陈雪钧. 饭店集团品牌建设与创新管理［M］. 北京：中国旅游出版社，2008.

［3］马勇，周娟. 旅游管理学理论与方法［M］. 北京：高等教育出版社，2004.

［4］中国旅游饭店业协会. 中国饭店集团化发展蓝皮书（2013）［M］. 北京：中国旅游出版社，2013.

［5］中国旅游饭店协会. 中国饭店集团化发展蓝皮书［M］. 北京：中国旅游出版社，2003.

［6］毛蕴诗. 企业集团——扩展动因、模式与案例［M］. 广州：广东人民出版社，2000.

［7］王学评. 构筑品牌竞争力［M］. 北京：中国财经经济出版社，2006.

［8］冯丽云. 品牌营销［M］. 北京：经济管理出版社，2006.

［9］余明阳，扬芳平. 品牌学教程［M］. 上海：复旦大学出版社，2005.

［10］余明阳. 品牌传播学［M］. 上海：上海交通大学出版社，2005.

［11］张继焦. 成功的品牌管理［M］. 北京：中国物价出版社，2002.

［12］李光斗. 品牌竞争力［M］. 北京：中国人民大学出版社，2004.

［13］谷慧敏，秦宇. 世界著名饭店集团管理精要［M］. 沈阳：辽宁科学技术出版社，2001.

［14］邹注益释民内，周容亚庆. 饭店战略管理［M］. 北京：旅游教育出版社，2006.

［15］贺湘辉，何丽芳. 酒店公关实物［M］. 广州：广东经济出版社，2005.

［16］奚晏平. 世界著名饭店集团比较研究［M］. 2 版. 北京：中国旅游出版社，2012.

［17］郭禾. 知识产权法案例分析［M］. 北京：中国人民大学出版社，2000.

［18］郭洪. 品牌营销学［M］. 成都：西南财经大学出版社，2006.

［19］崔蕾. 品牌成长 16 步［M］. 北京：机械工业出版社，2005.

［20］黄静. 品牌管理［M］. 武汉：武汉大学出版社，2005.

［21］蒋丁新. 饭店管理［M］. 2 版. 北京：高等教育出版社，2004.

［22］薛秀芬. 中外酒店集团比较研究［M］. 北京：北京师范大学出版社，2011.

［23］戴斌. 饭店品牌建设［M］. 北京：旅游教育出版社，2005.

［24］于俊秋. 论我国企业品牌国际化的经营战略［J］. 内蒙古大学学报，2003，35（3）.

［25］尹幸福. 中外旅游集团的实力对比分析及启示［J］. 旅游学刊，2004（2）.

［26］文岚. 我国饭店品牌生命周期初探［J］. 中南林业科技大学学报：社会科学版，2009（6）.

［27］毛丽蓉. 饭店的品牌塑造［J］. 经济师，2001（12）.

［28］王兴琼.国际饭店管理集团品牌输出在中国［J］.北京第二外国语学院学报,2003（5）.

［29］王兴琼.国际饭店管理集团品牌输出在中国［J］.北京第二外国语学院学报,2003（5）:94-95.

［30］王其中.企业创立国际品牌的三种模式［J］.浙江工商职业技术学院学报,2004（2）.

［31］王斌,孙兴美.创新塑造旅游饭店品牌的模式研究［J］.湖北社会科学,2012（4）.

［32］冯冈平.基于专业展览的中小企业品牌传播研究［J］.商业经济文荟,2006（4）.

［33］冯晓青.试论企业创立驰名商标战略［J］.湖南财经高等专科学校学报,2003,19（1）.

［34］卢泰宏,黄些墨,纪宁.论品牌资产的定义［J］.中山大学学报,2000（40）.

［35］卢泰宏.品牌资产评估的模型与方法［J］.中山大学学报,2002（3）.

［36］关辉.品牌国际化概念和内涵的界定及模式分析［J］.黑龙江对外经贸,2006（10）.

［37］刘文军.试论品牌保护的法律途径［J］.北方经贸,2004（6）.

［38］刘德昌,付勇.我国旅游景区品牌传播策略初探［J］.西南民族大学学报,2006（9）.

［39］刘燕,邹建.论企业品牌保护［J］.集团经济研究,2004（10）.

［40］许宁.希尔顿饭店的成功宝典［J］.法制与经济,2003（3）.

［41］许宁.唐纳德·希尔顿和他的饭店王国［J］.新企业,2003（5）.

［42］闫颖,马静.饭店品牌个性塑造［J］.河北大学学报:哲学社会科学版,2012,37（6）.

［43］何建民.论我国本土旅游饭店集团与跨国旅游饭店集团竞争战略的选择模型及其具体选择［J］.旅游科学,2004（4）.

［44］何娟.品牌资产一种新型的资本营运模式［J］.价格与市场,2005（4）.

［45］佘伯川.论中国饭店业的品牌管理［J］.北京第二外国语学院学报,2003（1）.

［46］吴天诚.论体育用品品牌生命周期与营销策略［J］.首都体育学院学报,2005（9）.

［47］宋永高.品牌国际化的三种市场进入战略［J］.大经贸,2003（2）.

［48］张启胜.品牌竞争力的评价指标体系、模型及应用［J］.企业家天地,2006（4）.

［49］张洪君.希尔顿:用微笑感动世界［J］.企业改革与管理,2005（6）.

［50］张原,窦宁.房地产口碑营销策略［J］.北京建筑工程学院学报,2004（3）.

［51］张皓天.品牌和商标的异同及保护［J］.品牌,2005（11）.

［52］李钊.国际品牌创建模式与我国企业的实践经验［J］.集团经济研究,2006（7）.

［53］李征兵.本土酒店应对国际品牌酒店竞争的策略［J］.饭店现代化,2009（10）.

［54］李怡.人际传播在营销传播渠道中的作用［J］.广西社会科学,2005（3）.

［55］李彦亮.品牌国际化的文化思考［J］.贵州社会科学,2006（2）.

［56］李培荣,李平.现代酒店危机管理机制的建立和导入［J］.山东师范大学学报,2004（4）.

［57］李慎恒.本土品牌国际化之路［J］.经营与管理,2004（5）.

［58］李魏晏子.锦江之星:内外兼修的品牌扩张［J］.上海国资,2012（8）.

［59］李魏晏子.锦江国际梳理酒店资产［J］.上海国资,2014（6）.

［60］杜纲.石油服务企业核心竞争力评价分析模型［J］.经济理论与经济管理,2002（9）.

［61］杨丽娟.我国饭店企业品牌化经营战略探析［J］.思想战线,2013（s1）.

［62］沈占波,等.论品牌竞争力潜力性指标体系构建［J］.市场调研,2004（3）.

［63］沈占波.品牌竞争力的理论基础分析［J］.商业研究,2005（22）.

［64］苏勇,等.品牌国际化的内涵及其标准［J］.上海百货,2006（18）.

［65］谷慧敏.中国本土酒店品牌的新发展［J］.社会科学家,2013(12).

［66］邵其会.酒店品牌经营策略创新探讨［J］.商业时代,2012(23).

［67］邵晓慧.对中国本土酒店实施品牌经营战略的思考［J］.企业活力,2009(12).

［68］邹益民,黄浏英.品牌经营——21世纪中国饭店业的战略选择［J］.南开管理评论,2000(6).

［69］邹益民,戴维奇.我国饭店集团品牌结构的战略选择［J］.北京第二外国语学院学报,2002(4).

［70］陈金花,李晓丹.浅谈旅游饭店文化形象的建立［J］.市场论坛,2006(3).

［71］陈雪钧,马勇."锦江国际"酒店集团品牌资产经营的经验与启示［J］.桂林旅游高等专科学校学报,2007,18(2).

［72］陈雪钧,李莉.对我国饭店集团品牌扩张战略的思考［J］.重庆交通大学学报:社会科学版,2007,7(3).

［73］陈雪钧.论饭店品牌资本构成与经营策略［J］.江苏商论,2008(2):41-43.

［74］陈湘青.浅议品牌危机的特征与管理［J］.江苏商论,2004(7).

［75］周运锦,潘建华.品牌关系生命周期论［J］.商场现代化,2005(11).

［76］周晓唯.企业品牌的开发和保护［J］.西安邮电学院学报,2005,10(4).

［77］周朝霞.国际品牌危机产生的商业环境因素剖析［J］.商业时代,2006(9).

［78］周衡.公共关系学中人际传播与公共关系传播的区别［J］.教书育人,2006(10).

［79］官正国.基于产品生命周期理论的企业品牌营销策略研究［J］.内蒙古农业大学学报,2005(3).

［80］林宁.希尔顿饭店的成功之道［J］.金融经济,2003(6).

［81］罗江.品牌的危机管理［J］.企业改革与管理,2003(7).

［82］范林芳,汪燕霞.企业品牌传播途径分析［J］.商场现代化,2006(6).

［83］郑红.关于饭店集团的财务战略与财务政策的思考［J］.北京第二外国语学院学报,2003(1).

［84］侯国林.论我国经济型饭店品牌建设的模式与方法［J］.商业经济与管理,2005(4).

［85］侯国林.论我国经济型饭店品牌建设的模式与方法［J］.商业经济与管理,2005(4).

［86］赵英鸽.关于饭店品牌及其定位［J］.发展,2010(12).

［87］唐飞,刘亚君.基于人际关系理论的酒店品牌资产研究［J］.东北财经大学学报,2014(2).

［88］柴俊武.品牌资产的界定及其评估模型评介［J］.南开管理评论,2005(1).

［89］桂琳.中国企业品牌国际化问题分析与思考［J］.科研管理,2004,25(3).

［90］桑霞.论我国饭店品牌创立的必要性与方法［J］.商业研究,2003(7).

［91］浙江省饭店协会.2013年度全球酒店集团300强［J］.饭店业内参,2014(8).

［92］袁金明.我国饭店业品牌经营的思考［J］.企业技术开发,2003(10).

［93］顾秀玲.本土酒店品牌提升竞争力的途径研究［J］.江南论坛,2012(6).

［94］盛伟忠.基于顾客权益的品牌传播体系构建［J］.当代经济,2004(8).

［95］黄彤彤,权锡鉴.品牌形象塑造的原则和策略［J］.商业时代,2004(33).

［96］黄彤彤.品牌形象塑造的原则和策略［J］.商业时代,2004(33).

［97］黄前进,石瑜.论饭店集团品牌战略的实施［J］.商业研究,2000(3).

[98] 黄前进,石瑜.论饭店集团品牌战略的实施[J].商业研究,2000(3).

[99] 黄晶.论饭店企业品牌忠诚的创建[J].南开管理评论,2002(3).

[100] 鲍富元.国际品牌酒店本土化发展中的异化问题探究[J].饭店现代化,2013(3).

[101] 薛秀芬.香格里拉酒店集团的成功之道[J].酒店世界,2005(5).

[102] 魏卫.中外饭店区域集团化特征对比研究[J].旅游管理,2004(1).

[103] 张昕丽.中国饭店集团扩张的区位评估[N].中国旅游报,2005-4-27.

[104] 陈雪钧.经济型酒店品牌创建模式选择[N].中国旅游报,2007-6-20.